"내가 왕이니라
내가 이를 위하여 태어났으며
이를 위하여 세상에 왔다

요한복음 18장 37절

예수님나라의 온전한 복음

예정된 파국을 피하기 위한 정직하고 강력한 제안

예수님나라의 온전한 복음
- 예정된 파국을 피하기 위한 정직하고 강력한 제안

지은이	유동희
초판발행	2021년 6월 29일
펴낸이	배용하
책임편집	윤찬란
캘리그래피	신기은
등록	제364-2008-000013호
펴낸곳	도서출판 대장간
	www.daejanggan.org
등록한곳	충남 논산시 매죽헌로 1176번길 8-54
대표전화	전화: 041-742-1424 전송: 0303-0959-1424
분류	하나님나라 | 복음 | 세계관
ISBN	978-89-7071-563-6 (03230)

이 책의 한국어 저작권법은 유동희와 단독 계약한 대장간에 있습니다.
기록된 형태의 허락 없이는 무단 전재와 복제를 금합니다.

 값 15,000원

예수님나라의 온전한 복음
예정된 파국을 피하기 위한 정직하고 강력한 제안

유 동 희

차례

감사의 글 13

추천의 글 15

책을 시작하며 19

머리말 22

1부 • 다가오는 파국

1장 _ 벼랑 끝 신앙 31
    시대를 분별하라   31
    침몰하는 신앙   35

2장 _ 고정관념에 합리적 의문을 갖게 하는 성경 45
    한 번 믿으면 무조건 천국행?   47
    열매를 맺지 않는 가지의 최후   50
    모두를 구분할 기준   52
    반드시 서게 될 그리스도의 심판대   53

3장 _ 조각난 복음에서 온전한 복음으로 56
    전능하신 하나님   56
    인격이신 하나님   58
    공의의 하나님과 신앙의 공공성   59
    마침내 만난 하나님의 나라   61

2부 • 파국을 이기려면

4장 _ 예수님나라 렌즈로 보기 65
- 죽어 가는 한국 교회　　　　　　　　65
- 관점에 좌우되는 신앙과 신학　　　　67
- 예수님께서 제시하신 렌즈　　　　　　78

5장 _ 하나님 뜻만큼 확장된 복음 88
- 남발된 천국 출입증　　　　　　　　　88
- 구조적 변화를 통한 문제의 극복　　　92
- 하나님의 뜻, 예수님나라 복음　　　　97

3부 • 렌즈 전환의 로드맵

6장 _ 예수님나라의 터 닦기 115
- 복음의 회복: 예수님나라　　117
- 총체적 안목 갖추기　　126
- 교회 사명의 확장적 회복　　139

7장 _ 예수님나라의 시작과 자람 148
- 예수님나라의 시작　　148
- 구원자를 왕으로 모심　　159
- 교제, 돌봄, 좋은 열매가 있는 나라　　168
- 예수님나라 성패의 관건　　176

8장 _ 하나님나라의 열매 185
- 열매 맺는 백성이 받는 하나님나라　　185
- 씨앗에서 열매까지 예수님 안에서 자라는 나라　　221

맺으며 231

하나님의 나라에 관한 도서목록 235

감사의 글

예수님을 믿고 30년이 흘렀습니다. 그사이 살면서 강도 건넜고 산도, 높고 큰 산맥도 넘은 것 같습니다. 그런데 돌아보니 그분께서 함께 하셨습니다. 너무도 부족한 자의 발걸음과 인생 행로를 선하게 이끄셨음을 고백합니다.

신앙 생활의 처음 절반 동안에는 사나운 사냥개 같은 인생의 문제들이 뒤쫓아왔습니다. 진정 피할 곳이 예수님밖에 없었습니다. 사람은 예수님 없이는 아무것도 할 수 없는 존재임을 절감하고 그분 앞으로 끊임없이 달려갔고, 그분 앞에 머무는 것을 사랑했습니다. 주님께 나아갈 때마다 저를 선대하시고 긍휼히 여겨 주심에 무한 감사를 드립니다.

사랑하는 동백 예안교회 가족들께 진심으로 감사를 전합니다. 부족한 저의 목회 첫걸음부터 함께 하신 분들, 하나님나라를 드러내고 예수님을 높이는 이 책을 위해 마음을 합하여 기도와 귀한 물질로 섬겨 주신 분들, 캘리그라피로 책에 힘을 보태주신 분, 마음에 새기고 기억합니다. 모두를 주님께서 크게 축복하시고 선대하시기를 간절히 기도합니다.

하나님나라 공방에서 한 마음으로 그 나라와 의를 구하는 믿음의 동지들이신 이용로 목사님, 서배현 선생님, 주범초 목사님께도 감사를 드립니다. 또 사랑하는 믿음의 친구 조나단·수연 부부에게도 감사를 전합니다.

하나님나라를 향한 저의 열망을 소중한 책으로 만들어 주신 도서출판 대장간의 배용하 대표님과 윤찬란 선생님을 비롯한 출판부에 진심으로 고마움을 전합니다.

언제나 따뜻한 사랑과 기도로 힘을 주시는 장인·장모님께도 사랑과 감사를 드리며, 개척부터 지금까지 힘을 다해 돕고 헌신한 처제의 가정에도 감사와 축복을 전합니다.

사랑하는 배우자, 함께 인생의 강을 건너고 산을 넘은 동행자인 아내에게 사랑과 고마움을 전합니다. 교회와 가정을 섬긴 아름다운 믿음에 주님께서 상 주시길 기도합니다. 기도의 응답이며 사랑하고 기뻐하는 큰아들 주안, 축복하며 손을 굳게 잡는 작은 아들 기쁨에게도 임마누엘 예수님께서 늘 동행하시는 최고의 축복을 내리시길 기도합니다.

끝으로 40년 전 우리 집안이 캄캄한 가운데 있을 때 신앙의 문으로 발을 내딛으시고, 몇 달 전 주님 품으로 떠나시며 이 소중한 책의 출판을 격려하신 어머니 이복순 권사님께 사랑과 감사의 마음을 전합니다.

우리 왕 만왕의 왕 예수님께서 구원하시고 통치하시는 하나님나라가 더욱 왕성하게 임하고, 아버지 뜻이 하늘에서처럼 땅에서도 이루어지게 하소서! 예수님께서 왕이신 그 나라Kingdom의 복음을 주시니 감사 드립니다.

추천의 글

　한국 교회 안에 심각한 문제들이 있습니다. 교회가 그 거룩한 속성을 잃어버리고 세속화되었습니다. 재물 숭배, 인간 숭배, 교회 사유화, 정교유착 등 갖가지 병리 현상들이 한국 교회에 나타난 지 이미 오래되었습니다. 그래서 여러 사람들이 이 문제를 해결하기 위해 갖가지 처방을 제시했습니다. 그러나 문제의 근본 원인을 제대로 진단하지 못하고 내놓은 것들이 많았습니다. 그런데 이 책에는 정확한 진단에 따른 핵심 처방이 담겨 있습니다. 바로 하나님의 나라에 대한 복음과 하나님의 통치에 대한 순종입니다. 저자는 한국 교회의 문제를 가슴에 안고 성경을 치열하게 연구하여 이 처방을 내놓았습니다. 이는 교회를 사랑하지 않고서는 할 수 없는 일입니다. 구약 예언자들의 뜨거운 마음이 책의 곳곳에서 느껴집니다. 지금 위기에 처한 한국 교회가 반드시 들어야 할 하늘의 메시지입니다. 한국 교회가 이 책을 통해 이신칭의에서 하나님의 나라로, 믿음에서 순종으로 나아가게 되기를 간절히 바랍니다.

박창수 목사 희년사회 연구위원

　이 책은 저자가 한국 교회를 향하여 안타까워하던 내용들을 충실히 담은 것으로서, 한국 교회의 문제점들은 무엇인지, 근본적인 원인이 어디에 있는지를 다각도로 밝히는 내용으로 가득 차 있으며, 한국 교회를 사랑하는 저자의 속 깊은 울림이 곳곳에 배어 있습니다. 저자는 수년 전부터 이 책을 기획하고 자료를 모으며, 진지하게 준비하였습니다. 이 책을 통하여 많은 분들이 하나님의 나라에 동참하여 한국 교회가 바로 서는 일이 있기를 기도하며 구합니다.

서배현 심리상담 프리랜서

이 책은 한국 기독교의 현 상황을 지성적으로 고민하고 뜨거운 마음으로 써 내려간 내용을 담고 있다. 저자는 지금 이대로라면 한국 교회가 왜 파국을 피할 길이 없으며 어떻게 문제를 해결할 것인가에 관해 예리한 통찰력을 제공한다. 이 책은 논리적이고 분석적이면서 재미가 있어 쉽게 읽히지만, 결코 가벼운 책이 아니다. 저자는 교인들이 당연하다고 여기는 기존 신앙에 성경을 통해 합리적인 의문을 던진다. 천국 출입증을 남발하는 신학과 기복적 신앙행태를 고발하고 예수님의 나라의 가장 본질적인 로드맵을 제공한다.

이민규 교수 한국성서대학교 교수

기독교인로서 한국 교회를 바라보면 참담하고 부끄러울 때가 많다. 그러다 우연히 이 책을 만나고 갑갑함이 사라짐을 느꼈다. 유동희 목사님은 균형 있는 시각으로 한국 교회를 진단하고 유력 렌즈가 아닌, 우리 자신과 세상을 변화시킬 수 있는 예수님 나라 렌즈를 제시하고 있다. 목사님과 일반 성도 모두가 이 책을 읽기를 간절히 바란다. 그래야 한국 교회가 다가오는 파국에서 벗어나, 다시금 이 땅이 십자가의 은혜로 하나님의 나라에 나아갈 희망을 얻게 될 것이다.

이상우 『지혜로운 교사는 어떻게 학부모 상담을 할 것인가』의 저자

30년이 넘게 미국과 한국에서 목회하면서 은총과 감사의 시간도, 어려움도 많이 겪었는데, 최근에는 한국 교회가 세상의 조롱을 받는 처참한 광경까지 목격했습니다. 이렇게 된 주된 이유는 하나님 말씀에 지속적으로 불순종하고도 구원받았다고 말하는 '다른 복음'이 교회에 들어왔기 때문입니다. 믿음이란 믿고 순종하는 것을 말합니다마 7:21, 요 3:36. 예수님께서 처음부터 끝까지 하나님나라의 복음을 선포하셨는데, 저자는 이 책을 통하여 하나님나라의 복음이 무엇인지, 주님께서 원하시는 성도의 삶이 무엇인지를 명확하게 설명하고 있습니다. 이 책을 통하여 진리의 말씀을 바로 알고, 하나님나라가 임하는 기쁨으로 충만하기를 바랍니다.

이용노 목사 전 빙햄톤침례교회 담임목사

믿음 생활을 잘한다고 착각했던 때, 여러 부흥회 강사들이 '이신칭의'와 '목사님께 충성 = 하나님께 충성' 논리로 나를 감화시켰다. 하지만 그분들이 신앙의 표본으로 늘 제시하던 목회자들이 저지르는 부정부패와 세습, 타락상은 기독교인이라는 것마저 부끄럽게 만들었고, 마침내는 그들의 모습을 내 신앙의 방탕과 죄악을 정당화하는 데 악용하기에 이르렀다. 이런 악순환이 나에게만 국한된 것이 아니어서 한국 교회와 기독교인의 사회적 위상과 신뢰도는 한없이 추락하고 있다. 유동희 목사님의 이 책은 루터의 '95개 조 반박문'을 연상케 할 만큼 구체적이고, 도전적이며, 실천적이다. 목회자가 이렇게 한국 교회가 빠져있는 여러 '우상'들과 민낯을 드러낸 것은 처음인 듯하다. 하나님나라의 회복을 향한 그분의 진단과 현실 인식, 성찰과 전환의 로드맵에 오전히 공감하며, 하나님께서 함께하셨다는 확신을 준다.

임삼진 생명존중시민회의 상임대표

한국 교회가 코로나 사태로 큰 내상을 입고 있다. 예배 인원이 줄고 그동안 쌓여 있던 갖가지 문제들까지 불거져 나오기 시작했다. 코로나 이후에 한국 교회가 원래 모습으로 돌아갈 수 있을지 아무도 장담하지 못한다. 그런데 이전의 모습조차도 올바른 모습이었는지 되돌아볼 필요가 있다. 이 땅에 교회가 들어온 지 백 년이 지나면서 본질에서 벗어난 신앙관이나 신앙생활이 횡행하고 있다. 코로나 사태로 큰 위기를 경험하고 있으나 오히려 지금이 교회의 본질을 회복해야 할 적기이다. 예수님께서 가르치신 그 복음의 본질에서 벗어난다면 코로나가 아니라 변질된 복음 때문에 한국 교회는 결국 파국을 맞게 될 것이다. 파국을 피하려면 그리고 옳은 길을 찾으려면 어떻게 해야 할까? 그 길을 찾기 위해 이 책을 일독하기를 권한다.

정재영 교수 실천신학대학원대학교 교수

이 시대는 인생의 목적이 불분명하다. 입술로는 복음의 소망을 말하지만 실제로는 자신의 야망 성취를 구하며 산다. 그 결과 죄와 죽음으로 다스리는 사단의 나라에서 헤어나오지 못하고 있다. 게다가 자기 왕국 건설에 매진하는 패역하고 무지한 백성들 때문에 예수님이 세상 사람들의 조롱과 모욕을 받고 있다. 이러한 때 이 책의 발간은 하나님나라에 대해 회의하는 교인들이 인생의 목적을 바로 세우는 데 큰 도움이 될 것이다. 특히 교회 사유화, 정경 유착, 매우 상업화된 목회와 교회 등의 여러 병리적 문제를 하나님나라 관점에서 진단한 저자의 통찰력은 독자를 사로잡아 단숨에 이 책의 마지막 장에 이르게 할 것이다. 간절한 마음으로 필독을 권한다.

주범초 C국 선교사

책을 시작하며

1991년 34살 때 교회에 출석하기 시작했습니다. 사회 활동이 한창 왕성할 때이고, 지식이 주는 확신도 강했던 시기였습니다. 1년에 하루 정도 빼고는 매일 술 속에 살면서도 천국과 지옥의 존재를 확인하기 위해서 나름대로 최선을 다해 교회를 출입했습니다. 그 시절에 성경, 특히 4복음서에서 종횡무진 활동하시는 예수님의 모습이 신기했고 궁금증과 호기심을 가지게 되었습니다.

교회에 발을 디딜 즈음에 신앙으로 바라본 미래의 제 인생행로는 안수집사와 장로를 거쳐서 보장된 천국에 들어가는 것이었습니다. 이런 낙관적인 인생 구도를 100% 확신할 수는 없었지만 좋았습니다. 그로부터 10년 뒤 신학교에 들어갔습니다. 미국 신학교였는데 우리 사회에 관한 관심에서 인터넷으로 한국 신문을 보는 것이 마음에 무척 걸렸습니다. 속세를 떠나 신앙의 세계로 들어왔는데 자꾸 뒤를 돌아보고 기웃거리고 있다는 생각 때문이었습니다.

그로부터 20년이 지났습니다. 그사이 목회를 하고 성경을 당시보다 온전한 안목과 책임감을 가지고 보면서 과거의 제 신앙이 매우 단순화된 것임을 발견하게 되었습니다. 앞의 제 생각이 틀린 것은 아닌데, 그것이 다가 아니고 전부도 아니었습니다.

미국 신학교에서 공부할 때, 실천신학을 가르치시고 채플에서 찬양을 인도하시던 분이 계셨습니다. 어느 날 이분이 자택에서 권총으로 생을 마감했습니다. 그제야 그분의 신앙과 삶의 아픈 과거를 알게 되었습니다. 그분이 그 신학교에 오기 전에 한 교단에 속해서 열심히 사역하셨는데, 그 교단은 미국 기독교 TV에서 가장 인기 있는 여러 강사의 스승이 이끌던 곳이었습니다. 매우 많은 사람이 그 유형의 신앙에 매료되었습니다. 가장 큰 이유는 신자가 말한 대로 이루어진다는 믿음 때문이었습니다. 그런데 그분 가족이 교통사고로 모두 세상을 떠났습니다. 말한 대로 되지 않았던 것입니다.

단순함은 힘이 있습니다. 단순한 신앙도 강력한 힘이 있습니다. 문제는 단순화하는 과정에서 적지 않은 부분들을 잃어버리게 된다는 것입니다. 단순화로 삭제, 축소, 경시되는 것 중에 중요한 것이 있을 수 있습니다. 예수님께서 부활하시고 승천하시기 직전에 당신께서 말씀하신 '모든 것'을 가르쳐 지키게 하라고 당부하십니다. 이 말씀은 단순화가 위험할 수 있다는 점을 가르쳐줍니다. 또 이것도 행하고 저것도 행하라, 좌로나 우로나 치우치지 말라고 말씀하십니다.

목회하면서, 예수님을 믿으면 천국이 100% 보장된다는 단순화된 믿음과 상치되는 성경 말씀들을 참 많이 만났습니다. 예수님께서는 작고 약한 이들을 돕고 섬기느냐 않느냐의 기준으로 양과 염소로 나누실 것이며 영생과 영벌로 가르실 것이라고 말씀하셨습니다. 예수님을 향해 주여 주여 하더라도, 악과 불법을 행하고 아버지 뜻을 행하지 않으면 천국에 못 들어간다고 너무도 분명하게 말씀하셨습니다. 영생에 이르려면 좋은 열매를 꼭 맺어야 한다는 예수님의 잦은 당부들도 저를 고민하고 숙고하게 했습니다.

저 자신과 사랑하는 가족들, 교회 개척 후 15년가량 함께하면서 가족 같아진 사랑하는 교인들의 영적 미래에 대해 목회자로서 책임감을 느끼며 고민하기 시작했습니다.

그 사이 교회는 사회로부터 질타를 당했습니다. 그 이유는 대부분 교회가 제공한 것이었습니다. 윤리적 문제들, 들불처럼 번진 세습, 불신자와 별 차이가 없는 신앙인들의 삶과 사고방식, 이런 문제들이 마치 누룩이 퍼지며 전체를 부풀게 하듯이 퍼져 갔습니다.

처음에는 문제를 일으킨 '그들'의 문제라고 생각했습니다. 그런데 문제가 확산되는 양상은 그들만의 문제가 아니라 '우리'와 '모두'의 문제일 수 있다는 생각을 하게 했습니다. 이런 맥락에서 우리 신앙과 한국 교회의 여러 문제는 개인이나 개교회의 문제이지만 동시에 '구조적'인 문제라고도 볼 수 있습니다. 개개인이 환경, 즉 구조를 초월하기가 쉽지 않기 때문입니다.

많은 세상사가 개인의 문제이지만 동시에 구조적인 문제입니다. 공동체의 구성원 다수, 그리고 대세가 이미 어떤 특정한 방향으로 많이 기울어져 있어서 파생되는 문제일 수 있습니다. 이 책은 기도하는 마음으로 진지함과 겸손함을 가지고 우리 신앙의 구조적 문제를 직면하려는 시도입니다. 비록 힘들더라도 문제를 정직하게 대면하고, 지금까지 당연하게 여겼던 성역과 금기까지도 들여다보며 문제의 해법을 찾아가는 여정입니다. 이 책을 읽는 독자들도 주님 뜻과 주님 나라를 구하는 이 여정에 동행하기를 간절한 마음으로 초청하며 책을 썼습니다. 만왕의 왕 예수님의 통치가 실종된 교회와 이 땅의 현실을 보며, 성령님께서 가난하고 애통해하는 마음을 가진 우리 모두를 감동하여 주시기를 구합니다.

머리말

요즘은 보기 어렵지만 20~30년 전에는 문구점, 오락실, 길거리에서 두더지 잡기 게임을 하는 사람들을 종종 볼 수 있었습니다. 여덟 개 남짓 되는 구멍에서 두더지가 튀어나오면 다시 구멍으로 들어가기 전에 플라스틱 망치로 때리는 게임입니다. 두더지의 출현이 점점 빨라지기도 하고, 두세 개씩 거의 동시에 튀어나오면 감당이 안 되던 게임입니다.

오래전부터, 아주 오래전부터 이상한 일들이 교회 안팎에 생기기 시작했습니다. 이상한 일이라고 말한 것은 교회와 예수님과 전혀 어울리지 않는 일들을 말합니다. 성경은 물론이거니와 상식으로도 이해가 어려운 이단이 나와서 교회와 세상을 어지럽혔습니다. 이단이 아닌 일반 교회에서도 불미스러운 일들이 생겼습니다. 도덕적이지도, 합리적이지도 않은 일들이 드러나고, 그 이야기들이 떠돌았습니다. 그리고 교회와 신자들에 대한 사회적 평가가 하향 곡선을 그리더니 하위에 내려가 반등하지 못하고 머문 지 한참 되었습니다. 주목해야 하는 것은 게임 속 두더지가 두세 개씩 한꺼번에 튀어나오듯이, 해를 거듭할수록 안 좋은 일들의 빈도와 수위가 점점 더 높아지고 있다는 점입니다. 이제는 웬만한 일에는 관심도 없고, 놀라지도 않습니다.

이 책에서 말하는 '예정'은 하나님께서 오래전에 미리 계획하셨다는 의미의 예정이 아닙니다. 그 추세와 흐름을 볼 때 어떤 방향으로 흘러갈 가능성과 확률이 매우 높다는 의미입니다. 즉 신자 개개인과 한국 교회의 미래에 파국이 올 가능성과 확률이 높아 보인다는 의미입니다.

어떤 일이 왜 생길까? 이런 질문에 하나의 원인과 하나의 정답으로 말하기는 어렵습니다. 그러나 가장 큰 역할을 한 원인을 찾으려는 노력이 필요합니다. 이 책은 신앙과 교회를 둘러싼 여러 문제의 가장 큰 근인을 찾고, 그것을 고치거나 최소한 문제를 완화, 개선하려는 노력입니다.

예수님께 갚을 수 없는 은혜를 받은 사람으로서, 영혼과 교회에 큰 책임을 느끼는 목회자로서, 또 최후에 그리스도의 심판대 앞에 서야 할 한 영혼으로서, 그동안 많이 고민하고 걱정했습니다. 신앙과 교회 안팎에서 일어나는 문제의 원인과 탈출구를 찾기 원했습니다.

시간이 흐르면서 점점 더 누추해지는 이 땅 교회를 오랜 기간 지켜보면서 속상했고 근심했습니다. 특히 다음 세대가 살아가야 할 영적 환경을 생각하면 더 안타까웠습니다. 또 이런 퇴행적 기독교회가 끼치는 부정적인 영향과 피해를 생각하면, 이웃과 사회를 향해 부끄러운 마음을 갖지 않을 수 없었습니다.

그런데 교회 안팎의 이런 문제가 겉으로 드러난 당사자들만의 문제가 아닐 수도 있다는 것을 알게 되었습니다. 근본적인 원인이 소수에게서 문제를 일으키다가 누룩처럼 퍼져 점차 더 많은 사람에게서, 더 심한 양상으로 드러나는 것을 보았습니다.

'복음'은 신앙의 기둥이요 핵심입니다. 그런데 통용되는 '복음'의 정의가 예수님이 말씀하신 것과는 거리가 많이 먼 것을 성경을 통해 확인할 수 있습니다. 복음을 어떻게 정의하느냐에 따라 신앙의 내용과 방향이 매우 크게 좌우됩니다. '하나님께서 다스리신다', 이것이 주님이 말씀하시는 기쁜 소식이며 복음의 성경적 정의요 정수입니다.

더 구체적으로는 성육신하신 예수님께서 십자가에서 피 흘려 죽으시고, 그 핏값으로 구원하신 사람들의 왕이 되셔서 다스리시는 것이 복음입니다. 즉 하나님께서 예수님을 왕으로 세우셔서 만왕의 왕으로 통치하시는 하나님나라, 하나님나라의 다른 표현인 하늘나라·천국, 아들의 나라, 그리스도의 나라가 이 땅에 오는 것입니다. 그 나라가 성도의 내면과 삶, 세상에서 실현되고 마침내 다시 오심으로 완성되는 것이 복음이요 기쁜 소식입니다.

그런데 예수님께서 정의하신 '하나님나라 복음'이 '구원의 복음'으로 제한되었습니다. 정확하게 표현하면 복음이 죄를 용서받고 내세에 천국 가는 것으로 축소되었습니다. 죄사함과 내세 천국은 복음의 시작과 끝에 있는 것이며, 복음의 전체가 아닌 일부분입니다. 복음의 앞과 뒤만 남은 채, 본론이라 할 수 있는 구원 이후 왕의 통치는 거의 실종된 것이 우리 신앙의 현실입니다. 이렇게 축소된 복음의 정의가 전파되었고, 오랫동안 고정관념화되어 철옹성같이 되었습니다.

복음이 협소하게 정의되면서 행함과 실천과 순종을 경원시하는 풍조가 만연하였습니다. '경원시敬遠視하다'는 '겉으로는 가까운 체하면서 실제로는 멀리하고 꺼림칙하게 여기다'는 뜻입니다. 간단하고 편리한 이신칭의以信稱義를 강조하다 보니 신앙생활을 시작한 뒤에 행함, 실천, 순종의 당위성과 가치를 제대로 제시하지 않았습니다.

오히려 주인과 왕이 되신 예수님께서 우리를 다스리시고, 우리는 왕의 말씀을 행하는 이 당연한 신앙의 모습이 아주 낯설고 불온시 되고 흐지부지되는 이상한 '왕국kingdom'이 되었습니다. 매우 그릇된 풍조가 만왕의 왕께서 다스리시는 하나님의 나라the Kingdom of God에 범람해 왔습니다. '하나님의 언약'이고 '하나님의 나라'임에도 실제는 사람 본위의 나라였습니다. 순종을 기피하고 마침내 거절하게 만들려는 에덴에서의 사탄의 책략이 대대적으로 성공한 것이 아닌가 하는 생각마저 하게 됩니다.

말씀이시고 왕이시며, 심판하시는 권세를 아버지께 받으신 "명령자" 사 55:2 예수님의 다음 말씀들이 한국 교회에서는 실질적으로 무력화되었습니다.

> 내가 너희에게 분부한 모든 것을 가르쳐 지키게 하라 마 28:20

> 예수께서 이르시되 오히려 하나님의 말씀을 듣고 지키는 자가 복이 있느니라 눅 11:28

> 그러므로 누구든지 나의 이 말을 듣고 행하는 자는 그 집을 반석 위에 지은 지혜로운 사람 같으리니 마 7:24

> 예수께서 대답하여 이르시되 내 어머니와 내 동생들은 곧 하나님의 말씀을 듣고 행하는 이 사람들이라 하시니라 눅 8:21

> 좋은 땅에 있다는 것은 착하고 좋은 마음으로 말씀을 듣고 지키어 인내로 결실하는 자니라 눅 8:15

이신칭의를 강조했던 바울은 로마서 시작인 1:5과 맨 끝 16:26에 "믿어 순종하게 하려는" 것이 자기 사역의 실질적 목적임을 밝힙니다. 그러나 바울의 이 염원조차, 간단하고 편리해진 한국적 간이 이신칭의 앞에는 맥을 못 춥니다. "임금과 구주" 행 5:31이신 예수님께서 구원하셔서 다스리시는 하나님나라의 복음이 축소된 구원의 복음으로 제한되더니, 이신칭의로 더 축소되었습니다. 믿는다고 말한 최초의 순간이 있었다고 말하면, 주권자요 심판자이신 하나님께서 영생과 천국을 무조건 보장하신다고 본인과 교회가 함께 인정해 왔습니다.

하나님께서 주권자이신 하나님의 나라왕국/Kingdom가 이 땅에서는 선거제도와 민주주의에 따라 운영되는 국민주권주의적 나라처럼 취급되고 있습니다. 일반적인 나라에는 상식과 법의 통치가 있지만, 오히려 이 땅의 하나님나라에는 실질적인 왕도 법도 없이 오직 자기 소견과 방종으로 흐르는 자유가 범람합니다. 왕권, 주권, 통치권을 말하는 성경의 '나라'가 유명무실해지고, 현실에서 왕과 왕권이 거의 무력화되어 버렸습니다. 이름은 왕이시나, 우리의 실제 생활에서는 왕이 아니신 상태입니다. 이 땅의 백성들은 마치 아무도 건드릴 수 없는, 심지어 통치권자와 심판자조차 어찌할 수 없는 면책특권과 치외법권을 가졌다고 배우고, 면벌부를 소유했다고 확신하면서 살고 있습니다.

한국 교회의 이상징후가 빈번해지고, 악화일로를 걷고 있는 것은 개인적 문제이자 동시에 구조적으로 내재한 문제입니다. 2010년 전 목사 사건과 2020년 전후의 전 목사 소동은 별개의 사건이나 돌연변이적 사건이 아닙니다. 우리 신앙 안에 있던 병리적, 내재적 원인이 각각의 방식으로 표출되었을 뿐입니다. 앞서 언급한 것과 같이 왕의 통치가 실질적으로 실종되고, 말씀의 통치가 사라진 상태에서 문제가 악화되다가 유난하게 표출된 것뿐입니다. 정도의 차이는 있지만 이런 구조적 원인은 대다수의 신앙 안에 내포되어 있습니다. 교회 안팎의 현상들을 개별적으로 볼 것이 아니라 그 현상에 내재한 본질적, 구조적 원인을 찾아 해소하려는 뼈를 깎는 과정을 지나가야 소망의 미래를 만날 수 있습니다. 그렇게 울며 씨를 뿌려야만 주님의 때에 소망을 실현해 주실 것입니다.

오래전에 대천덕 신부님께서는 조각난 복음을 온전한 하나님나라 복음으로 회복해야 한다고 말씀한 바 있습니다. 국내외의 많은 하나님의 백성들이 하나님 말씀을 정직하게 직면하려 노력했고, 하나님 뜻이 점차 실현되는 내일을 꿈꾸었습니다. 그들은 하나님나라가 하늘에서와 같이 땅에서도 이루어져 가기를 기도하며 많은 애를 썼습니다. 눈물로 기도했던 믿음의 선진들의 갈망을 주님께서 기억하시고, 우리 모두를 긍휼히 여기시기를 진실로 간구합니다. 한국 교회의 변화를 갈망하는 교회 안팎의 부르짖음을 주님께서 들으시기를 간절히 소망합니다.

지금도 오래된 관행과 대세는 가만히 있으라고 조용히 때로는 협박조로 말합니다. 우리는 안일함에 묻혀 있기도 하고, 대세나 관행 뒤에 숨어 평안을 누리기도 합니다. 그러나 오래전부터 계속 악화되는 구조적 문제 속에 가만히 있는 것은 다가오는 예정된 파국을 수용하는 것에 불과합니다. 육신으로 오셔서 십자가 고난을 통해 주신 은혜가 파국으로 끝맺는다면, 이것은 참으로 통탄할 일입니다. 정직하고 용기 있는 믿음을 가지고, 지금 우리가 가만히 있어도 되는지를 이 책의 독자들과 함께 진지하게 숙고해 보려고 합니다. 이 과정을 함께 하시는 주님의 은혜와 능력을 의지하며, 주님 나라를 향한 하나님의 열심과 도우심을 확신합니다.

1부 • 다가오는 파국

1장 _ 벼랑 끝 신앙

시대를 분별하라

구리 가격의 변동은 미래의 경기를 잘 말해줍니다. 그래서 구리 박사Dr. copper라 불리기도 합니다. 구리는 자동차, 건설, 가전 등 산업 전반에 쓰이기 때문에 구리에 대한 수요가 느는 것은 경기가 상승곡선으로 향하고 있음을 보여줍니다. 반대로 구리 수요가 줄어드는 것은 경기가 침체기로 들어서고 있다는 것을 미리 보여주는 징조입니다. 구리 가격 상승은 제조업의 호황과 경기 상승을 예고합니다. 그래서 구리를 보면 주식시장이 보인다는 말도 있습니다.

이렇게 미래를 객관적으로 전망하는 것은 매우 유익하고 필요합니다. 가까운 미래의 경기를 미리 내다보는 경기선행지수도 그런 면에서 매우 유익합니다. 핵심적인 요소들을 종합해서 다가오는 경기를 예측하는 것입니다.

보통 사람들도 상식적인 수준에서 건강을 미리 내다보는 지식이나 습관을 가지고 있습니다. 예를 들어 혈색이나 손톱, 눈동자를 통해서 건강을 간접적으로 점검하기도 합니다. 물론 의사들은 더 의학적으로 확실하게 진단하는 방법과 능력이 있지요. 안전보건 선행지표는 안전과 보건 사안에 대해 정확한 진단과 대처를 도와줍니다. 태풍, 홍수, 폭설, 지진과 같은 자연재해도 과학적으로 예측하는 다양한 기술과 방법들이 있습니다. 오래전부터 동물들의 움직임을 통해서 지진과 해일을 예측하는 관행도 있었습니다.

그렇다면 하나님께서는 우리가 미래를 예측하는 것을 어떻게 생각하실까요? 예수님께서는 누가복음 12장에서 이렇게 말씀하십니다. "너희는 구름이 서쪽에서 이는 것을 보면, 소나기가 오겠다고 서슴지 않고 말한다. 그런데 그대로 된다. 또 남풍이 불면, 날이 덥겠다고 너희는 말한다. 그런데 그대로 된다. 위선자들아, 너희는 땅과 하늘의 기상은 분간할 줄 알면서, 왜, 이때는 분간하지 못하느냐? 어찌하여 너희는 옳은 일을 스스로 판단하지 못하느냐?"

예수님께서는 사람들이 현재의 징조를 통해 미래를 예측하는 것을 긍정적으로 보시면서, 당시 신앙인들이 신앙적 문제를 분별하지 못하고 해석하지 못하는 것을 책망하십니다. 이어서 사람 사이의 옳고 그름을 분별하지 못하고 돌이키지 않는 이들에게 옳고 그름을 판단하여 미래의 심판을 면하라고 권면하십니다.

성경은 "주의 날", "구원의 날", "심판 날", "열매 거둘 때"를 빈번히 언급합니다. 이날이 모든 사람의 영원한 향방이 갈리는 그날입니다. 이날 모든 사람이 구분되어 나뉘고, 생명의 부활과 심판의 부활, 영생과 영별, 의인들의 모임과 악인들의 모임으로 갈립니다. 내세 천국에 입장하는 사람들과 바깥 어두운 데 쫓겨나 슬피 울며 이를 가는 사람들로 나뉩니다.

이날 주님께서 이렇게 양분하시는 기준이 바로 '열매' 입니다. 예수님께 붙어 있지만, 열매를 맺지 않는 가지는 제거된다고 말씀하십니다. 즉 예수님께 속해 있다고 스스로 여기지만 결국에는 분리되는 가지처럼 주님과 떨어지는 것을 말합니다. "나에게 붙어 있으면서 열매를 맺지 못하는 가지는 아버지께서 모조리 쳐내시고 열매를 맺는 가지는 더 많은 열매를 맺도록 잘 가꾸신다." 요 15:2

그런데 지난 30여 년을 돌아보면 아쉬움과 안타까운 생각이 들고 위기감도

듭니다. 그동안 이 땅의 교회에 좋은 열매, 아름다운 열매가 없지는 않았습니다. 그러나 좋은 열매는 점점 줄어들고 빈약해진 반면에, 나쁜 열매는 빈도수도 종류도 늘고 질적으로도 더 악화된 것을 부인할 수 없습니다. 교회가 소금과 빛이 되지 못하고, 반대 방향으로 퇴보하고 악화되었습니다. 근래 몇 년 동안 한국 교회 안팎에서 드러난 사건들은 부끄럽고 민망한 것들이 많았습니다. 이제는 웬만큼 충격적인 것이 아니면 일반인들조차 관심을 주지 않을 정도가 되었습니다.

교회, 교단, 목회자, 장로 등의 문제가 이어졌습니다. 포탈의 검색어에 교회 관련 검색어가, 물론 대부분 부끄러운 것들인데, 둘 이상씩 뜰 때는 참 힘들었습니다. 특히 토요일에 그런 것들이 터지고 포탈에 뜨면 다음날 설교를 어떻게 하나, 어떻게 교인들 얼굴을 보나, 참 난감하고 마음이 무거울 때도 있었습니다.

나쁜 열매가 늘어나고 질적으로 악화되는 것은 무슨 의미일까요? 그것은 우리에게 무엇을 말하는 것일까요? 열매는 나무와 가지가 접붙임 된 그 시점부터 마지막까지, 전 과정의 산물이요 결과물입니다. 즉 가지의 열매가 좋으면 접붙임과 그 이후 과정이 좋았다는 것이요, 열매가 나쁘면 접붙임 시작부터 그 이후 과정에 걸쳐 어떤 심각한 문제가 있었다는 결정적 증거입니다.

예수님께서는 참 포도나무이신 그분께 붙어 있는 가지는 절로 좋은 열매를 많이 맺는다고 단언하십니다. 좋은 열매를 맺지 않는다면 그 가지를 불에 던져서 사른다고 하셨습니다. 또 좋은 나무는 나쁜 열매를 맺을 수 없고, 못된 나무는 아름다운 열매를 맺을 수 없으므로 아름다운 열매를 맺지 않으면 모두 찍혀서 불에 던져진다고 말씀하십니다.

불에 던져지는 것과 같은 맥락에서 "내 예수님이 너를 모른다" 또는 "바깥 어두운 데 내쫓겨서 거기서 슬피 울며 이를 간다"와 같은 주님 말씀들이 있습니다. 무슨 뜻입니까? 본인의 확신이나 예상과는 전혀 다른 최종 판결을 받고, 하나님의 영원한 처소로부터 완전히 항구적으로 격리되는 비극적 결말을 말합니다. 멸망이고 사망입니다. 이유가 무엇입니까? 좋은 열매의 부재, 참 포도나무에 전혀 어울리지 않는 나쁜 열매가 바로 그 이유입니다.

해마다 기독교윤리실천운동본부에서 개신교, 천주교, 불교의 사회적 신뢰도를 조사해서 발표합니다. 2020년에도 어김없이 개신교는 천주교, 불교 다음 3위를 차지했습니다. 가장 의미 있는 항목은 세 종교에 관한 무종교인들의 신뢰도입니다. 천주교는 줄곧 30%를 유지하고, 불교도 20%대를 유지했습니다. 그런데 개신교에 대한 신뢰도는 2009년 10.8%, 2013년 8.6%, 2017년 6.9%, 2020년 6.1%로 지속해서 낮아지고 있습니다. 그뿐만 아니라, 15개 교단의 목회자들이 모인 대형 목회자 단체인 한국기독교목회자협의회의 조사에서도 진짜 교인은 전체의 20% 남짓으로 보고 있다고 합니다.

좋은 열매가 희소해지고, 나쁜 열매가 증가하고, 교회에 대한 사회의 신뢰도가 지속해서 하락하는 것은 우리나라 교회와 교인들에게 파국적 결말이 올 수 있다는 것을 강력하게 말하고 있는 것은 아닐까요? 이대로는 많은 영혼과 교회가 예정된 파국을 피할 수 없을지도 모릅니다. 천국 입성을 100% 확신하고 자타가 그렇게 인정했던 사람도 전혀 뜻밖의 결과를 직면할 가능성이 큽니다. 예수님께서는 마태복음 7:22에서 "그날에 많은 사람이 나에게 이렇게 말할 것이다"라며, 전혀 뜻밖의 파국적 결과에 대해 예수님께 항의성 질문을 하는 사람이 많을 것이라고 하셨습니다. 마태복음 7:13에서도 멸망으로 인도하는 문은 크고 그 길이 넓어 그리로 들어가는 사람이 많다고 하셨습니다.

세례나 입교 등 개교회의 공인을 받더라도, 신학이나 교리의 잣대로 별문제가 없더라도, 본인이 구원받았다고 확신하더라도, 좋은 열매는 없고 나쁜 열매를 맺었다면 예정된 파국을 피할 수 없을 것입니다. 이것은 영생의 나라로 들어가는 데 치명적 걸림돌이 될 수 있습니다. 이 책은 오직 진리이시며 심판자이신 주님께서 제시하신 하나님 말씀을 기준과 근거로 삼아, 현재 우리 신앙의 좌표를 정직하게 직면하고 용기 있게 진단하는 것을 돕고자 합니다. 각자의 영적 상태를 점검하고, 다가올 미래를 정직하고 겸손하게 진단하며, 주님이 주신 처방으로 대처하기 위한 목적에서 쓴 책입니다.

이것은 이미 가지고 있는 교리나 신학, 선입견이나 고정관념과 맞지 않을 수도 있습니다. 그리고 많은 사람이 검증이나 큰 숙고 없이 수용하고 있는 상식과도 다를 수도 있습니다. 교단마다 다른 주장을 가지고 있습니다만, 교인 대부분은 진지한 고민과 숙고, 비교의 과정도 없이 자신에게 제시된 교리나 신앙을 전폭적으로 신뢰하며 수용합니다. 이 책이 우리가 그리스도의 심판대 앞에 서기 전 어떻게 믿고 살아야 할지 진지하고 정직하게 고민하는 계기가 되기를 간절히 기도합니다.

"우리 모두가 반드시 그리스도의 심판대 앞에 드러나, 각자가 선악간에 그몸으로 행한 일에 따라 보응을 받을 것이다" 고후 5:10

침몰하는 신앙

가만히 있어라

사백여 명을 태운 대형 여객선이 인천에서 제주를 향해 출발합니다. 대부분은 학창 생활에서 가장 기억에 남을 즐거운 수학여행을 떠난 고등학생들입니다. 그런데 어느 순간부터 배에 이상한, 비정상적인 현상들이 나타나기 시작합니다. 배가 흔들리고, 선내 기물이 제 위치를 벗어나 흉기가 되기도 합니다. 그리고 배가 뒤집힐 듯이 급히 기울기도 하더니, 배에 물이 들어오기 시작하고 수위는 점점 높아져 갑니다.

그러나 선내 스피커는 "가만히 있으라"는 말만 반복합니다. 그 사이 배를 움직이고 안전을 책임져야 할 선장과 선원들은, 이리가 오는 것을 보고 달아나는 삯꾼과 같이요 10:12~13 아무도 모르게 배를 벗어납니다. 선장도 기관사도 조타수도 배 안에 없고, 배는 생명을 책임지는 사람이 없는 무책임의 영역이 되고 맙니다. 결국은 비극으로 끝이 납니다. 수학여행의 즐거운 기대는 뼈를 에는 고통과 슬픔으로 마치게 됩니다. 아무도 예상하지 않았고, 아무도 바라지 않았던 슬픈 결과입니다.

기대가 슬픔으로 끝나지 않을 기회, 절대 짧지 않은 시간이 있었습니다. 그러나 골든타임을 포함해서 그 기회와 시간은 허비되었습니다. 나라도, 책임을 진 사람들도 무능력하거나 무책임했습니다. 이 위중한 시간에 이들의 관심은 죽음의 위기에 있는 사람들이 아닌 '나'의 안위였고, 권력을 가진 '위'로 향해 있었습니다. 생명에 대한 책임을 지고 눈길과 손길과 발길이 향해야 할 그곳에 그들은, 그들의 마음은 없었습니다. 간절한 마음이 없었기에 생명을 구출하려는 진실하고 실효적인 활동도 없었고, 안일함이 그곳에 범람했습니다.

화살이 배의 소유주인 유병언과 구원파로 집중되면서 그들은 여론의 뭇매를 맞았습니다. 물론 그들에게도 사적인 탐욕과 개인적 일탈, 거기서 비롯된 비정상과 불법이 있었습니다. 한 번 구원 받으면 100% 무조건 영원히 구원 받는다는 그들의 구원관이 이런 비윤리적 성향을 낳았을 가능성이 큽니다. 그러나 문제의 원인을 그들만의 개인적 일탈이나 사적인 문제로만 한정 지을 것이 아닙니다. 이 사건의 원인은 국가 시스템을 포함한 구조적 문제와 구조 체계였습니다. 개인적 차원을 넘어서는 체계의 문제였습니다.

어둠은 빛을 이길 수 없다! 진실은 침몰하지 않는다! 진실을 바라는 사람들이 이 소망을 품고 진실을 보기 위해 몸부림쳤습니다. 마침내 눈물과 아픔, 인고로 뿌려진 씨는 서서히 싹이 되어 조금씩 나왔고 지금도 나오고 있습니다. 구조적 문제가 하나씩 힘겹게 드러나기 시작했습니다. 정직하고 끈질긴 원인 찾기는 문제의 진정한 해결을 향한 첫걸음이 되었습니다. 감춰진 것은 드러나지 않을 것이 없고, 숨은 것이 알려지지 않을 것이 없다는 예수님의 말씀마 10:26이 이뤄지는 것을 목격했습니다. 힘들고 아프더라도 문제를 직면하고 고통스럽더라도 원인을 정직하게 찾아내 공유할 때, 문제 해결을 향해 담대하게 그리고 끈질기게 한 걸음씩 걸어갈 때, 소망의 출구는 반드시 가까이 다가올 것입니다. 반대로, 문제가 반복되고 악화되는데도 정직히 직면하지 않은 채 세월이 흐른다면, 상황은 더 악화될 것이 분명합니다. 그렇게 시간이 흐르면 그 마지막은 파국, 즉 예정된 파국이 될 것입니다.

가만히 있어도 되나?

2017년 6월 영국 런던의 그렌펠타워 아파트 화재로 100명 가까이 사망했습니다. 크게 두 가지 원인이 있었습니다. 하나는 완화된 법규를 따른 건축자재가 화재에 취약했다는 것입니다. 이것이 오히려 화재피해를 키웠고, 화재경보나 스프링쿨러 같은 화재대비 설비도 전혀 없었습니다. 두 번째는 관행에 따라 '가만히 있으라'는 소극적인 대처였습니다. 연기나 불길이 아파트 자기 집이나 집 앞 복도까지 오지 않으면 움직이지 말고 가만히 있으라는 수동적 대처가 비극적 결말을 낳았습니다. 구조적 원인과 소극적 대처가 문제를 키운 것입니다.

하나의 건물에 화재가 발생하면 결국 연기와 유독가스가 건물 전체에 두루 퍼지는 것은 상식입니다. 층마다 방마다 처한 환경과 대처하는 방식에 따라 결과에 다소 차이가 있겠지만, 그 여파는 큰 방이든 작은 방이든, 소박한 방이든 럭

셔리한 방이든, 결국에는 거의 동일하게 미칠 수밖에 없습니다. 추락하는 비행기에서 안전벨트를 매든 안 매든 결과는 비슷하다는 하루키의 말과 같은 맥락입니다. 일등석, 이등석, 이코노미석의 차이도 추락하는 비행기에서는 의미 있는 것이 아닙니다.

신앙도 마찬가지입니다. 한 교회 또는 교단 안에서 발생한 문제의 원인을 정확하게 분별하고 근본적으로 대처하지 않으면, 결국 그 교단 전체 또는 한국 교회 전체로 퍼지는 것은 시간문제입니다. 더욱이 간교하고 집요한 마귀는 교회를 오염시킬 수 있는 그 호재, 누룩을 퍼뜨릴 그 호기를 절대 놓치지 않으려고 모든 악의, 힘, 경험을 발휘할 것입니다.

지난 30여 년간 교회 안팎에서 각종 문제가 지속해서 발생하고, 점차 악화되었습니다. 이제 우리에게 가만히 있어도 되느냐는 질문은 절실한 질문이 되었습니다. 그래도 감사했던 것은 이 기간 동안 건강한 반전을 도모했던 분들의 수고와 땀과 눈물입니다. 비록 피땀 흘린 수고가 실질적 변화로 이어지지는 못했을지라도 우리 주님께서는 그들을 기억하실 것입니다.

한국 교회는 침몰 중

처음에는 윤리적 일탈과 타락의 징조가 약하고 간헐적으로 보였습니다. 우리는 이것을 개인적이고 일시적인 것으로 생각했습니다. 그러나 본질적으로 비슷한 문제들이 다양한 양상으로 반복되었습니다. 문제가 양적으로 증가하고 질적으로 악화된 것입니다.

가슴 아프고 부끄러운 사건이 줄지어 터져 나왔습니다. 일어나서는 안 될 성적인 사건이 연이어 세상에 드러났고 계속 드러나고 있습니다. 그리고 사건을 대하는 당사자와 교회, 교단의 자세는 사람들의 마음을 더 힘들게 했습니다.

논문과 목사 안수, 교회 건축 등을 둘러싸고 다양한 문제가 제기된 사랑의 교회 사태는 함께 고민해야 할 여러 숙제를 줍니다. 이면에 어떤 원인이 있는지, 왜 그런 일이 벌어졌는지 우리에게 질문을 던집니다. 옥한흠 목사 시절에는 많은 사람이 건강한 신앙, 교회의 기준, 표준처럼 여겼던 교회가 어쩌다가 이런 모습이 된 것일까? 개인의 문제인가, 아니면 한국 교회에 광범위하게 퍼져 있는 어떤 본질적인 문제가 이 교회를 통해 드러난 것인가? 한국 교회 안에서 벌어진 많은 문제는 과연 우리 신앙 안에 도덕성과 윤리가 남아있는지 생각하게끔 합니다.

한국 교회의 얼굴로 여겨지는 교계 연합 기관을 볼 때 부끄럽고 그 일원으로서 안타까운 마음이 듭니다. 하나 되라는 예수님의 공생애 마지막 당부가 무색하게도 한국 교회를 대표한다는 기관이 둘에서 셋으로, 넷으로, 다섯으로 계속 나뉘었습니다. 유수한 신학대학마다 다툼과 소요가 있었고 가장 큰 교단의 총회에서는 회의장 강단에서 가스총과 용역이, 그 교단 신학교에서는 용역과 폭력이 등장했습니다.

약 30여 년 전부터 시작된 교회 세습의 광풍이 많은 교회를 휩쓸고 지나갔습니다. 교회를 세우시고 머리가 되신 예수님을 실질적으로 배척하고, 대신 한 가문이 교회를 사유화하는 최악의 참사가 매우 광범위하게 벌어졌습니다. 몸인 교회가 머리이신 그리스도를 무력화하고 배신한 것입니다. 교단과 헌법까지 초월해버린 명성교회 세습은 결과적으로 교단, 교회의 권위와 정당성에 큰 타격을 주었습니다.

기독교인이라고 언론에 거론되는 이들이 비윤리적이고 불법적으로 공의에 반대되는 일을 저지르는 것을 볼 때, 신앙이 무엇이고 교회는 왜 존재하는지 근본적인 질문이 듭니다. 거룩하신 하나님에 대해, 공의로우신 하나님의 심판에 대해, 천국과 지옥에 대해 교회에서 무엇을 말하고 가르쳤는지 안타깝고 부끄러운 마음으로 자신을 돌아보게 됩니다.

　이런 윤리적 둔화와 더불어 신앙과 삶, 신앙과 사회는 분리되고 이원화된 채로 무척 오랜 시간이 흘렀습니다. 한국 교회와 그리스도인이 사회 문제를 대하는 관점과 태도는 성경에 나타난 하나님의 의로우신 뜻과 기대에 크게 미치지 못하였습니다. 하나님의 말씀과 많이 다른 길을 걸어왔습니다. 오히려 이제는 이성과 양심을 바탕으로 한 사회 발전에 걸림돌이 되는 형편입니다.

　또 한국 교회는 대체로 민주주의가 아닌 반민주적 흐름에 가담하고 그것을 뒷받침하는 실질적 후원자 노릇을 했습니다. 민주화가 된 지금까지도 과거의 흐름과 역할에 여전히 머물러 있습니다. 과거의 가치관과 세계관이 다수의 교회 지도자들과 교인들 마음속에 여전히 남아 있습니다.

　아울러 현실에서 공의가 아닌 불의의 지지자로 기능했습니다. 교회는 오랫동안 공개적으로는 사회의 여러 이슈에 대해서 가치 중립적인 입장이라고 말했습니다. 그러나 군사독재에 대한 맹목적 지지 등에서 볼 수 있듯이, 실제로는 공의가 아닌 기득권과 불의의 지지자로 지내왔습니다. 한국 교회의 사회적 편향성 문제는 쓴 뿌리처럼 너무 깊고 광범위해서, 젊은 층을 비롯한 미래 세대에 크게 부정적인 인식을 주고 있습니다. 성경적 가치관을 따라 문제를 분별하지 않고, 아주 오래된 관성을 따라 편향적인 태도를 보였기 때문에 생긴 일입니다.

　세월호 같은 사회적 현안을 둘러싸고 기독교인들의 카톡방에는 희생자 가족을 더 아프게 하는 글이 난무했습니다. 교회가 오랜 기간에 걸쳐 쌓아 온 퇴행적이고 반성경적인 '견고한 진'이 한국 교회의 얼굴처럼 되었고, 이제는 사회에서의 건강한 공의 진작이라는 하나님의 뜻마저 가로막는 장벽이 되고 말았습니다. 교회가 사회 발전에 거북하고 부담스러운 짐으로 전락해 버린 것 같습니다.

　교회는 경제적 공의라는 하나님의 뜻에 책임감을 가진 청지기가 아니라, 현실적으로 양극화로 흐를 수밖에 없는 천민적 자본주의의 후원자와 지지자로 기능했습니다. 가난한 자들에게 기쁜 소식을 전하라 하신 주님의 기대에 반한 것이었습니다. 각종 사회 관련 메시지들이 한국 교회 강단과 SNS를 통해서 횡행하고 있습니다. 심하게 왜곡되고 오염된 메시지들의 유행은 과거 독재 시절과는 달리, 그저 단순한 이해관계 때문이 아닙니다. 이는 그릇된 확신에 근거한 강한 신념이 교회 안에 깊게 뿌리내렸다는 것을 보여줍니다. 역사를 주관하시는 의로우신 하나님의 통치와 왕이신 예수님의 공의로운 다스리심을 아랑곳하지 않는 교회의 모습이 여러 양상으로 오랫동안 나타났습니다.

이런 과정에서 교회는 점점 우리 사회에서 폐쇄적 종교 집단, 자폐적 게토로 전락하고 있습니다. 코로나 사태를 거치면서 이런 경향은 더 두드러졌습니다. 구한말과 일제하에서 우리 민족이 어둠과 질곡 속에 있을 때, 이 땅의 숱한 사람들이 '자유와 생명의 복음', 그리고 역사의 주관자이신 '정의롭고 전능한' 하나님을 주목했습니다. 그런데 그 신앙으로 영광스러웠던 교회가 지금은 일반인들의 평균적 이성과 상식, 양심의 기준조차 넘지 못하고 오히려 배척당하는 가슴 아픈 현실에 처해 있습니다.

힘겨운 현실과 불확실한 미래를 마주하고 있는 청년층은 교회가 자신들의 현재와 미래의 삶에 무관심하며 아무 대안도 제시하지 않는 것을 잘 알고 있습니다. 오히려 교회가 오랫동안 기득권의 후원자 역할을 해왔고, 현재도 과거와 같은 퇴행적인 경향에 머물고 있다는 것을 알고 있습니다. 교회는 지난 수십 년간 '순수' 복음주의의 울타리 안에서 세상의 청지기 역할을 자랑스럽게(?) 포기한 채 안주했고, 이 땅의 힘겨운 여러 현실을 외면했습니다. 그리고 지금 우리는 현실과 유리된 '초현실적' 신앙이 자초한 슬픈 재앙에 직면하고 있습니다. 청소년, 청년, 그리고 30대 장년층의 급속한 교회 이탈은 현실을 철저하게 외면하면서 기득권의 지지자로서의 역할에만 충실했던 불의한 신앙의 결과입니다.

많은 질문이 듭니다. 이제까지 언급한 문제들은 특정 소수만의 문제인가? 아니면 우리의 문제이고 나의 문제인가? 우리 신앙의 현재 좌표는 어디이고, 우리는 지금 하나님과 그분의 뜻에서 얼마나 멀리 떠나왔는가? 우리는 가만히 있어도 되나? 우리는 지금 참 포도나무에 연결되어 생명을 얻고 있는 가지인가? 아니면 참 포도나무에서 떨어져 생명을 잃은 가지인가? 아니면 생명이 심각하게 결핍되어 곧 떨어질 가지인가? 왜 생명의 증거인 좋은 열매, 아름다운 열매는 잘 보이지 않고, 나쁜 열매는 악화되고 증가하는 것인가?

여기서 그 무엇보다 진지하게 숙고해야 할 문제가 있습니다. 내세 천국을 이미 확고하게 보장받았다고 확신하는 무수한 '기독교인들'이 있습니다. 하지만 지역 교회의 공인과 본인의 확신처럼 정말로 내세 천국이 미래에 정녕 주어질 것인가? 좋은 열매가 희소해지는 이 시점에서 우리는 신앙 공동체에, 그리고 자기 자신에게 이 질문을 꼭 던져야 합니다: 침몰의 위기 속에서 그냥 이렇게 가만히 있어도 되나? 가만히 있어도 괜찮은가?

그들만의 문제? 우리의 문제?

우리나라는 교단들끼리 서로 쉽게 영향을 주고받는 편입니다. 달리 말하면 상호 영향을 주고받고 동화됨으로써 교단마다 정체성이 약화되었습니다. 순복음교단의 현세적, 기복적 성향은 장로교단에도 영향을 주었습니다. 반대로 장로교단의 단순화된 간이 '이신칭의'와 '한 번 구원 영원한 구원'이라는 간편하고 쉬운 구원관은 감리교단이나 오순절교단에 영향을 주었습니다. 단순화된 '소비자' 친화적 구원관과 현세적 기복신앙이 결합된 악화惡貨가 하나님께서 주시려고 하시는 양화良貨를 구축驅逐하는 참사가 한국 교회에서 벌어졌습니다.

또한, 교회가 편의점보다 많다고 할 정도가 된 상황은 교회와 목회 환경을 한층 열악하게 만들었습니다. 악화가 양화를 구축하는 가속도가 더해졌습니다. 나아가 교회와 목회가 날이 갈수록 더 상업화, 세속화되었습니다. 20여 년 전부터 시작된 기독교 케이블TV와 뉴미디어 활용의 증가는 이미 주도권과 기득권을 확보한 교회들과 그들의 신앙을 더 공고히 하는 방향으로 작용했습니다. 결과적으로, 세속화된 한국 교회와 신앙의 문제를 극복하고 개혁하는 순기능 역할은 전혀 하지 못했습니다.

앞서 언급한 여러 문제는 대부분 세속화, 상업화, 동질화된 한국 교회라는 한 나무에서 나온 열매들입니다. 윤리적 둔감함, 개인주의적 성향과 세속 지향성, 공공선에 반하는 가치관과 세계관, 세습 등 여러 교회의 문제는 교단이 다르더라도 비슷합니다.

그래서 우리 모두는 책임감을 가지고 여전히 지속해서 심화되는 문제들에 대해 하나님의 해결책을 간절히 구해야 합니다. 왜냐하면, 성경은 아주 많은 곳에서 이런 일탈과 타락, 책임감의 결여가 결국 하나님과의 충돌, 하나님과의 관계의 파국으로 이어진다고 증거하기 때문입니다. 성경만이 아니라 기독교회의 역사도 같은 것을 증언합니다. 성경에서 말씀하신 대로 촛대가 옮겨지거나 하나님 나라를 **빼앗기는** 것입니다.

또 성경은 하나님과의 충돌과 파국이 현실의 삶 속에서 고통과 혼돈으로 이어지고, 무엇보다 결국 많은 사람이 영원한 안식에 들어가지 못하는 참으로 안타까운 결말로 귀결된다고 명백하게 증언합니다. 바벨론으로 끌려가고 이천 년의 디아스포라를 겪어야 했던 이스라엘의 역사는 영적 파국이 현실의 각종 고난으로 귀결된다는 것을 가르쳐줍니다.

2018년 2월, 신촌세브란스 병원에서 화재가 발생했습니다. 일사불란하게 평소 훈련한 대로 대피했습니다. 가장 늦게 대피한 사람들은 VIP 병동 환자들이었습니다. 그 병동은 화재 등 경고 방송을 꺼놓았기 때문입니다. 비슷한 예로, 한 항공사는 사장이 원하지 않는다는 이유로 비행기에서 난기류 위험 경고 방송을 하지 않았다고 합니다. 항공사 사장이 기내에서 게임을 하는데 위험을 알리는 경고 방송이 나오게 되면 기내 모니터의 게임 화면이 끊기기 때문이었다고 합니다. 어떤 경우에는 일등석만이 아니라 비즈니스석에도 경고 방송을 하지 않았다고 합니다. 문제가 있을 때는 그것을 깨닫고 직면하는 것이 지혜로운 대처인데, 안일함과 관행이 이 유익한 상식을 가로막는 것입니다.

관성과 안일에 젖은 피동적인 신앙 태도는 우리에게 가만히 있으라고 합니다. 안됩니다! 많은 사람이 진지한 숙고와 검증을 거치지 않고 안일하게 합류해 걷고 있는 이 넓은 궤도에서 벗어나야 합니다! 배에서 이상징후가 보이고 계속 확산되고 악화된다면, 그것은 침수 중인 배일 가능성이 큽니다. 그래서 그 배에는 무언가 적확하고 실효적인 조치가 있어야 합니다. 날이 갈수록 악화되는 교회 안팎의 여러 징후는 그들만의 문제가 아니라 이미 우리 모두의 문제라고 반복적으로 말하고 있습니다. 우리는 비정상과 비상을 알리는 위기 신호를 이미 충분히 많이 목격했습니다. 좋은 열매, 아름다운 열매는 희소해지고 반대로 나쁜 열매가 빈발하는 현실은 우리 모두에게 문제를 직면하고, 정직하게 원인을 찾으며, 변화와 회복을 향해 과감하게 발걸음을 뗄 것을 촉구하고 있습니다. 무엇보다 하나님나라에 열심이신 주님께서 그런 열망을 품은 우리를 큰 능력으로 도우시려고 기다리십니다.

2장 _ 고정관념에 합리적 의문을 갖게 하는 성경

누가 무엇이라 해도 신앙을 갖는 제1의 목적은 구원, 영생, 부활입니다. 심지어 기복신앙을 가지고 있는 사람들조차 만약에 이 땅에서의 축복과 형통, 그리고 영생과 부활을 놓고 하나만 선택하라고 하면 아마 영생과 부활을 택할 것입니다. 사도 바울은 자신에게 유익하던 것과 모든 것을 배설물처럼 여기면서 얻고자 한 것이 영원한 부활이라 말했습니다. 대부분의 신자는 사도 바울의 선택이 지극히 당연하고 바람직하다고 생각할 것입니다. 그런데 영생과 부활이 이렇게나 중요한데도, 대다수 교인은 매우 허술한 과정을 거쳐 이것에 대한 관점을 받아들입니다.

중학교 시절 10월 유신이 있었습니다. 학교에서 유신의 당위성을 전파하기 위한 글짓기와 웅변대회가 있었는데, 예선에서 뽑혀 본선에 나갔습니다. 학교에서 배운 것과 신문에서 보고 들은 것을 나름의 논리로 정리했습니다. 그런데 그로부터 약 40여 년이 지난 뒤 우연히 당시 원고를 발견하게 되었습니다. 읽으면서 얼굴이 화끈해졌습니다. 우리나라는 지정학적 특수성 때문에 민주주의에 제한을 가할 수밖에 없음을 강변하는 내용을 썼던 것입니다.

왜 이런 글을 썼을까요? 근본 원인은 제가 접했던 자료나 정보를 그대로 제 머릿속에 입력했기 때문입니다. 그 과정에 어떤 검증도 숙고도 없었습니다. 아니, 변명 같지만 어떤 검증도 숙고도 있을 수 없던 환경이었습니다. 베이컨이 말한 네 가지 우상 중에 두어 가지가 겹쳐서 검증이나 숙고의 싹조차 불가능했습니다.

베이컨의 동굴의 우상은 동굴 안에서 자기 경험을 근거로 판단하고, 결과적으로 오류에 도달하게 되는 것입니다. 시장의 우상은 직접적인 관찰이나 경험 없이 다른 사람들의 말만 듣고 판단해 버려서 오류와 편견에 빠지는 것입니다. 극장의 우상은 자신의 소신이나 판단 없이 권위나 전통을 비판 없이 받아들이고 맹신하면서 갖게 되는 오류나 편견을 말합니다.

저 자신도 이런 동굴이 주는 인식의 한계 속에서 구원, 영생, 부활에 관한 견해를 지극히 피동적으로 수용했습니다. 비교를 통한 검증이나 성경 전반에 대한 숙고 없이 세상에서 가장 중요한 문제를 너무 쉽게 일방적으로 수용했습니다. 그런데 이미 거의 고정관념이 되어버린 중요한 신앙 이슈들을 다시 생각하게 한 결정적인 계기는 다름 아닌 성경이었습니다.

성경을 읽고 가르치다가 여러 말씀을 만나면서 문제의식을 느끼게 되었습니다. 이 말씀들은 저에게 궁금증과 의문을 불러일으켰습니다. 답을 찾아가는 과정에서 교단이나 교리에 얽매이고 갇히지 않으려 하였고, 성경의 특정한 부분만이 아니라 가능한 한 전체적으로 바라보면서 합리적 질문에 대한 성경적인 답을 구하려 노력하였습니다.

저는 다행히도 한창 이성적이었던 30대 중반에 처음 교회에 발을 디뎠고, 그래서 동굴에서 비롯된 인식의 한계와 제약이 상대적으로 크지 않았던 것 같습니다. 또 감사하게도 한국과 미국의 여러 교단을 경험할 기회가 있었고, 신학 공부는 초교파 신학교인 미국 버지니아의 리전트Regent대학 신학대학원에서 하게 되었습니다. 한국과 미국의 침례교, 오순절순복음, 장로교 교회들과 초교파 교회를 경험했고, 목사 안수는 미국 남침례교에서 받았습니다. 이처럼 상대적으로 다양한 과정을 거친 뒤 목회를 하게 되었습니다.

언젠가 이런 생각을 한 적이 있습니다. 장로교, 감리교, 침례교, 성결교, 순복음, 그리고 초교파 교단 등이 서로 다른 구원관을 가지고 있는데 하나님께서는 각 교단 기준에 맞춰서 구원하시고 천국에 받아들이실까? 절대 아닐 것입니다. 하나님께서는 오직 하나의 원칙을 가지고 계시지 그 사람의 소속 또는 출신 교단의 기준에 따라서 판단하시지는 않으십니다. 물론 믿음을 보시는 하나님께서는 사람 마음의 중심을 보시고, 믿음에 합당한 삶과 행함을 보시고, 더하여 크신 긍휼로 우리를 판단하실 것입니다. 그럼에도 하나님의 구원 기준은 원칙적으로 하나일 것입니다. 그 원칙을 근거로 인자와 긍휼에 풍성하신 우리 하나님의 주권적 판단이 있을 것입니다.

한 번 믿으면 무조건 천국행?

저에게 제일 먼저, 그리고 가장 큰 의문을 주었던 말씀은 예수님께서 산상수훈 마지막에 하신 말씀입니다.

거짓 선지자들을 삼가라 양의 옷을 입고 너희에게 나아오나 속에는 노략질하는 이리라 그들의 열매로 그들을 알지니 가시나무에서 포도를, 또는 엉겅퀴에서 무화과를 따겠느냐 이와 같이 좋은 나무마다 아름다운 열매를 맺고 못된 나무가 나쁜 열매를 맺나니 좋은 나무가 나쁜 열매를 맺을 수 없고 못된 나무가 아름다운 열매를 맺을 수 없느니라 **아름다운 열매를 맺지 아니하는 나무마다 찍혀 불에 던져지느니라** 이러므로 그들의 열매로 그들을 알리라 나더러 주여 주여 하는 자마다 다 천국에 들어갈 것이

아니요 다만 하늘에 계신 내 아버지의 뜻대로 행하는 자라야 들어가리라 그 날에 많은 사람이 나더러 이르되 주여 주여 우리가 주의 이름으로 선지자 노릇 하며 주의 이름으로 귀신을 쫓아 내며 주의 이름으로 많은 권능을 행하지 아니하였나이까 하리니 그 때에 내가 그들에게 밝히 말하되 내가 너희를 도무지 알지 못하니 불법을 행하는 자들아 내게서 떠나가라 하리라 마 7:15~23

위 말씀에서 예수님은 당신께 "주여 주여"라 하며, 예수님 이름으로 선지자 노릇 하며, 예수님 이름으로 귀신을 쫓아 내며, 예수님 이름으로 많은 권능을 행한 사람에게 천국에 못 들어간다고 하시고, 도무지 너를 모르겠으니 당신에게서 떠나라 명하십니다. 이 정도로 실력 있고 알차게 사역을 한 사람이면 칭찬을 듣고 인정받아야 하는데, 예수님은 그에게 떠나라고 하시고 그를 모른다고 하십니다. 충격적이고 난해한 말씀입니다.

이 말씀이 난해한 것은 우리의 고정관념, 즉 개인이 과거 어느 한 시점에서 주님을 믿었다면 당연히 주님께서 아시고 영원히 부정하시지 않는다는 생각 때문입니다. 말씀이 우리의 고정관념과 조화되지 않기 때문에 이 쉽고도 명백한 구절이 난해해진 것입니다. 그러다 보니 저 사람은 원래 믿는 사람이 아니었고 믿는 시늉만 했던 사람이었다 등의 구실을 만들어 고정관념을 합리화하고, 예수님의 위 말씀을 무력화합니다. 모순적 충돌을 해결하려고 심판자이신 예수님 말씀을 무리하게 왜곡한 것입니다.

누가복음 13:24~30에는 예수님 앞에서 먹고 마시고, 길거리에서 예수님께 가르침을 받은 사람의 이야기가 나옵니다. 예수님께서는 이 사람에게 그가 어디에서 온 사람인지 모르며, 그래서 하나님나라 잔치 바깥으로 쫓겨나 거기서 슬

피 울며 이를 갈 것이라 말씀하십니다. 마태복음 7장과 같은 사례입니다. 마태복음 7:21~22에서는 충격받은 "많은 사람이" 예수님께 항의성 질문을 합니다. 왜 천국에 못 들어갑니까? 누가복음 7:24에서는 "들어가기를 구하여도 못하는 자가 많으리라" 하십니다. 예외적인 경우, 혹은 소수의 사람에게 발생할 일이 아니라 많은 사람에게 일어날 것이라고 말씀하십니다.

당연하게 받아들였던 신앙의 관점에 성경이 합리적 의심을 제기하는 것은 정상적이며 유익합니다. 성경에 근거해 숙고하는 것은 어떤 면에서는 신자의 권리이자 의무이며 바람직한 태도이기도 합니다. 사도행전 17:11에서 바울 사도는 자기 설교의 사실 여부를 성경을 통해 연구하며 상고한 사람들에게 신사적이고 고상한 사람들이라고 칭찬한 바 있습니다.

예수님을 믿었고, 예수님께 배웠고, 예수님과 교제했고, 예수님과 식사했고, 예수님을 위해 사역한 사람이 어떻게 저런 비극적이며 충격적인 결말을 맞을 수 있을까요? 이것은 다음의 질문으로 이어집니다. 한 번 믿은 후에라도, 중간에 혹은 최종적으로 주님과의 관계가 파국으로 끝날 수 있을까요?

예수님께서는 당신께 시큰둥하게 반응한 나다니엘을 향해 오히려 간사함과 거짓된 것이 없다고 칭찬하셨습니다. 그가 다른 사람들의 생각에 영향을 받지 않고 오직 성경 말씀 때문에 "나사렛 예수"께 그렇게 반응했기 때문입니다. "처음 믿음을 저버렸으므로 심판을 받느니라." 딤전 5:12 이런 말씀이 동기가 되어 합리적 질문을 갖는 것은 지극히 정당한 것이며 바람직합니다. 일단 출발한 천국행 열차에 탑승하면 100% 다 종착지에 도착할까요? 입학하면 100% 다 졸업이 보장되는 것일까요?

열매를 맺지 않는 가지의 최후

아버지께 심판하는 권세를 받으신 예수님께서 이런 말씀을 하십니다.

> 무릇 내게 붙어 있어 열매를 맺지 아니하는 가지는 아버지께서 그것을 제거해 버리시고 무릇 열매를 맺는 가지는 더 열매를 맺게 하려 하여 그것을 깨끗하게 하시느니라 요 15:2

위 말씀은 처음 접붙여진 이후에 예수님께 붙어 있었는데, 언젠가 아버지에 의해 제거되는 가지에 대해 말합니다. 제거된 가지는 결국은 밖에 버려져 마르고 사람들이 그것을 모아서 불에 던져 사릅니다.

예수님께서는 하나님 말씀은 가장 작아 보이는 것 하나라도 버리지 말고, 당신이 분부하신 모든 말씀을 다 가르쳐 지키게 하라고 강력하게 권고하십니다. 갖고 있던 고정관념과 다르다고 예수님 말씀을 경시하거나 간과하거나 실질적으로 무력화한다면, 그것은 참으로 경솔하며 불행한 선택입니다. 주님의 주권에 속한 마지막 심판을 생각하면 말씀을 절대로 간과하거나 선택적으로 수용해서는 안됩니다.

히브리서 6:1~12도 꼭 숙고해야만 하는 합리적 질문을 불러일으킵니다.

> 한 번 빛을 받고 하늘의 은사를 맛보고 성령에 참여한 바 되고 하나님의 선한 말씀과 내세의 능력을 맛보고도 타락한 자들은 다시 새롭게 하여 회개하게 할 수 없나니 이는 그들이 하나님의 아들을 다시 십자가에 못 박아 드러내 놓고 욕되게 함이라 히 6:4~6

이 말씀은 제대로 믿음 생활을 시작했다가 그 이후에 타락한 사람의 경우입니다. "타락한"은 "배반하고 떨어져 나간", "넘어져 신앙을 버린", "그리스도를 떠난" 등으로 번역되어 있습니다. 바로 뒤의 7~8절에서도 두 가지 경우를 언급합니다. 농부가 기대하는 합당한 채소, 결실, 농작물과는 달리 가시, 엉겅퀴를 내는 경우입니다. 가시와 엉겅퀴를 내면 버림을 당하고 마지막에 불살라집니다.

땅이 그 위에 자주 내리는 비를 흡수하여 밭 가는 자들이 쓰기에 합당한 채소를 내면 하나님께 복을 받고 만일 가시와 엉겅퀴를 내면 버림을 당하고 저주함에 가까워 그 마지막은 불사름이 되리라 히 6:7~8

유다서 1:4은 심판 받을 사람들이 왜 그런 저주의 자리에 서게 되었는지 그 이유를 말합니다.

이것은 어떤 사람들이 몰래 여러분 가운데 끼어 들어왔기 때문입니다. 그들은 경건치 않으며 하나님의 은혜를 악용하여 방탕한 생활을 하고 우리의 유일한 주인이신 주 예수 그리스도를 모른다고 딱 잡아떼는 사람들입니다. 성경은 그들이 받을 심판을 이미 오래 전에 예언하였습니다. 유 1:4

심판의 이유는 하나님의 은혜를 빙자해서 신자들의 주인이시요 왕이신 예수님의 통치를 거절한 것입니다. NIV성경은 예수님의 다스리심을 부인하고 타락할 허가장license으로 하나님의 은혜를 악용한다고 질책합니다. 이렇듯 성경은 열매나 결과물에 따라 중간 또는 최종 단계에서 중차대한 변화가 있을 수 있다고 증거합니다.

모두를 구분할 기준

마태복음 25:30~46은 예수님께서 다시 오실 때 있을 일을 말씀합니다. 두 범주로 구분하시고, 가르시고, 분리하십니다. 주리고 목마르고 병들고 옥에 갇힌 "지극히 작은 사람들"에게 어떻게 대했는지가 두 범주로 나누는 기준입니다. 구분의 결과는 영생과 영벌입니다. 오직 믿기만 하면 천국에 들어간다는 상식과 명백하게 충돌하는 예수님 말씀은 우리에게 합리적 질문을 갖게 합니다.

인자가 자기 영광으로 모든 천사와 함께 올 때에 자기 영광의 보좌에 앉으리니 모든 민족을 그 앞에 모으고 각각 구분하기를 목자가 양과 염소를 구분하는 것 같이 하여 양은 그 오른편에 염소는 왼편에 두리라 그 때에 임금이 그 오른편에 있는 자들에게 이르시되 내 아버지께 복 받을 자들이여 나아와 창세로부터 너희를 위하여 예비된 나라를 상속받으라 내가 주릴 때에 너희가 먹을 것을 주었고 목마를 때에 마시게 하였고 나그네 되었을 때에 영접하였고 헐벗었을 때에 옷을 입혔고 병들었을 때에 돌보았고 옥에 갇혔을 때에 와서 보았느니라 이에 의인들이 대답하여 이르되 주여 우리가 어느 때에 주께서 주리신 것을 보고 음식을 대접하였으며 목마르신 것을 보고 마시게 하였나이까 어느 때에 나그네 되신 것을 보고 영접하였으며 헐벗으신 것을 보고 옷 입혔나이까 어느 때에 병드신 것이나 옥에 갇히신 것을 보고 가서 뵈었나이까 하리니 임금이 대답하여 이르시되 내가 진실로 너희에게 이르노니 너희가 여기 내 형제 중에 지극히 작은 자 하나에게 한 것이 곧 내게 한 것이니라 하시고 또 왼편에 있는 자들에게 이르시되 저주를 받은 자들아 나를 떠나 마귀와 그 사자들을 위하여 예비된 영원한 불에 들어가라 내가 주릴 때에 너희가 먹을 것을 주지 아니하였고 목마를 때에 마시게 하지 아니하였고 나그네 되었을 때에 영접하지 아니하였고 헐벗었을 때에 옷 입히지 아니하였고 병들었을 때와 옥에 갇혔을 때에 돌보지 아니하였느니라 하시니 그들도 대답하여 이르되 주여 우리가 어느 때에 주께서 주리신 것이나 목마르신 것이나 나그네 되신 것이나 헐벗으신 것이나 병드신 것이나 옥에 갇히신 것을 보고 공양하지 아니하더이까 이에 임금이 대답하여 이르시되 내가 진실로 너희에게 이르노니 이 지극히 작은 자 하나에게 하지 아니한 것이 곧 내게 하지 아니한 것이니라 하시리니 그들은 영벌에, 의인들은 영생에 들어가리라 하시니라 마 25:31~46

반드시 서게 될 그리스도의 심판대

성경은 방탕한 사람들뿐만 아니라, 외관상으로는 별문제 없이 충성스럽게 믿고 일했던 사람들도 충격적인 파국을 맞닥뜨릴 수 있다고 곳곳에서 증거하고 있습니다. 믿은 이후의 중도탈락도, 최종적 판결에서의 탈락도 증언합니다.

그런데 중도 탈락이든 최종 탈락이든 성경은 모든 인생은 예외 없이 예수 그리스도의 심판대 앞에 서게 된다고 말합니다. 죄를 용서받아 하나님과 원수 관계를 해소하고 하나님과 화목해지는 과정이 없었던 불신자는 당연히 심판대 앞에 섭니다. 그런데 문제는 고린도후서에서 보듯이 바울이 '우리'라고 말한 고린도교회 구성원 '모두' 심편대 앞에 서야 한다고 말하고 있다는 것입니다. 불신자만이 아니라 신자도 저 엄중한 자리에 세우셔서 판단하실 것이라는 확고한 말씀입니다.

이는 우리가 다 반드시 그리스도의 심판대 앞에 나타나게 되어 각각 선악 간에 그 몸으로 행한 것을 따라 받으려 함이라 고후 5:10

로마교회에 보낸 로마서 14:10도 신자가 자기 형제를 비판하거나 업신여기면 나중에 하나님의 심판대 앞에 서서 그 책임을 추궁당하고 심판 받게 되는 것을 명백하게 말합니다.

> 네가 어찌하여 네 형제를 비판하느냐 어찌하여 네 형제를 업신여기느냐 우리가 다 하나님의 심판대 앞에 서리라롬 14:10

뛰어나고 충성스러운 사도 바울은 부활에 이르기 위해서 유익하던 것과 모든 것을 해로 여깁니다. 그러면서 이미 얻은 것이 아니고, 온전히 이룬 것도 아니며, 아직 잡은 줄로 여기지 않고, 뒤에 있는 것은 잊어버리고 앞에 있는 것을 잡으려고 전진한다고 하였습니다. 부활과 영생에 관한 자신의 현재 상황을 확정적, 최종적인 것으로 보지 않고 주의 날, 구원의 날까지 변동 가능한 것으로 보고 있습니다.

> 그러므로 나의 사랑하는 자들아 너희가 나 있을 때뿐 아니라 더욱 지금 나 없을 때에도 항상 복종하여 두렵고 떨림으로 너희 구원을 이루라빌 2:12

> 내가 내 몸을 쳐 복종하게 함은 내가 남에게 전파한 후에 자기가 도리어 버림이 될까 두려워함이로라고전 9:27

우리는 고정관념과 선입견에 휘둘리지 않고, 하나님의 말씀인 성경을 통해 신앙의 가장 중요한 의미와 맥락을 자세히 그리고 폭넓게 살펴보아야 합니다. 영원한 생사가 달린 문제이기에 우리 모두에게 충분히 그럴 만한 가치가 있습니다. 더욱이 교회 안팎에서 벌어지고 있는 많은 문제는 우리가 정직한 직면의 길에 나서도록 재촉합니다.

3장 _ 조각난 복음에서 온전한 복음으로

한두 사람이 아니라 다수의 사람에게 유사하거나 공통적 현상이 나타나면 그것은 개인의 문제를 넘어서 공통의 문제, 곧 내재된 구조적 문제일 수 있습니다. 단순히 개인적인 문제로, 혹은 단지 한 교단에만 있는 일이라고 이해하기에는 너무 광범위하고 유사한 양상들이 한국 교회 안에 범람하고 있습니다. 구조적인 문제를 찾아 나서기 전에 먼저 저 자신의 개인적인 신앙 여정을 돌아보려고 합니다. 왜냐하면, 아래에 기술된 신앙 여정이 저만의 것이 아닐 수도 있고, 거기서 구조적인 문제의 실마리를 찾을 수도 있기 때문입니다.

전능하신 하나님

제가 처음 만난 신앙은 절대자이신 하나님과 그분의 능력을 의지하는 신앙이었습니다. 70년대 말과 80년대에 20대 초반 청년기를 보냈고, 대학 졸업 후 방송사에 취업했습니다. 34세 즈음 처음 교회에 다니기 시작했을 때는 15년간의 대학생활과 사회 초년병 생활 때문에 심적으로 무척 지쳐 있었습니다.

대학에 들어온 뒤 당시 군사정권이 민주주의와 국민의 자유를 부정하는 것을 알게 되었습니다. 그래서 심적 갈등과 무력감이 큰 청년 시절을 보냈습니다. 방송사에서 일하기 시작한 1984년은 전두환 정부의 압제가 절정일 때였습니다.

나름대로 치열하게 일하려고 노력했습니다. 처음에는 조연출로서, 그리고 몇 년 뒤 PD로 맡게 된 프로그램들을 통해 진실과 정의를 추구하려고 애썼습니다. 여러 해 함께 일했던 선배 PD가 당시의 저의 모습을 이렇게 말합니다.

> 6월 항쟁 덕택으로 방송에서 질식만은 면할 정도로 표현의 자유가 허락됐던 88년 가을, 「라디오 칼럼」이라는 프로그램이 신설됐다. 그때 담당 PD가 입사 4년 차였던 유동희 씨였는데, 그의 입봉 프로그램은 공전의 히트였다. 라디오로서는 최초의 본격 평론 프로그램이라서 신선했고… 그가 그런 편지를 받기까지 얼마나 치열하게 고민하고 노력했는지를 바로 옆자리에서 지켜볼 수 있었다. 그는 방송 프로그램의 소재와 관심 영역의 확장, 균형 찾기와 금기 깨기를 위해 참으로 열정적으로 노력했다. 그가 당시 '잡혀가지 않을까?' 고민했다는 얘기를 후일 들었을 정도니까. 사보 문화방송 1997년 6월, 정찬형 현 YTN 사장

금기와 성역의 영역 안에 문제의 진실과 핵심적인 해답이 감춰져 있는 경우가 많습니다. 그 금기를 깨뜨리지 않고는 문제의 실질적인 해결과 진전이 어려울 수도 있습니다. 그래서 금기와 성역을 깸으로써 다수의 사람들이 습관적으로 외면하던 영역을 사고의 대상으로 회복할 수 있습니다. 또한 균형을 갖추고 문제에 대한 보다 적확한 해답을 도모할 수 있습니다. 당시 이런 생각으로 프로그램을 제작하면서 줄타기 같은 긴장과 압박감 속에 지냈습니다.

이런 긴장과 갈등의 설정에서 기독교 신앙을 처음 접하게 되었습니다. 10년 전부터 가족들이 하나둘 교회에 나가기 시작했고, 결혼 전후로 아내가 신앙생활을 권유했습니다. 심적으로 지쳐 있었기에 발걸음이 교회로 향했습니다. 그리고

하나님의 존재 여부를 아는 일에 시간을 투자하기로 결심했습니다. 주일예배는 물론 수요예배, 금요예배, 새벽예배까지 6개월 정도의 기간을 하나님의 존재 여부를 집중적으로 탐구하는 데 사용하리라 결정하고 교회를 다니기 시작했습니다.

절대자이신 하나님의 능력으로 병에서 낫고 인생의 이런저런 문제에서 해방되어 자유를 얻었다는 사람들의 간증을 보고 듣게 되었습니다. 성경의 말씀과 일치하거나 궤를 같이하는 간증들은 하나님의 존재를 간접적으로 수용하는데 소중한 실마리가 되었습니다. 결국, 창조주이신 하나님, 절대적 능력의 소유자이신 하나님, 능치 못하심이 없으신 전능하신 하나님을 믿게 되었습니다. 제가 처음 알게 된 하나님은 그런 분이셨고, 그때 저의 믿음은 무력한 인간이 살면서 어려움이나 고난을 만났을 때 절대적 능력을 가지신 하나님께 구하고 의지하며 사는 것이었습니다.

인격이신 하나님

그런데 처음 교회에 다니며 신앙을 갖게 된 이래 절대자를 믿는 저의 신앙생활에 해결되지 않는 문제가 있었습니다. 그 문제는 사라지지 않고 계속 따라다녔습니다. 믿음이 있는 사람들 속에 있을 때는 제게도 믿음이 있는 것 같았지만, 그런 환경 밖으로 나가면 제 믿음이 제대로 힘을 쓰지 못했습니다. 시간이 흐르면서 믿음이 조금씩 자랐어도 의심 또한 여전했습니다.

또 다른 문제는 마음속의 허전함이었습니다. 예수님을 믿고 제가 하나님의 성전이 되었다고 성경은 증언하는데, 저의 내면에는 여전히 아무도 없는 듯한 공백과 허전함이 남아 있었습니다. 마치 그림자를 경험하되 그 본체를 경험하지 못하는 것과 흡사했습니다. 이 문제는 이론적, 교리적, 지적 동의와는 별개의 문제였습니다. 지적으로는 하나님을 알았지만, 실존적이며 경험적인 확신이 없었습니다.

다른 신자들은 하나님을 사랑하는 것처럼 보이는데, 제 마음속에는 그분에 대한 사랑이 없었습니다. 그분의 권능은 인정하고 신뢰하였지만, 정작 그 권능을 가지신 그분의 실존을 경험하지 못한 데서 오는 허전함과 불안정함이 여전히 마음에 있었습니다. 게다가 개인적인 삶의 문제와 인생의 숙제가 해결되지 않고 삶을 점점 더 짓누르는 상황이 지속되면서, 이 허전함과 불안정성은 삶과 믿음을 괴롭혔습니다.

이 상황에서 한 가지 비상한 결심을 하게 되었습니다. 다른 모든 기도를 멈추고, 오직 한 가지만을 추구하기로 했습니다. 믿음의 대상이시며 모든 권능의 원천이신 예수님을 보다 실체적으로 만나고 아는 데 몰두하기로 결정했습니다.

주님을 만나리라 그리고 내 마음속에 모시리라! 약 6개월을 오직 이 한 가지 기도제목을 가지고 주님께 간절히 매달렸습니다. 주님을 찾고 찾으면 만나리라 하신 말씀대로 6개월가량 지난 어느 날 아침 눈을 떴을 때, 제 마음이 이전과는 달랐습니다. 제 마음에 실존하시는 예수님께서 오신 것입니다.

'아 예수님' 하며 감사와 사랑으로 그분을 반가워했고, 그때부터 점차 신앙생활이 질적으로 변하기 시작했습니다. 주님과의 인격적 만남은 그 이전과는 비교할 수 없는 믿음의 확신을 주었고, 마음에 기쁨을 더해 주었습니다. 이렇게 만난 주님은 놀라운 인도자가 되셨습니다. 그리고 여러 경험을 통해 제 인생이 그분의 섭리 가운데 있다는 것을 점점 더 확신할 수 있었습니다.

공의의 하나님과 신앙의 공공성

주님과의 인격적 만남, 동행하는 삶을 알아가면서 신앙생활에 숨통이 트이고, 내면의 즐거움과 일상의 활력이 더해졌습니다. 살아 계시고 역사하시는 주님을 전보다 실체적으로 경험하면서, 심령에 평안과 만족이 더해졌습니다. 그러던 차에 중요한 한 가지를 성경에서 만나게 되었습니다. 그것은 일반적으로 저를 포함한 우리나라 신자들의 신앙에 심하게 결핍된 것이었습니다. 하나님께서 매우 여러 번 강조하셨지만, 우리 신앙에서는 거의 실종된 공의와 정의를 성경에서 재발견하게 된 것입니다.

미국 신학대학원에서 목회학 석사과정 중이던 2001~2004년에 저는 인터넷으로 한국 신문을 계속 읽었습니다. 당시 저는 신앙은 사회와 분리되고, 사역은 오직 영혼의 구원을 비롯한 인간 내면과 내세를 다루는 것이라는 고정관념을 가지고 있었습니다. 그래서 한국의 사회, 정치적 이슈에 관심이 있던 제 모습이 옳지 않은 것 같았고, 한 노교수를 찾아가서 상담을 했습니다. 그분은 자신이 속한 사회의 여러 현상에 관심을 두는 것은 지극히 정상적인 것이라고 말하였지만, 저는 그의 조언을 자유주의에 영향을 받은 미국 신학자의 견해로 여겼습니다.

그런데 교회를 개척한 뒤 성경을 꼼꼼히 읽어가면서, 하나님께서 공의와 정의를 지극히 강조하신다는 것을 발견하게 되었습니다. 성경은 하나님의 이름은 공의이며렘 23:6, 공의와 정의는 하나님 보좌의 기초시 89:14, 97:2라고 말합니다. 공의와 정의는 하나님의 가장 큰 특성 중 하나이자, 하나님 통치의 핵심이었습니다.

그와 동시에 우리 신앙이 결코 개인의 내면과 개인사에 관한 것만이 아니라는 지극히 당연한 진실을 그제야 알게 되었습니다. 신앙에는 공공성, 사회성, 공동체성이 있는 것을 구약과 신약 곳곳에서 발견했습니다. 또한, 여러 문제를 오로지 개인적 차원에서만 이해하고 해답을 모색하는 것이 합리적이지도 타당하지 않으며, 무엇보다 성경적이지 않다는 것을 확인하게 되었습니다. 이를 계기로 신앙의 개인성과 내면성을 넘어서 개인과 이웃과 사회를 유기적으로 바라보는 통합적이며 통전적인 신앙 관점을 지향하게 되었습니다.

마침내 만난 하나님의 나라

지금까지 서술했듯이 저는 복음을 전체가 아닌 한 조각 한 조각씩 차례대로 경험했습니다. 마치 파이의 조각을 모으듯이 새로운 것을 만날 때마다 그 이전에 갖고 있던 정체 모를 아쉬움과 답답함이 조금씩 해소되었습니다. 이렇게 부분적이며 파편적인 신앙에서 조금씩 벗어날 때마다 개인사와 사회와 하나님을 보는 시야가 커졌고, 그것이 주는 여러 가지 유익에 환호했습니다. 그러다 하나님의 나라가 눈에 들어오기 시작했습니다. 하나님나라 안에서 그 이전에 각각 별개의 조각으로 이해되었던 전능하신 하나님, 인격의 하나님, 사랑과 공의의 하나님이 모두 한 분이시라는 것을 훨씬 더 유기적이며 풍성하게 이해할 수 있었습니다.

과거에는 하나님나라를 우리가 내세에 들어가는 천국 또는 이 땅의 교회와 동의어 정도로 알았습니다. 그런데 그것이 아니었습니다. 하나님의 나라는 거듭난 사람들의 내면에 임하고, 교회에 임하고, 온 땅과 만물에도 임하는 하나님의 통치였습니다. 하나님의 나라는 예수 그리스도의 나라, 하늘나라, 천국 등의 다양한 이름으로 불리고 있습니다. 이 모든 이름의 본질은 하나님 아버지께서 하늘과 땅의 모든 권세를 예수님께 주시고, 그분이 왕 노릇 하시며 다스리시는 것입니다. 예수님께서 이 땅에 오심으로 본격화되었고, 개개인에게는 거듭남으로 시작되어 가정과 이웃, 일터, 사회, 온 땅으로 확장되는 것입니다. 그리고 궁극적으로는 예수님의 재림으로 완성됩니다. 주님께서 가르쳐 주신 기도에서도 하나님의 나라는 하나님의 뜻이 하늘에서와 같이 땅에서도 이뤄지는 것이라고 말합니다.

    일부분만 가지고서는 만유 안에 계신 광대하신 하나님과 그분의 뜻을 온전하게 이해하기 어렵습니다. 우리는 가능한 한 포괄적으로 보고 총체적으로 이해하려고 노력해야 합니다. 바로 이런 점에서 하나님의 나라는 균형성을 갖춘 가장 포괄적인 이해의 틀입니다. 이것은 부분적이며 지엽적인 다양한 신앙 이슈를 전체적인 구도 안에서 적확하게 이해하는 데 큰 도움을 줍니다. 여기서부터 우리가 직면한 뿌리 깊은 다양한 문제의 실마리를 찾아 나가려고 합니다. 아울러 포괄적인 하나님나라를 추구하는 것은 예수님께서 승천 직전에 하신 말씀인 "내가 네게 분부한 모든 것을 가르쳐 지키게 하라"는 당부를 따르는 것이요, 일점일획도 절대 없어지지 않는 주님의 말씀을 가능한 한 폭넓게 수용하려는 노력이기도 합니다.

2부 • 파국을 이기려면

4장 _ 예수님나라 렌즈로 보기

죽어 가는 한국 교회

한국 교회는 위기인가? 어느 정도의 위기인가?「감염병 위기관리 표준매뉴얼」에 따르면 위기 경보 수준은 '관심' Blue→'주의' Yellow→'경계' Orange→'심각' Red 단계로 구분됩니다. 보는 이에 따라 다를 수 있지만, 한국 교회가 한참 전에 주의 단계를 지났고, 경계 단계를 지나 심각 단계에 들어왔다고 보아도 과장이 아닐 것입니다. "2020년 8월 한국에서 개신교는 사형선고를 받았다.", "한국 개신교의 유통기간은 남아있을까?" 이런 기사 제목들의 등장은 우리가 처한 현실이 매우 심각한 것임을 보여줍니다. 2020년 6월 종교별 여론조사에서 개신교인에 대한 이미지는 '거리를 두고 싶은 32.2%', '이중적인 30.3%', '사기꾼 같은 29.1%'처럼 부정적인 것이 더 많았습니다.

2020년 이전에도 어떤 분들은 교회가 이미 위기 단계를 지나 침몰 중이라 말하기도 한 바 있습니다. 한국 교회뿐 아니라 한국 사회에서 그 정직성과 지성으로 존경받는 손봉호 교수는 "한국 교회가 몰락해야 개혁될 것"이라고 평가합니다. 그는 도덕성과 공정성을 담보하지 않는 한, 한국 교회는 일어서기 어렵다고 말합니다. 한국 교회가 몰락 중이라는 부정적 평가는 지나친 것일까요? 앞에서 언급했듯이 목회자 의식 조사에서 진짜 신자 비율은 20% 정도라는 결과가 있었습니다. 이 수치의 객관적 근거는 알 수는 없지만, 한국 교회가 중병에 걸려 있고 심각한 영적 질병을 겪고 있음을 부인할 수 없습니다.

통합측 교회 중 교회학교가 없는 교회가 50%를 넘고, 감리교는 지난 10년 동안 아동 교인을 50% 가까이 잃었습니다. 중학교, 고등학교, 대학교에 진학하면서 교회 출석을 멈춘 청소년과 청년들 때문에 많은 교회가 큰 고민에 빠진 것이 우리 현실입니다. 평양대부흥 100주년, 종교개혁 500주년 등을 비롯한 여러 계기로 크고 작은 집회와 진지한 결의가 숱하게 있었지만, 백약이 무효인 듯합니다. 이를 두고 백석대 주도홍 부총장은 "죽어 가는 한국 교회"라고 말합니다.

교회와 교단, 교계 기관들의 끊임없는 문제는 어디에서 비롯된 것일까요? 많은 문제의 이면에 전체를 부풀게 하는 '누룩' 같은 내재적, 구조적 원인이 있지 않을까요?

몸의 질병을 치유하기 위해 가장 필요한 것은 무엇보다 정확한 원인 진단일 것입니다. 신앙의 문제도 마찬가지입니다. 신앙 문제의 가장 정확한 치유 역시 정확한 원인 진단에서 비롯됩니다.

그동안 이른바 복음주의 신앙은 '순수복음'을 표방하면서 신앙에 영혼 구원만을 포함하고, 성경에 육백여 회 말씀하신 공의와 정의는 실질적으로 제외했습니다. 교회와 신자는 사회적 가치판단에 대해 진리의 지도를 받지 못하고, 오히려 하나님의 의로우신 뜻과 다르거나 거리가 먼 길을 오래 걸어왔습니다. 거룩함도 이웃 사랑도 공의도 희미해진 것이 교회의 현실입니다. 그 결과 교회와 크리스천에게서 의롭고 선한 빛과 향기가 발산되지 않는다고 세상이 말하는 상황이 되었습니다.

예수님께서 바리새인과 사두개인과 헤롯의 누룩을 주의하라고 여러 차례 경고하셨습니다. 많은 교회에서 물질주의, 세속화, 도덕성의 심각한 결핍, 공의에 반하며 불의를 뒷받침하는 가치관과 세계관 등을 어렵지 않게 발견합니다. 세상에 드러난 교회 안팎의 문제만이 아니라, 평범한 크리스천들의 낮은 도덕성과 세속적 가치관은 구조적, 본질적 원인이 우리 신앙 안에 내재해 있을 수 있다는 합리적 의심을 하게 됩니다. 이어서 한국 교회에 범람하는 여러 문제의 구조적 원인을 다양한 렌즈를 통해 추론해 보려고 합니다.

관점에 좌우되는 신앙과 신학

렌즈의 역할과 한계

① 렌즈란

한 인물이나 사건을 두고 다른 관점들이 생길 수 있습니다. 어떤 경우에는 한 사건이나 인물을 둘러싸고 전혀 상반된 시각들이 대립하고 충돌하기도 합니다. 노예제도는 기독교 이천 년 역사 중, 상당 기간 기독교 국가들 안에 존재했습니다. 어떤 이들은 흑인 노예를 하나님의 축복으로 이해했지만, 어떤 이들은 하나님의 형상으로 지음 받은 동료 인간에 대한 범죄로 보았습니다. 후자는 기독교 국가들 안에서도 소수였고, 다수의 견해는 노예경제, 노예무역을 당연한 축복으로 보았습니다. 어떻게 보는가, 무엇이 기준인가의 차이가 상반된 해석과 결론을 만들어 냈습니다.

북한을 바라볼 때도 어떤 사람들은 장차 통일된 국가에서 함께 살 같은 민족 공동체에 속한 미래 통일의 대상으로 봅니다. 어떤 이들은 섬멸의 대상으로만 이해합니다. 북한을 둘러싼 다른 렌즈가 기능한 것입니다. 제가 중학생 때 쓴 10월 유신을 정당화하는 글도 당시 제가 수용했던 관점들이 결정적으로 그 방향과 내용을 좌우했습니다. 이렇게 렌즈는 어떤 사안을 둘러싸고 사람들이 생각하고 판단하는 데 결정적으로 작용합니다. 이 글에서 말하는 렌즈는 사람들이 보통 프레임이라고 부르는 것으로 이해해도 무방합니다.

② 렌즈의 기능과 효용성

사람은 사고 작용을 통해서 사물이나 사안을 인식하고, 해석하고, 대응합니다. 어떻게 생각하고 사고하는지에 따라서 다양한 때로는 전혀 다른 결론에 이르게 됩니다. 그래서 사고방식이 중요하고, 같은 맥락에서 관점이 중요합니다. 어떤 관점을 가졌는지가 대상에 대한 이해, 정의, 해석, 판단, 대응, 그리고 결과에 이르기까지 지속적인 영향을 미칩니다. 기준틀이나 준거틀도 사고방식이나 관점과 비슷한 역할을 합니다.

이렇듯 렌즈는 일정한 방향성을 가진 채 여러 정보를 이해하고 체계화하기 때문에 사안의 인식-정의-판단-대응이라는 일련의 과정에 일관성을 줍니다. 사람들은 부지불식간에 내면의 렌즈를 통해서 사물이나 사안을 처리합니다. 신학 또는 신앙적 사고 과정에도 렌즈가 작동합니다. 일반적 사고 작용의 경우에는 렌즈가 환경에 영향을 받기도 하지만, 신학 또는 신앙적 사고의 경우에는 성령님께서 렌즈에 영향을 끼치시기도 합니다. 모든 렌즈는 대상을 일관성 있게 체계적으로 이해하도록 돕는 효용성을 가지고 있습니다.

③ 렌즈의 한계와 취약성

렌즈는 일관성을 가진 선택, 강조, 배제라는 일련의 과정을 통해 형성됩니다. 사안에 대한 특정한 요소가 선택되어 강조되고, 반대로 선택되지 않은 요소들은 배제되거나 축소됩니다. 렌즈는 인간 사고 작용에서 불가피한 도구이자 과정입니다. 그러나 그 결과로 불가피하게 문제가 단순화되고, 의도적인 또는 의도하지 않은 왜곡이 초래되기도 합니다. 그래서 렌즈를 통해 인식한 대상이 실제와 차이가 나거나 많이 다를 수도 있게 됩니다. 심지어는 전혀 다를 수도 있습니다.

신앙과 신학 역시도 광대하신 하나님, 인간, 세상, 그리고 마귀 사이에 벌어지는 금세와 내세의 복잡다단한 이슈를 일관성을 가지고 체계적으로 이해하도록 도와주는 렌즈가 필요합니다. 따라서 신앙과 신학에도 선택과 강조와 배제, 그에 따르는 단순화와 왜곡이 발생할 수밖에 없습니다.

그래서 신앙과 신학에 있어 적절한 최상의 렌즈를 찾고, 한계와 부작용을 극복할 수 있도록 지속적으로 개선하려는 겸손한 노력이 반드시 필요합니다. 모든 렌즈에는 한계와 취약성이 있기 때문입니다. 동시에 신앙과 신학 활동에 등장하는 많은 렌즈의 기능과 상호 관계를 성경에 따라 합리적으로 이해할 때 우리 신앙을 건강하게 유기적으로 지킬 수 있습니다. 그렇지 않으면 특정 렌즈가 과도하게 영향력을 행사하면서 다른 유용한 렌즈를 억압하고 위축시키고, 결과적으로 왜곡이 발생할 수 있습니다. 그렇게 신앙적 오류가 퍼지다가 고착화될 수 있습니다.

이 글에서는 '이신칭의 구원 렌즈', '현세 기복 렌즈', '반공보수 이데올로기 렌즈', '종말 중심 렌즈', '영적현상 중심 렌즈' 등 우리 신앙에서 많이 활용되는 유력한 렌즈의 효용성과 한계와 부작용 그리고 적합성을 먼저 살펴본 뒤에, 가장 포괄적이며 상위에 있는 '예수님나라 렌즈'를 살펴보려 합니다.

좋은 렌즈의 필수 요소

①포괄성 또는 통전성

신앙, 신학과 관련된 많은 이슈가 있습니다. 그것은 신론, 인간론, 구원론, 종말론, 교회론, 마귀론 등의 용어가 말해주듯이 광범위하고 다양하고 여러 영역에 걸쳐 있습니다. 어떤 한 렌즈가 이 모든 이슈를 다 끌어안을 수는 없겠지만, 좋은 렌즈는 성경과 신앙에 등장하는 여러 이슈를 포괄적으로, 유기적으로 이해하는 데 도움을 줄 수 있어야 합니다. 무엇보다 렌즈의 중심에 하나님의 뜻 중에서 더 중요한 요소들이 있다면, 그 렌즈의 효용성과 적합성이 더 클 것입니다.

어떤 특정한 부분을 다루거나 지엽적 이슈를 처리하는 렌즈는 나름대로 가치와 효용성이 있다고 해도, 부분적이라는 한계 때문에 부작용을 낳을 가능성이 있습니다. 그 렌즈가 적정한 한계를 넘어 과도한 영역에 걸쳐 적용된다면 의도치 않은 문제를 일으킬 수 있는 것입니다. 이를테면 어떤 종말론적 렌즈가 창조와 구원의 문제까지 좌우하고 지배하려 한다면 문제가 될 수 있습니다. 거꾸로도 마찬가지입니다. 그래서 좋은 렌즈는 적어도 하나님의 뜻에 대한 포괄적, 통전적 이해와 충돌하거나 모순되지 않는 적합성을 가지고 있어야 할 것입니다.

②균형성

성경과 신앙, 신학에는 여러 다양한 요소가 등장합니다. 하나님과 인간, 하늘과 땅, 영혼과 육체, 교회와 세상, 금세와 내세, 자신과 이웃과 사회 등이 포함되어 있습니다. 좋은 렌즈, 건강한 렌즈, 효용성이 크고 부작용은 적은 렌즈는 서로 다르거나 때로는 상반되는 요소들을 가능한 한 치우치지 않고 균형 있게 체계적으로 설명할 수 있어야 합니다. 특히 구원, 구원 이후의 삶, 종말이나 내세를 균형 있게 정리해 제시하는 것이 좋은 렌즈라 할 수 있습니다.

③개인성과 관계성/사회성/공공성의 유기적 조화

하나님과 개개인의 인격적 관계는 신앙의 핵심이자 기초입니다. 즉 건강한 신앙은 한 개인 내면의 영혼이 신앙의 출발점이 되어야 합니다. 그러나 동시에 타인과의 관계, 사회구성원들 및 제도와의 관계와 공공성이 반드시 포함되어야 합니다. 그런 의미에서 좋은 렌즈는 개인의 영성, 사람 사이의 관계, 그리고 사회를 유기적 연관 관계 속에서 보여주어야 합니다. 나아가 사람과 자연과의 관계도 고려된 것이 바람직한 렌즈입니다.

④실천성

우리 신앙 위기의 중심에는 값싼 은혜와 신앙의 세속화, 상업화 등으로 인한 불순종의 합리화와 범람이 있습니다. 죄와 불순종을 진지하게 경계하지 않고, 오히려 합리화를 넘어서 합법화, 양성화함으로써 구원받은 신자가 다시 죄에 돌아갈 길이 활짝 열려 있습니다. 또 신학과 교리에 맞춰 성경 말씀을 협소하게 해석해, 공의 등 성경의 많은 부분이 신앙의 사각지대로 들어가버리고 말았고, 이것은 자연스럽게 불순종으로 이어졌습니다. 하지만 건강한 렌즈는 반드시 실천성을 포함하고 행함을 격려해야 합니다.

유력 렌즈들의 한계와 부작용

지금까지 한국 교회에서 지배적이었던 유력 렌즈들은 아래와 같습니다. 이들 렌즈에는 모두 공통적으로 포괄성, 균형성, 공공성/사회성이 결핍되거나 부재합니다. 건강한 실천성도 가지고 있지 못합니다. 이런 내재적 한계를 품고 있는 렌즈에 의해 신앙이 규정되거나 형성될 때, 크고 작은 부작용이 나타나는 것을 피할 수 없습니다. 이런 맥락에서 점점 광범위해시고 악화되는 교회 안팎의 문제점은 개인적 차원이라기보다는 유력한 신앙 렌즈들이 가지고 있는 본질적, 내재적, 구조적 문제가 다양한 형태로 표출된 것이라 볼 수 있습니다. 유력 렌즈들의 한계와 부작용을 알아보고 그들의 구조적, 본질적 한계를 극복할 수 있는 예수님나라 렌즈를 살펴봅시다.

①대중적 이신칭의 구원 렌즈

우리나라 교회 신자들이 일반적으로 가진 이신칭의의 개념과 구원관이 있습니다. 이것은 종교개혁자들이 제시한 이신칭의에 비해 단순화되었고, 중요한 내용들이 약화, 누락, 삭제되어 있습니다. 그래서 불순종의 합리화와 범람 등 숱한 부작용과 문제점을 낳았습니다. 한국 교회 안에서 일반적으로 전파되는 이신칭의 구원은 행위와 전혀 무관하게 오직 은혜, 오직 믿음으로 단번에 영원히 의인이 되는 것입니다. 이때 받은 구원은 영원하며, 그 이후의 어떤 삶이나 행위도 처음에 얻은 영원한 구원에 전혀 영향을 미치지 못합니다. 즉 처음 얻은 구원은 그 이후의 행위와 전혀 관계가 없으며 조금도 영향을 받지 않고 확정적, 최종적, 불가역적 구원이라고 합니다. 신앙생활의 최초 시기에 '미래의 심판에 대한 현재적 선언을 받는다'는 것입니다. 최초의 칭의구원 시점에 이미 받은 이 확정적 구원이 그 이후 길고 긴 과정에 걸친 삶과 행위에 전혀 영향을 받지 않는다는 생각이 한국 교회 안에 지배적입니다.

단번에 그리고 영원히 확정적으로 오직 은혜, 오직 믿음으로 칭의구원받는다는 고정관념은 자연히 구원 이후의 행함과 순종을 경시하는 풍조를 조장했습니다. 처음 믿을 때 단번에 영원히 의롭게 되었다는 절대화된 공식은 '한 번 구원 영원한 구원'과 확정적으로 확보된 내세 천국이라는 극도로 단순화된 구원관, 신앙관으로 이어집니다. 여기에 예정론과 견인론이 결합하고 가세하면서 성화 그리고 변화된 삶과는 거리가 먼 열매 없는 신앙을 향한 길을 활짝 열어놓습니다. 구원의 앞문이 열리면서 동시에 방종이나 일탈의 뒷문도 활짝 열어놓은 셈입니다. 결과적으로 하나님 말씀과 계명은 유명무실하게 되었고, 그와 함께 하나님에 대한 경외심도 훼손되었습니다.

이런 대중적 이신칭의 구원 렌즈는 그 중점을 신앙 시작 단계에서의 칭의와 구원에 두고 있으므로 자연히 구원 이후의 삶에 대한 실천적이며 구체적인 내용을 제시하는 데 소홀하고 취약할 수밖에 없습니다. 나아가 종말과 심판에 대해서도 모호합니다. 최초 시점에 최종적, 확정적 구원을 얻었다는 고정관념은 종말과 심판에 관한 예수님의 많은 가르침조차 실질적으로 무력화하고 말았습니다. 이 고정관념과 어울리지 않거나 충돌하는 예수님의 말씀은 이런저런 구실로 영 엉뚱하게 해석되거나 왜곡되거나 아니면 기피됩니다.

가장 큰 현실적 문제점은 구원 시점에 집중하는 이 렌즈가 구원 이후 신앙 전 과정에 걸쳐 지배적인 영향을 미치고 있다는 점입니다. 구원 이후의 전 과정에 걸쳐서도 오직 은혜, 오직 믿음만을 절대적으로 강조함으로써, 구원 이후의 삶에서 행함과 실천과 순종에 소극적이 되게 하는 부작용과 한계를 내포하고 있습니다. 즉 행함과 순종의 성경적 당위성과 위상과 가치가 이 렌즈 안에 합당하게 규정되지 않았습니다.

또 이신칭의 구원 렌즈가 교리적이며 논리적인 까닭에 현실의 신앙생활에서 매우 중요한 요소인 영적 측면에 대해서는 전혀 다루고 있지 않습니다. 즉 마귀와 귀신들, 영적 전쟁 등 영적 현실이 이 렌즈 안에는 전혀 포함되어 있지 않습니다. 이처럼 영적 측면에서 취약성과 한계를 가지고 있어서 비록 의도하지 않았을지라도 영적 무관심과 무지, 무력함을 초래할 수 있습니다.

종교개혁 시기에 선각자들이 제시한 것과는 많이 달라지고 단순화된 한국의 대중적 이신칭의 구원 렌즈는, 역설적으로 종교개혁 당시 면벌부의 효력을 확신했던 당시 크리스천들의 신앙적 무지와 만용을 재연했습니다. 우리는 지난 몇십

년 동안 자신의 최초 칭의와 동시에 영생과 천국을 최종적으로 확보했다고 믿기 때문에 전혀 "두렵고 떨림" 없이 불순종과 죄를 과소평가하고 합리화하는 신앙 유형을 보아 왔습니다. 불가역적 '구원'을 받았다고 확신하는 사람들에게 빌립보서 2:12의 다음 말씀은 낯설고 불편한 진실이 되어버렸습니다. "그러므로 나의 사랑하는 자들아 너희가 나 있을 때뿐 아니라 더욱 지금 나 없을 때에도 항상 복종하여 두렵고 떨림으로 너희 구원을 이루라." 빌 2:12 설교자들은 "두렵고 떨림"을 제거해 주고 거기서 벗어나라고 격려하기도 합니다. "구원을 이루는" 과정에서 "항상 복종"의 당위성과 위상을 축소하거나 제거하는 말을 하기도 합니다.

이 렌즈는 신자들이 자연스럽게 예수님의 왕 노릇, 왕 역할을 경시하거나 실질적으로 거부하게 했습니다. 그리고 결과적으로 하나님의 나라와 예수님의 왕권을 유명무실하게 만들고 무력화하는 것으로 귀결되었습니다. 본의는 아니었을지라도 이신칭의 렌즈는 한국 기독교 신앙에서 순종의 당위성을 약화하고 불순종의 문을 열었으며, 예수님의 권세에 대한 쿠데타의 시작점이 되고 말았습니다. '성공한 쿠데타는 처벌할 수 없다'는 말이 우리 신앙 세계 안에도 펼쳐졌습니다. 예수님의 심판권마저도 처음 믿을 때 신자에게 주어진다고 하는 '미래의 심판에 대한 현재적 선언'에 의해 참람하게 부정되고 있습니다. 그리스도의 심판대는 더는 신자들이 염두에 두고, 어려워하고, "두렵고 떨릴" 빌 2:12 대상이 아니고, 신자들의 미래 시야에서 사라지고 말았습니다.

②현세 기복 렌즈

신학적, 교리적으로는 이신칭의 구원 렌즈가 우리나라에서 가장 큰 힘을 발휘하는 지배적 렌즈입니다. 반면에 현실 교회와 신자들의 신앙생활에서는 현세 기복 렌즈가 강력한 동력을 가지고 큰 힘을 발휘하고 있습니다. 우리 신앙이 상업화되고 세속화되면서, 신앙의 시작 단계에서 죄에 대해 진지하고 성실히 회개하는 과정이 약화되었습니다. 앞에 언급한 이신칭의 구원 렌즈조차도 여기서 벗어날 수 없었습니다. 여기에 전통 샤머니즘의 기복적 경향이 그대로 남아 우리 안의 욕심과 결합하면서 현세에서의 기복이 신앙의 실질적 동력이 된 것입니다. 이렇게 이 렌즈는 현세에서 지속적으로 추구해야 할 하나님의 형상 회복과 내면의 변화를 우선순위에서 뒤로 밀어버렸습니다. 그리고 종말과 내세에 대한 소망조차 형식적인 것으로 축소했습니다.

이렇게 위력적인 현세 기복 렌즈는 신앙에서 가장 우선적이 되어야 할 하나님의 뜻을 약화시키고 실질적으로 배제해버렸습니다. 이 렌즈는 하나님과 거듭난 영혼의 화목한 관계에 중점을 두는 대신 성공, 형통, 재물 등 현세적 복이 신앙의 중심이 되게끔 하였습니다. 하나님께서 우리에게 원하시는 거룩함, 타인과의 관계성, 신앙의 공공성과 사회성도 배제되고 개인주의적이며 지극히 협소한 신앙으로 축소되었습니다.

가장 아쉬운 점은 이 렌즈가 죄에 대한 경각심을 무디게 만드는 동시에 의와 선과 거룩함에 대한 진실한 추구를 약화시킨다는 점입니다. '나'와 가족 같은 '우리'의 재물, 출세, 성공 등을 신앙의 전면에 내세워 영원한 나라에 들어가는 좁은 길이 아닌 멸망으로 인도하는 넓은 길로 가도록 부추기는 부작용과 한계가 분명합니다.

③ 보수 이데올로기 렌즈

이 렌즈는 아주 오랫동안 한국 교회의 또 하나의 얼굴이었습니다. 이것은 정치적 보수 반공, 경제적 자유시장경제, 외교 안보적 친미親美 노선 등을 포함하고 있습니다. 내용을 보면 신앙 렌즈라기보다는 지배 이데올로기를 뒷받침하는 정치 경제 렌즈입니다. 일본 강점기와 해방 후 수십 년간의 독재시대를 거치면서 순치되고, 정치·경제적 권력에 자발적으로 영합하면서 형성된 매우 강력한 렌즈입니다.

3·1 운동에서 주도적인 역할을 감당했던 한국 교회는 이후 일제의 문화통치 시기에 점차 순치되어 가다가 신사참배에 이르러 권력 앞에 처참하게 굴복했습니다. 그리고 일본 강점기 때에 권력에 굴복하여 우상숭배에 참여했던 이들과 그 정신이 청산되지 못한 채 해방 이후 한국 교회에 고스란히 이어졌습니다. 이후 새로운 권력인 이승만과 미국과 결합했습니다. 이때부터 교회는 본격적으로 그리고 공개적으로 기득권의 후원자요 일원이 되었습니다. 신앙적 보수라기보다는 정치·경제적 보수 노선의 지지자 역할을 충실하게 자임했습니다. 물론 그에 따른 다양한 보상이 주어지고 교회 리더들도 기득권자가 되고 그 삶을 삽니다.

5·18 민주화운동 이후 한국 교회 지도자들이 전두환 당시 국보위 상임위원장을 여호수아에 비유하며 축복했던 일이 있었습니다. 이 사건에서 단적으로 나타나듯이, 한국 교회의 대다수는 이 렌즈에 따라 맹목적으로 일관되게 기득권의 지지자를 자처했습니다. 최근 10여 년간만 보더라도 4대강 개발, 한일위안부합의, 촛불사태 등에서 성경에 근거한 판단이 아니라 오래된 렌즈의 관성과 관행에 따라 특정 진영의 고정 지지자 역할을 했습니다.

이 렌즈는 많은 한계를 가지고 있으며, 심각한 부작용들을 낳았고 지금도 현재진행형입니다. 실제적으로는 정치경제 렌즈로, 기득권적 지배시스템과 거대 자본을 위해 봉사했습니다. 즉 이 렌즈가 보는 것은 하나님의 통치가 아닌 인치人治요 물치物治입니다. 의로우시고 공정하시며 선하신 사랑의 하나님의 통치와 큰 거리가 있습니다.

이 렌즈가 말하는 죄와 악, 의와 불의의 기준도 성경에 근거한 것이 아니고 기득권 이데올로기의 그것을 그대로 수용한 것입니다. 성경적 판단에 근거한 것이 아니라 인위적이며 오래된 관행적인 것입니다. 이 렌즈를 추종한 한국 교회 주류는 공의로운 세상을 향한 청지기적 사명을 수행해야 함에도, 불의를 묵인하고 뒷받침해왔습니다. 이 렌즈의 문제점이 극적 양상으로 분출된 것이 바로 태극기부대와 사랑제일교회와 전광훈 씨입니다. 특히 많은 목회자와 신자들에게 내면화되어 있다는 점에서 한국 교회의 큰 숙제입니다.

④종말 중심 렌즈

종말 중심 렌즈는 비록 많은 숫자는 아닐지라도 이 렌즈를 수용한 사람들의 삶을 극도로 왜곡하고, 때로는 교회와 신앙에 대한 큰 부정적 이미지를 남겼습니다. 1992년 있었던 다미선교회 사건처럼 신앙의 역점을 미래의 종말에 두고 있어서, 이 렌즈로 형성된 신앙은 미래의 종말에 대해 과도하게 열광적이며 동시에 현재의 삶에 대해서는 매우 초월적인 경향을 보입니다. 그 결과 현재의 삶이 왜곡되고 일상이 비정상적이 되기 쉽습니다. 아울러 타인과 이웃과의 관계, 현실에서 크리스천의 역할, 사회 현실 등은 지극히 부차적인 것으로 전락합니다. 종말 중심 렌즈에서는 신앙의 관계성/공공성/사회성은 완전히 실종됩니다. 이것은 건강한 렌즈가 가져야 할 포괄성과 통전성, 균형성, 실천성 등에서 현저하게 취약합니다.

⑤영적 현상 중심 렌즈

방언 통역, 예언, 입신 등의 영적인 현상을 집중적으로 추구하고 강조하는 렌즈입니다. 신앙은 영적 현상을 포함하고 있습니다. 그렇지만 영적인 현상만을 과도하게 열광적으로 추구하면 현실 및 타인과의 관계성/사회성/공공성의 실종을 불러옵니다. 그리고 과도한 영적 현상 추구는 필연적으로 말씀과 진리라는 객관적 신앙 토대를 허약하게 합니다. 말씀과 경험의 균형이 흔들려 훼손되고 점차 불균형이 심해지게 됩니다. 그 결과 영적 현상 이외의 하나님의 말씀과 뜻이 신앙의 사각지대로 들어가게 됩니다. 신앙이 과도하게 단순화되고 왜곡될 수 있는 렌즈입니다. 이 역시 포괄성과 통전성, 실천성에서도 취약합니다.

예수님께서 제시하신 렌즈

예수님께서 통치하시는 하나님나라

예수님의 세상 등장, 열두 제자와의 사역 시작 선포, 사역의 과정, 그리고 부활 후 승천하실 때까지 주님의 중점적 관심사는 하나님의 나라였습니다. 하나님나라를 말씀하시면서 회개하라 하셨고, 당신께서 이를 위해 오셨다고 선언하셨습니다. 공생애 기간에 무수한 이적을 행하심도 당신의 나라가 임하였고 주님께서 그 나라의 권세 있는 왕이심을 증거하시기 위함이라 하셨습니다. 또한, 부활 후에도 40일 동안 하나님나라의 일을 말씀하시고 승천하셨습니다. 세례 요한의 외침도 하나님나라였고, 바울의 에베소교회 사역 2년과 로마체류 2년도 하나님나라를 말하고 전하는 기간이었습니다. 빌립 집사도 사마리아 지방에 가서 하나님나라를 전했습니다.

예수님께서는 복음을 '하나님나라 복음, 천국 복음, 하늘나라 복음'으로 일곱 차례 정의하시면서, 좋은 소식이란 바로 하나님나라와 그 나라의 왕이신 예수님의 통치라고 말씀하셨습니다. 이사야 52:7 등에서 예언하신 대로 하나님께서 통치하시는 그 나라가 온 것이 바로 복음이라는 것입니다. '나라'는 히브리어 '말쿠트'와 헬라어 '바실레이아'의 번역으로, 영역이나 영토의 개념보다는 통치, 지배, 왕권, 주권 등을 말합니다.

'예수님나라' 렌즈의 핵심은 하나님나라가 임하고, 그 나라의 왕이신 예수님께서 통치하시는 것입니다. 즉 구원받음으로써 사탄의 나라에서 하나님나라로 소속이 바뀌고, 왕도 예수님으로 바뀐 것입니다행 26:18, 골 1:13. 아울러 예수님의 통치를 통해 하늘에서와 같이 땅에서도 하나님의 뜻이 이뤄지는 것입니다. 이 렌즈는 천국 또는 하나님나라가 영혼이 사후에 들어가는 장소라는 협소한 정의를 벗어나도록 돕습니다. 나아가 복음의 정의가 회복되고 정상화되도록 하여 하나님 뜻을 실현할 토대를 마련합니다.

하나님께서 주권자로서 다스리시는 하나님나라는 성경에서 천국, 하늘나라, 예수 그리스도의 나라, 주의 나라 등으로 다양하게 불립니다. 하나님께서는 성육신 하셔서 십자가에서 죽으시고, 부활하셔서 하나님 우편에 앉으신 예수님께 하늘과 땅의 모든 권세를 주시고 왕 노릇 하게 하셨습니다. 이 책에서 이 나라를 가리키며 특별히 '예수님나라'라는 이름을 선택하여 사용하는 것은 창조주, 구원자, 통치하시는 왕, 교회의 머리, 만왕의 왕 만유의 주, 미래의 심판자가 모두 예수님이심을 드러내기 위함입니다. 또한, 그 맥락에서 교회와 신자와 만물이 예수님의 권위와 권세와 통치에 복종해야 한다는 것을 보다 일관성 있게 드러내고자 합니다. 예수님나라는 주님께서 이 땅에 오심으로 시작되었고, 다시 오심으로 완성될 것입니다.

예수님나라 렌즈의 효용성과 장점

이 렌즈는 앞서 언급한 다른 렌즈들이 가진 한계와 단점, 부작용이 상대적으로 훨씬 적습니다. 그 이유는 예수님나라 렌즈는 매우 포괄적인 것이며 다음과 같은 효용성과 장점이 있기 때문입니다. 세상 법은 헌법, 법률, 명령, 규칙, 조례 등의 순서로 위계와 상호관계가 세워집니다. 하위 법령이 상위의 법령을 위반하거나 저촉할 수 없습니다. 그 이유는 헌법은 제정 주체가 국민이고, 법률은 입법권을 가진 국회이며, 명령부터는 대통령이나 국무총리나 지방자치단체 등이기 때문입니다. 입법주체에 따라 하위의 명령과 규칙과 조례가 상위의 헌법과 법률을 통제하고 규제하고 제한할 수 없습니다.

물론 렌즈의 경우에는 상위와 하위를 규정할 수 없습니다. 하지만 포괄적 렌즈와 부분적/지엽적 렌즈로 나눌 수는 있습니다. 두 렌즈를 비교하여 어떤 것이 더 포괄적인지는 구분할 수 있습니다. 상대적으로 부분적/지엽적인 렌즈가 더 포괄적인 렌즈를 규정하고 제한하는 것은 합리적이지 않습니다. 하나님나라 렌즈와 비교할 때, 시기적으로 구원 시기를 집중적으로 다루는 이신칭의 구원 렌즈, 구원 이후 삶에 비중을 두는 현세 기복 렌즈, 종말과 내세를 집중하여 다루는 종말 내세 중심 렌즈 등은 부분적/지엽적 렌즈로 볼 수 있습니다. 왜냐하면, 하나님나라는 구원부터 현세 삶, 종말과 영원한 내세까지 모두 포괄하고 있기 때문입니다.

이런 맥락에서 포괄적 렌즈인 하나님나라 렌즈 안에서 부분적 렌즈들이 이해되고 규정되는 것이 합리적입니다. 동시에 그 안에서 부분적 렌즈들 사이의 관계도 유기적으로 설정되는 것이 바람직합니다.

예수님의 통치와 우리의 순종을 중심으로 하는 포괄적인 하나님나라 렌즈를 통해 우리 신앙의 여러 부분을 재구성하는 것이 필요합니다. 성경에 근거해 합리적으로 신앙을 재구성하는 것, 이것이 불순종의 합리화와 범람 때문에 '죽어가는 한국 교회'를 회생으로 반전시키는 하나님의 방법임을 확신합니다. 즉 통치와 순종을 핵심으로 하는 하나님나라의 렌즈 안에서 구원, 현세의 삶, 종말과 내세를 이해하고 규정할 때 기왕의 유력 렌즈들이 낳은 불순종을 고칠 수 있을 것입니다. 구원자 예수님께서 왕이 되시고 다스리시는 예수님나라는 다음과 같은 장점이 있습니다.

①시간적 포괄성

예수님나라 렌즈는 구원 시점, 구원 이후, 종말과 내세, 영원한 나라를 모두 포함하는 포괄적 렌즈입니다. 이 렌즈 안에서 볼 때 구원은 예수님나라의 시작, 현세의 복은 구원 이후 그 나라 백성에게 주어지는 파생적 혜택, 종말과 재림은 그 나라의 왕이 다시 오시면서 하늘에서와 같이 땅도 온전하게 왕의 통치 아래 있게 되는 것을 말합니다. 이렇게 구원, 현세의 삶, 종말과 내세를 바라볼 때 우리는 일관성을 가지고 각각을 이해할 수 있을 것입니다.

이 세 시기가 모두 동일하신 주님의 주권 아래에 있으므로 이 셋을 개별적인 파편으로 이해하는 것은 바람직하지 않습니다. 하나님나라 관점에서 이 세 시기를 각각 이해하면서 동시에 각 시기 사이의 관계를 유기적으로 이해하는 것이 바람직합니다. 그럴 때 각 시기의 고유성을 보다 적절하게 이해하고, 세 시기 사이의 연속성과 연계성을 제대로 포착할 수 있을 것입니다.

②공간적 포괄성

하늘과 땅을 모두 포함한다는 점에서도 가장 포괄적인 렌즈입니다. 우리는 육신을 가지고 땅에서 살아가는 존재인 까닭에 우리의 사고와 시야는 자연스럽게 땅을 중심으로 전개되기 쉽습니다. 그러나 우리가 속한 나라의 왕이신 예수님 덕분에 우리 시야와 사고는 하늘까지 확대됩니다. 하늘도 땅도 모두 우리 구주시요 임금이신 예수님께서 다스리시는 영역입니다.

> 예수께서 나아와 말씀하여 이르시되 하늘과 땅의 모든 권세를 내게 주셨
> 으니마 28:18

하늘과 땅에 있는 모든 만물이 똑같이 왕이신 예수님께 무릎 꿇습니다. 땅도 하늘처럼 예수님의 권세와 통치 아래 있습니다. 그래서 땅에 있는 주님의 사람들과 만물, 그리고 하늘의 백성들과 천사들은 같은 나라와 한 왕께 속해 있습니다.

> 하늘에 있는 자들과 땅에 있는 자들과 땅 아래에 있는 자들로 모든 무릎
> 을 예수의 이름에 꿇게 하시고 모든 입으로 예수 그리스도를 주라 시인하
> 여 하나님 아버지께 영광을 돌리게 하셨느니라빌 2:10-11

나아가 우리는 하늘과 땅을 그리스도 안에서 통일하시려는 아버지 뜻을 이 땅에서 이루는 것이 그리스도인의 사명임을 깨닫게 됩니다.

> 하늘에 있는 것이나 땅에 있는 것이 다 그리스도 안에서 통일되게 하려 하
> 심이라엡 1:10

③언약의 통일성

우리는 종종 율법과 복음을 예로 들어 구약과 신약의 차별성과 불연속성을 강조하는 경향을 봅니다. 어떤 경우에는 이것을 지나치게 강조한 나머지, 심지

어 대립적 구도로 이해하는 경우조차 봅니다. 이것은 옳지 않고 유익하지 않습니다. 예수님의 다음 말씀에도 명백하게 어긋납니다. "진실로 너희에게 이르노니 천지가 없어지기 전에는 율법의 일점일획도 결코 없어지지 아니하고 다 이루리라" 마 5:18

하나님의 통치와 나라는 구약과 신약에서 일관되게 선포되며, 이것은 신구약 성경에 대한 통전적, 통일적 이해를 도와줍니다. 즉 하나님나라를 통해, 구약과 신약이 단절된 것이 아닌 연속성을 가진 관계라는 것을 볼 수 있습니다. 또한, 신구약 성경의 여러 사건들과 인물들에 대한 일관성 있는 이해를 가능하게 합니다.

④신앙의 개인성과 공공성을 유기적으로 이해

구원의 관점에서만 신앙을 바라보면 지극히 개인적 신앙과 개인주의적 경향으로 흐를 소지가 있습니다. 그러나 하나님나라 공동체의 관점에서 개개인을 바라보면 각 개인이 하나님나라에 소속된 일원이라는 것이 분명해집니다. 형제와 자매 의식, 하나님나라 군대로서의 동지 의식, 그리고 나아가 세상의 청지기로서의 공동 책임 의식이 생깁니다. 이처럼 하나님나라 렌즈는 신앙의 관계성/사회성/공공성을 받아들여 신자 개인과 교회가 공동선을 추구하도록 격려합니다.

⑤가시적 영역과 비가시적 영적 영역의 총체적 이해

하나님나라는 기본적으로 예수님께서 사탄의 나라에서 사람들을 구출해 내셨다는 것을 포함하고 있습니다. 그 나라는 세상 임금인 마귀와 귀신, 사탄의 나라와 영적 전쟁을 벌입니다. 이처럼 하나님나라 렌즈는 영적 현실을 잘 반영합니다. 가시적 현실 세계와 비가시적 영적 세계, 둘 사이의 관계를 전체적으로 이해할 수 있는 총체적 렌즈가 바로 예수님나라입니다.

⑥ 가장 포괄적인 렌즈

가장 폭이 넓고 포괄적인 렌즈이기 때문에 신앙의 여러 영역을 적절하게 이해하고 자리매김할 수 있도록 돕습니다. 구원론, 교회론, 인간론, 종말론, 마귀론 등을 각각의 내용과 비중에 맞게 역할과 한계를 합리적으로 설정할 수 있는 준거틀이 됩니다. 아울러 이 렌즈를 통해 상호연관성을 가지고 보다 유기적으로 다양한 이슈를 이해할 수 있고, 따라서 각각을 개별적으로 이해할 때 생기는 부작용과 위험을 줄일 수 있습니다. 폭넓은 하나님나라 렌즈 안에서 여러 부분적/지엽적인 렌즈들의 역할과 기능, 상호관계가 합리적이며 성경적으로 정의되고 조정될 수 있습니다.

⑦ 순종의 당위성을 가장 적극적으로 제시

이신칭의 구원은 죄사함과 그로 인한 자유에 초점을 둡니다. 기복신앙처럼 구원 이후 현세의 복이 중심이 된 신앙은 사람의 관심사인 고난 극복, 평안과 승리와 개인적 성취 등에 초점을 둡니다. 종말 중심의 신앙은 자연히 재림의 시기와 관련된 이슈에 집중합니다.

반면에 하나님나라 렌즈는 왕이신 예수님의 통치와 신자의 순종을 분명하게 드러냅니다. 하나님나라는 다시 말하면 구원자께서 왕이 되어 통치하시는 것이기 때문입니다. 따라서 이 렌즈는 주님의 소유요 나라인 신자의 순종이 당연하다는 것을 가장 설득력 있게 제시합니다.

예수님께서는 씨뿌리는 비유를 통해 하나님나라의 비밀을 가르쳐 주셨습니다. 하나님나라 비밀의 핵심은 좋은 땅을 말씀하시면서 나옵니다. "좋은 땅에 있다는 것은 착하고 좋은 마음으로 말씀을 듣고 지키어 인내로 결실하는 자니라." 눅 8:15 주님께서 뿌리신 씨가 시작이 되어 100배의 결실을 맺는 그 나라는 말씀을 듣고 지키며 인내하는 사람들의 것입니다. 주님의 나라는 주님의 통치이며, 주님의 통치는 우리의 순종을 요구합니다. 주님의 통치와 우리의 순종은 100배의 결실로 이어집니다.

하나님의 나라는 순종을 통해 열매를 맺고, 그래서 순종은 신자의 당연한 본분이며 결실의 전제입니다. 바울이 로마서 1장과 16장에 "믿어 순종케 하려고"라 말한 것도 믿음으로 시작되는 하나님나라가 순종으로 이어지는 것이 당연함을 보여줍니다.

⑧삼위일체 하나님의 조화로운 합력을 드러냄

"그러나 내가 하나님의 성령을 힘입어 귀신을 쫓아내는 것이면 하나님의 나라가 이미 너희에게 임하였느니라" 마 12:28 하나님의 나라는 예수님께서 성령님을 통해 사탄의 나라를 추방하는 것으로 한 사람 안에 시작됩니다.

하나님나라 렌즈는 그 나라가 하나님과 아들과 성령님의 유기적 합력 사역을 통해 시작되고 확장됨을 가장 잘 보여주는 렌즈입니다. "예수께서 대답하시되 진실로 진실로 네게 이르노니 사람이 물과 성령으로 나지 아니하면 하나님의 나라에 들어갈 수 없느니라" 요 3:5

⑨적절한 영적 긴장감과 동기 부여

오직 믿음 오직 은혜, 한 번 구원 영원한 구원 등은 일반적으로 구원 이후의 삶의 여정에 반드시 필요한 영적 긴장감을 약화시킬 수 있습니다. 이것은 이스라엘이 선민의식 때문에 자주 일탈하고 타락했듯이, 마귀와 죄와 귀신과의 싸움에 필수적인 영적 긴장감을 앗아갑니다. 결과적으로 영적 전쟁에서 성도가 스스로 무장해제 하는 치명적 패착으로 이어져 왔습니다.

하나님께서는 은혜로 구원받은 백성들에게 깨어서 싸우고 순종해야 할 큰 이유가 있으며, 능동적이며 적극적인 태도가 필요하다고 말씀하십니다.

> 우리의 씨름은 혈과 육을 상대하는 것이 아니요 통치자들과 권세들과 이 어둠의 세상 주관자들과 하늘에 있는 악의 영들을 상대함이라 엡 6:12

> 시험에 들지 않게 깨어 기도하라 마음에는 원이로되 육신이 약하도다 하시고 마 26:41

> 그러므로 나의 사랑하는 자들아 너희가 나 있을 때뿐 아니라 더욱 지금 나 없을 때에도 항상 복종하여 두렵고 떨림으로 너희 구원을 이루라 빌 2:12

> 너희가 죄와 싸우되 아직 피흘리기까지는 대항하지 아니하고 히 12:4

하나님의 나라는 물과 성령으로 거듭날 때 믿는 자 안에 임하고 시작됩니다 요 3:5. "내가 만일 하나님의 손을 힘입어 귀신을 쫓아낸다면 하나님의 나라가 이미 너희에게 임하였느니라." 눅 11:20 그런데 이렇게 시작되었지만 그 나라에 최종적으로 들어가려면 주님을 다시 뵙는 그 날까지 믿음에 머물러 있어야 합니다. "제자들의 마음을 굳게 하여 이 믿음에 머물러 있으라 권하고 또 우리가 하나님의 나라에 들어가려면 많은 환난을 겪어야 할 것이라 하고" 행 14:22

이처럼 하나님나라 렌즈에는 '이미already'와 '아직not yet'이 동시에 존재합니다. 이 영적 긴장감은 우리가 그 나라 안에 머물러 있기 위해 꼭 필요한 것이며, 우리에게 적절한 동기를 줍니다. 이 안에서 개개인의 신앙이 지속해서 성장하고, '이미'와 '아직' 사이에 이 땅에서 사는 동안 주님 뜻과 나라를 진실하고 일관되게 추구할 수 있습니다.

5장 _ 하나님 뜻만큼 확장된 복음

남발된 천국 출입증

'쫑'이라고 불리던 것이 있습니다. 신분증이나 휴가증 같은 것이 그렇게 불렸습니다. 힘 있는 권력기관이나 언론사 등의 신분증은 과거에 거리의 교통경찰관이나 관공서 입구 등에서 위력을 발휘하곤 했습니다. 그 '쫑'을 보이면 별도의 절차 없이 웬만한 곳은 프리패스 했습니다. 왕조시대에 왕이 특파한 암행어사의 마패가 있습니다. 마패가 있으면 말을 빌리는 역사 등에서 편의를 제공받을 뿐만 아니라 왕의 권위 아래에 있는 관서의 출입 등에 제한이 없었고 자유로웠습니다.

교회를 다니는 많은 사람이 자신들의 내세 천국 입국을 위한 100% 확실한 '쫑'이나 마패가, 즉 출입증이 하늘로부터 주어졌다고 확신합니다. 하늘에서 발행된 천국 입국 프리패스를 받은 것으로 생각합니다. 매우 심각한 도덕적 문제를 일으킨 어떤 목사는 사람이 털면 먼지 안 나는 사람 있느냐고 당당하게 말합니다. 세상을 떠들썩하게 한 자신의 성적 일탈을 먼지 정도로 생각하며 대수롭지 않게 여깁니다. 그리고 마찬가지로 그 문제를 대수롭지 않게 여기는 듯한 사람들을 데리고 여전히 목회를 하고 있습니다. 이런 도덕적 무감각과 대담함의 배경이 무엇일까요?

전광훈은 기독교 역사상 유례없이 자기 교인인지 아닌지를 구별하는 해괴한 기준으로 사람들을 아연실색하게 했습니다. 그가 이런 말을 했습니다. "지금 대한민국은요. 드디어 문재인이는 이미 벌써 하나님이 폐기 처분했어요. 지금 대한민국은 누구 중심으로 돌아가냐? 전광훈 목사 중심으로 돌아가게 돼 있어. 아멘 안 하는 사람들은 내일 아침 먹지마….하나님 꼼짝마. 하나님 까불면 나한테 죽어." 이 발언 전에 이런 말을 한 적도 있습니다. "올해 대선에서 이명박 후보를 찍지 않으면, 생명책에서 지워 버릴거야." 어떻게 이렇게 방자하고 신성모독적인 말을 연속적으로 할 수 있을까요? 그 뒤에 무엇이 있을까요? '하나님의 이름을 망령되게 부르지 말아라 그 이름을 망령되게 부르면 죄 없다 하지 않을 것이다, 주님을 경외하며 그분 앞에 겸손하라, 주님께서 온전하고 거룩하신 것처럼 우리도 온전하고 거룩하라', 이런 주님의 계명이 전혀 영향을 미치지 않기 때문일 것입니다.

죄사함 받은 것을 깨달음으로 구원받는다 이겁니다…. 이 사상은 2천 년 전에 활동했던 영지주의, 도덕 폐기론, 반율법주의, 성화 무용론과 같은 이단적 사상이지요…. 죄사함을 깨달아 구원을 받으면 죄인이 의인이 된다고 가르칩니다. 깨달음이라는 행위로 구원을 받는 기쵸. 구원의 확신을 가지면 그 확신이 구원을 준다고 믿어요. 그러니까 확신이 없으면 구원을 못 받은 겁니다. 확신을 준 다음엔 성도의 견인 교리를 믿습니다. 즉 확신을 받으면 무슨 짓을 하더라도 천국은 간다. 이게 성도의 션인입니다…. '영혼이 구원받았으므로 몸으로 무슨 행동을 하든지 간에 그것은 구원에 영향을 미치지 않는다'는 것입니다. 왜냐하면, 영혼이 구원받았기 때문이라는 것이지요. 이 교리에 의해 나타난 열매들이… 이런 결과들이 안 일어나는 게 오히려 비정상일 겁니다. 그러니 이게 얼마나 위험한 사상입니까. 그렇지 않습니까. 몸이 사기를 치고 살인을 해도 구원엔 영향을 미치지 않는다는 겁니다. 과거, 현재, 미래의 죄를 이미 사함 받았기 때문이라는 거지요. 그러니까 어떻게 되겠어요. 죄책감이 없지요. 이런 사상으로 물들게 되면 어떻게 되겠습니까. 죄책감이 하나도 없어요. 탈세를 해도 죄가 아니고 인허가 비리, 뇌물을 주고 허가권을 따내어도 죄책감이 없고 횡령을 해도 죄책감이 없어요. 왜 그렇겠습니까. 자기들은 이미 구원받은 의인들이며 따라서 의인이 하는 거니까 죄책감이 있을 수 없는 거죠. 이 얼마나 무서운 사상입니까…. 자기는 의인이라는 것, 그래서 무슨 잘못을 해도 죄책감도 없고 회개할 필요도 못 느끼게 하는 사상 말입니다.

위의 내용은 구원파에서 오래 생활하다가 벗어난 정동섭 교수가 한 말입니다. 구원파는 '오대양 사건'으로 40명 가까운 사람이 죽고, 한강 유람선 '세모 사건'으로 15명이 실종되고, 이번 '세월호 사고'로 300명 가까운 사람이 수장된 나쁜 열매들을 낳은 곳입니다.

그런데 안타깝고 놀랍게도 상당히 많은 한국 기독교인들이 구원파와 거의 비슷한 신앙관을 가지고 있습니다. 내세 천국 입국을 위한 100% 확고부동한 출입증을 가지고 있다고 믿는 데서 숱한 부작용은 파생될 수밖에 없습니다. 그래서 앞서 신자들의 일탈을 개인적 문제이자 동시에 구조적 문제라고 말한 것입니다.

이 땅에 사는 동안에는 자신이 100% 내세 천국에 입장한다는 확약을 하늘로부터 받았다고 생각하며 안심하고 지낼 수 있습니다. 교회를 비롯해 자타가 이구동성으로 그렇게 말하니 본인도 그렇게 여기고 평안하다 안전하다 생각하는 것입니다. 하지만 그 생각과 안심은 일방적인 것일 수 있습니다. 다음 사건은 이런 예를 단적으로 보여줍니다.

2020년 9월, 어떤 여호와의 증인 신도가 병역거부로 대법원에서 유죄 판결을 받았습니다. 2006년부터 여호와의 증인에 들어갔습니다. 하지만 그 이후 무면허 음주 운전과 총기 게임과 허위 진술 등 그 신앙과 어울리지 않는 삶과 행동을 했다는 이유로 병역거부가 인정되지 않은 것입니다. 최종 판단권을 가지고 있는 대법원은 내면의 신앙의 진위를 종교적 소속과 신분이 아니라, 겉으로 드러난 행동으로 가늠해서 최종적인 판결을 내린 것입니다.

예수님 이름으로 선지자 노릇을 하고 귀신을 쫓아 내고 많은 권능을 행한 사람이 천국 입장을 거절당합니다. 본인이 확신하고 교회가 인증한 영적 신분과 천국 입장권도 무용지물이 되는 경우입니다. 주님께서는 주여 주여 한다고 다 천국에 들어가는 것이 아니고 다만 하늘에 계신 아버지의 뜻대로 행하는 자라야 들어간다고 명확하게 말씀하십니다. 불법을 행하는 자들은 주님에게서 떠나가야 하고, "그 날에 많은 사람이" 이 경우에 해당될 것이라고 말씀하십니다.

주님께서는 신자가 "다 반드시 그리스도의 심판대 앞에 나타나게 되어 각각 선악간에 그 몸으로 행한 것을 따라 받을" 것이라고 하십니다.

> 선한 일을 행한 자는 생명의 부활로, 악한 일을 행한 자는 심판의 부활로 나오리라 요 5:29

> 사랑하는 자여 악한 것을 본받지 말고 선한 것을 본받으라 선을 행하는 자는 하나님께 속하고 악을 행하는 자는 하나님을 뵈옵지 못하였느니라 요삼 1:11

> 나무가 좋으면 그 열매도 좋고, 나무가 나쁘면 그 열매도 나쁘다. 그 열매로 그 나무를 안다. 마 12:33

그래서 "항상 복종하여 두렵고 떨림으로 너희 구원을 이루라" 빌 2:12고 당부하십니다. 사람과 교회의 기준, 인증이 절대적인 것이 아니라 하나님의 기준과 인증만이 절대적입니다.

그러나 이 땅에서는 천국 출입증이 남발되고 있습니다. 은혜와 믿음으로 천국 시민권이 발행되어야 하지만, 하나님께서 제정하신 그 기준에 못 미쳐도 주어집니다. 진실한 회개가 없어도, 예수님의 십자가 공로를 진심으로 믿지 않아도, 주님께서 피 값 주시고 사신 그분의 소유라는 소속 의식이 없어도, 천국 소속이라고 서로 말하며 천국 시민권과 천국 출입증을 받습니다. 바로 여기서 숱한 문제가 야기되어왔습니다. 이렇게 남발된 천국 시민권과 천국 출입증이 하늘에서도 100% 다 인정되고 수용되지는 않는다는 것이 성경의 증언입니다.

구조적 변화를 통한 문제의 극복

한국 교회에 점점 더 좋은 열매가 적어지고 반대로 나쁜 열매가 늘고 있다는 사실은 여러 가지로 확인할 수 있습니다. 비윤리적이고 일반 상식에도 반하는 사건·사고들이 연이어 나옵니다. 교회와 교인들에 대한 사회적 평가가 지속적해서 나빠지고 있습니다. 청년들부터 어린이들까지 다음 세대가 교회에서 점점 사라지고 있습니다. 교회는 사회로부터 물을 흐리는 말썽꾸러기 골칫덩어리처럼 여겨집니다. 코로나 사태가 시작되고 이런 인식은 더 심해졌습니다.

이런 문제는 구원 이후의 삶이 주권자, 명령자, 지휘자이신 왕 예수님의 지도를 받지 않는 데서 옵니다. 그러나 주인이신 예수님께서 다스리시면 이와 정반대의 복된 양상이 일어날 것입니다. 간디가 예수님은 좋은데 기독교는 싫다고 말한 것과 같은 일이 벌어지고 있습니다. 구원받은 사람들이 주인의 뜻이 아니라 자기 소견에 옳은 대로 사는 데서 문제가 생깁니다. "… 왕이 없었으므로 사람마다 자기 소견에 옳은 대로 행하였더라." 삿 17:6 예수님께서 통치하시는 왕이신데, 실제 삶에서는 왕의 다스림을 안 받는 것이 우리의 현실입니다. 왕이신 예수님의 통치 부재 또는 통치 거부가 문제의 뿌리입니다.

마치 결혼식, 입대식, 입학식, 회사 생활 시작하는 입사식에는 관심을 기울이는데 그 이후가 없는 것과 흡사합니다. 제가 3수를 하고 대학에 입학했습니다. 지금 생각해보면 과의 분위기가 참 묘했습니다. 다 그런 것은 아니지만 많은 학생이 수업 출석은 학칙상 허락되는 최소한도만 했습니다. 70~80%가 재수 이상을 거친 입학생들이다 보니 심적으로 많이 지쳐서 입학 이후에 대한 제대로 된 다짐이나 구상이 없었던 것 같습니다.

그런데 이런 분위기가 3~4학년에 가면 확 바뀌었습니다. 남학생의 경우 군대 갔다 와서 고학년이 되면 저학년 때와 전혀 다른 사람이 됩니다. 시간을 아끼고, 생활에 절제가 생기고, 일상생활에 구체적인 목표들이 생깁니다. 너나없이 그렇게 변하고 고학년들이 많은 교실은 분위기가 바뀝니다. 긴장감과 치열함이 일상의 삶 속에 들어옵니다. 저 같은 경우도 2학년 마치고 군대를 다녀왔는데, 3~4학년 때 학점이 1~2학년 때 학점의 두 배 이상으로 뛰었습니다. 무사히 졸업해야 한다는 것과 졸업 이후 취업이라는 현실이 시야에 가까이 들어오면서 절제, 긴장감, 치열함, 진지함이 생긴 것입니다.

한 번 구원 영원한 구원, 하나님의 전적인 견인으로 중간탈락 없는 내세 천국 100% 보장, 이런 신앙에서 구원 이후 삶의 태도가 어떤 방향으로 흐를지는 불을 보듯 뻔합니다. 우리는 죄의 본성, 육신을 따르는 보편적 경향, 자기 사랑과 자기

만족, 돈 사랑을 옹호하며 부추기는 세상 풍속의 범람 속에서 삽니다. 구원 이후의 삶이 하나님의 다스리심과 의로운 말씀과 좋은 열매로부터 멀어질 확률이 높을 수밖에 없습니다.

우리나라의 일반적 신앙에서 구원 이후 삶에 "두렵고 떨림" 같은 긴장과 절제의 당위성을 찾기란 어렵습니다. 구원파적인 신앙에 더하여 천국과 지옥이 영원 전에 확정되었고 그래서 절대로 바뀌지 않는다는 선택과 유기의 이중 예정까지 더해지면 구원 이후의 삶이 "자기 소견에 옳은 대로" 대책 없이 흘러갈 수밖에 없습니다. 방종과 일탈과 무법을 견제할 장치가 신앙 체계 안에 없기 때문입니다.

나쁜 열매를 세상에 들킨 개인들의 문제로만 진단하고, 그리로 책임을 돌려버리면 아무 소용없습니다. 지금까지 그랬듯이 문제는 계속 반복될 것이고, 질적으로 더 악화될 것입니다. 우리가 아무리 울고 외쳐도 시간이 흐를수록 더 나쁜 열매를 맺을 뿐입니다. 교회와 신앙에 대한 탄식과 위기의식 속에 2000년대를 맞이했고, 평양 대부흥 100주년이나 종교개혁 500주년처럼 좋은 전기가 될만한 계기도 여러 차례 있었습니다. 한국 교회에 경각심을 일으킬만한 충격적인 사건들도 일어났습니다. 그러나 시간이 흐르면서 다 흐지부지 지나가 버리고 변화의 실질적인 동력으로 이어지지는 않았습니다. 그동안 눈물과 땀으로 교회의 변화를 위해 애썼던 분들도 이제는 지치고 체념한 모습이 역력합니다. 안타까움과 불안함, 미래에 대한 두려움으로 한국 교회의 현재와 미래를 바라보는 영혼이 많습니다.

우리 신앙 속에 있는 구조적 원인에 대해 과감한 성경적 진단과 대처가 없이는 백약이 무효일 듯싶습니다. 코로나 사태를 겪으면서 기독교 신문과 교단, 기관들은 교회가 앞으로 어떻게 대처하고 변화해야 하는지 많은 고민의 말들을 내놓았습니다. 회개와 다짐이 이어졌습니다. 삶의 변화, 신앙의 공공성 강화 등 나름대로 괜찮은 변화의 방향들이 제시되었습니다. 그런데 설사 교회와 목회자들이 그 방향으로 움직인다 하더라도, 가장 중요한 한국 교회 교인들이 그리로 가야 실제적인 효과가 있지 않겠습니까?

그렇다면 무엇이 한국 교회 교인들을 움직이게 할 수 있습니까? 수십 년 된 관성을 거스르고 반대 방향으로 움직여야 할 경우도 많을 텐데, 왜 그래야 하는지 그 이유와 당위성을 수긍하기 어려울 것입니다. 그리고 이 과정에서 가장 힘든 변화의 대상은 이런 반전에 앞장서야 할 목회자들입니다. 현재의 신앙과 교회, 관행과 문제는 모두 목회자들이 주도적으로 만든 것입니다. 그런 점에서 그들이 변화의 과정에서 가장 큰 어려움과 난관에 봉착할 것입니다. 오래되어 화석화된 기존의 신학적 사고가 변화를 거쳐야 하고, 사회적 가치관도 어떤 점에서는 혁명적 변화를 겪지 않을 수 없습니다. 성과 속의 분리, 목회자와 교회 중심적 사고방식과 관행이 바뀌고 어떤 것들은 청산되어야 합니다. 교회론과 목회관도 하나님나라 관점에서 수정되어야 합니다.

전통과 관행으로 가득한 교단 안의 공고한 벽, 선후배를 비롯한 인간관계의 제약 등을 극복해 나가야 진정한 변화를 도모할 수 있을 것입니다. 사실 목회자들, 특히 주류를 형성하고 있는 힘을 가진 목회자들을 통해 이런 반전을 기한다는 것은 연목구어와 같을지도 모릅니다. 신학적 전환, 이해관계와 기득권, 인간관계 등 너무나 많은 내적 걸림돌과 외부적 장애물이 즐비합니다. 오히려 자기 영혼의 미래에 대해 상대적으로 더 정직하게 직면할 수 있는 평신도들, 가나안 신자들, 기독교에 비적대적인 태도를 가진 일반인들이 변화의 동력이 될 수도 있을 것입니다.

비록 매우 어려운 처지에 놓여 있지만, 한국 교회는 긴절함을 가지고 큰 변화를 추구해야 합니다. 다가오고 있는 예정된 파국을 피하려면, 구원 이후의 삶이 어떠해야 하는지 정직하고 강력히 제시해야 합니다. 개인의 종말 즉 천국 지옥의 문제와 구원 이후의 삶이 어떻게 연결되어 있고 어떤 인과관계를 가지고 있는지를 하나님 말씀대로 정직하게 의논하고 공유해야 합니다. 이 토대 위에서, 구원을 이룰 때까지 견지하라고 하신 '항상 복종하며 두렵고 떨리는' 삶의 태도를 반드시 회복해야 합니다. "그러므로 나의 사랑하는 자들아 너희가 나 있을 때뿐 아니라 더욱 지금 나 없을 때에도 항상 복종하여 두렵고 떨림으로 너희 구원을 이루라." 빌 2:12

일반적으로 교인이 만족할 때 은혜받았다고 표현하곤 합니다. 그러나 교회 성장을 위한 값싼 은혜와 위로의 일방적인 공급을 절제해야 합니다. 동시에 하나님의 인자와 엄위엄격하심, 준엄하심를 균형 있게 제시함으로써 건강한 신앙과 삶의 태도를 갖도록 정직하게 권면해야 합니다. 이런 맥락에서 구원 시점과 구원 이후의 삶, 그리고 개인의 종말을 포괄적, 유기적으로 이해하고 균형적으로 제시하는 하나님나라 렌즈가 절실하게 필요합니다.

철학자 키에르케고르는 "예수 그리스도는 물을 포도주로 바꾸었다. 그런데 교회는 더 엄청난 일을 했다. 예수님이 만드신 그 포도주를 다시 물로 바꾸었다"며, 교회가 복음의 본질을 잃어버렸다고 말했습니다. 정상적인 씨앗은 썩어 싹이 되고 이삭이 되고 마침내 충실한 알곡이 됩니다 막 4:28. 그런데 한국 교회에서 유통되는 신앙과 복음의 씨앗은 자라서 알곡이 되고, 그 알곡이 다시 씨앗으로 심기는 생명의 순환과정에 심각한 문제가 생겼습니다. 노년층과 중장년층의 신앙이 다음 세대에 씨앗으로 심어졌으나 청년, 청소년, 어린이 세대의 새로운 생명으로 이어지지 못하고 있습니다. 청년층 밑으로는 겨우 3~5% 정도의 기독교 인구밖에 없는 실정입니다. 마치 유전자 변형 GMO 씨앗이 일회성이어서, 추수로 결실되더라도 다시 재생산하는 사이클로 들어가지 못하는 것과 비슷합니다. 하나님의 뜻만큼 확장된 복음을 회복하는 신앙의 구조조정을 통해 신앙의 본질과 생명력을 회복하는 것이 급선무입니다.

하나님의 뜻, 예수님나라 복음

신약성경은 물론이고 구약도 예수님을 증거합니다. 성경의 중심이신 예수님께서는 하나님나라를 우리 신앙의 초점으로 제시하십니다. 예수님께서는 공생애 처음 등장부터 하나님나라가 가까웠다 하셨고, 열두 제자와 함께 하나님나라를 반포하시며 그 복음을 전하셨습니다. 이후 3년 공생애 내내 말씀과 비유와 능력으로 하나님나라로 초청하시더니, 부활 후 40일 동안 하나님나라의 일을 말씀하셨습니다. 예수님께서는 복음을 명백하게 그리고 반복적으로 하나님나라로 제시하셨습니다.

구원에만 집중하는 신앙, 구원 후 현세의 형통에만 집중하는 신앙, 오직 종말만 바라보는 신앙이 복음과 신앙의 본질과 내용에 오해를 가져오고, 일정 부분 왜곡시켰습니다. 구원에만 집중하는 신앙은 복음의 일부분인 죄사함과 구원을 거의 복음의 전체로 정의하고 제시해왔습니다. 구원 후 현세의 복에 치중하는 기복신앙은 복음의 본질에서 파생된 하나님의 선물 일부에만 집중하였습니다. 과도한 종말 중심 신앙은 복음을 시야에서 사라지게 했습니다. 이렇게 복음의 일부분 또는 파생물을 복음의 전체 혹은 본질로 정의함으로써 많은 부작용을 초래했습니다. 온전치 않은 복음의 정의는 신앙의 세계에 굴러온 돌이 박힌 돌을 빼내거나, 주객이 전도된 양상을 불러왔습니다. 지엽이 중심이 되고, 예수님의 왕 되심과 통치라는 복음의 본질은 사각지대로 사라졌습니다.

이와 달리 하나님의 나라는 복음의 여러 조각을 총체적으로 이해하고, 소각들 사이의 상호 관계를 유기적으로 설정할 수 있는 최상의 렌즈입니다. 앞에서 보았듯이, 하나님의 나라는 '이미'와 '아직'의 구도입니다. 하나님의 나라는 아버지께서 왕으로 보내신 예수님께서 이 땅에 육신으로 오실 때 이미 시작되었지만, 주님 재림하실 때까지는 아직 완성된 것이 아닙니다. 이 구도는 하늘과 땅에 걸친 하나님나라 전체적으로도 그리고 개인적으로도 동일하게 적용됩니다.

이미 시작되었지만, 아직 완성되지 않은 하나님나라는 한 개인의 구원 후 삶의 의미와 지향점을 제시해 줍니다. 또 구원 이후 삶과 종말이 인과관계로 연결되어 있다는 것을 보여줍니다. 하나님나라의 왕이신 주님께서는 행한 대로 보응하시고 갚으십니다. 선을 행한 사람에게는 영생으로 갚으시고, 불의를 따른 사람에게는 진노와 분노로 갚으십니다롬 2:5~8. 그 나라의 열매가 없는 사람은 하나님나라를 빼앗기기도 하며, 반대의 경우는 그 나라에 들어갑니다마 21:43. 그의 의가 서기관과 바리새인보다 더 낫지 못한 사람은 결코 천국에 들어가지 못합니다마 5:20. 따라서 이 땅을 살아가는 동안 마땅히 있어야 할 긴장과 절제와 "두렵고 떨림"이 하나님나라로부터 나옵니다.

그래서 우리에게 절실하게 필요한 것이 복음의 정상화, 주님께서 말씀하신 하나님나라 복음으로의 회복입니다. 더욱 정확하게 말하면 예수님께서 제시하신 복음으로의 확장과 회복입니다. 복음의 한 부분만을 말하는 협소한 복음에서 전체를 다 포함한 포괄적 복음으로의 회복입니다. 예수님께서 말씀하신 복음으로의 확장을 위해서는 다음과 같은 변화의 과정이 필요합니다.

통치와 순종의 복음

회개하고 믿으면 거듭나고 그 사람에게 하나님나라가 시작됩니다. 진실하게 회개하고 예수님을 믿으면 죽었던 하나님과의 관계가 살아나고, 우리의 영적 신분이 바뀌며, 내면과 삶에서 주님 나라가 시작됩니다. 예수님께서 우리를 십자가의 피로 사셔서 우리의 주인이 되십니다. 그 나라의 왕이신 예수님께서 내 마음의 왕이 되시고 나의 인생에 왕으로 오시는 것입니다. 그분의 나라가 내게 오고, 예수님께서 나의 왕이 되시는 이것이 기쁜 소식이며 복음입니다. 그래서 하나님나라는 죄사함과 함께 시작되고, 죄사함은 복음의 절정인 하나님나라 통치의 시작입니다. 그런데 하나님나라의 입구이며 시작인 죄사함을 사실상 복음 자체 또는 종착점이라고 여기는 경우가 많습니다. 하나님 말씀과 다른 이런 인식은 다양한 양상으로 많은 부작용을 불러왔습니다. 하나님 백성이 된 사람을 하나님이 통치하신다, 이것이 복음의 본질입니다.

"좋은 소식을 전하며 평화를 공포하며 복된 좋은 소식을 가져오며 구원을 공포하며 시온을 향하여 이르기를 네 하나님이 통치하신다 하는 자의 산을 넘는 발이 어찌 그리 아름다운가" 사 52:7

죄사함만을 복음으로 정의하는 것은 마치 결혼식을 하는 것과 부부의 관계가 성립되는 것을 결혼의 전부라고 말하는 것과 흡사합니다. 입학식을 하고 그 학교의 학생 신분을 획득하는 것으로 학생과 학업의 모든 것이 다 완성되는 것이 아닙니다. 군에 입대하고 회사에 입사한 것이 다가 아니고 종착지에 도달한 것이 절대 아닙니다. 결혼식 이후에, 입학식 이후에, 회사 입사와 군대 입대 이후에 갈 길이 멀고 그 여정은 다사다난합니다. 크고 작은 변수가 즐비하고, 심지어는 그 다사다난한 여정의 궤도에서 완전히 이탈하는 경우도 적지 않습니다. 처음에 시작된 관계와 신분이 아예 무효가 되는 경우가 얼마나 많습니까. 우리는 이런 사실을 너무도 잘 알고 있습니다.

죄를 용서받으면서 주님께서 우리에게 오셔서 임재하시고 동행하십니다. 임재, 동행하시는 왕께서 다스리시고 우리는 순종합니다. 그리고 우리를 돌보시고 열매를 맺게 하십니다. 하나님의 나라는 죄사함 뒤에 임재와 동행, 통치와 순종, 돌보심과 열매 맺음으로 이어집니다. 이렇게 죄사함과 함께 시작된 영광스러운 하나님나라가, 내주하시는 성령님의 도우심으로 작디작은 겨자씨에서 시작해서 큰 나무로 성장해 갑니다.

복음은 임마누엘 예수님의 임재와 동행, 주님의 통치와 우리의 순종, 돌보심과 열매 맺음으로 채워지는 하나님나라입니다! 예수님께서 왕이 되시는 것이 바로 복음입니다! 이것이 하나님 뜻만큼 확장된 복음이며, 복음의 정상화요 복음의 회복입니다. 이 복음을 통해 새로운 신앙생활이 흘러나올 수 있습니다. 죄사함의 복음에서 하나님나라 복음으로의 확장과 회복이 우리 신앙 안에 이루어져야 합니다. 우리는 이 변화를 사모하고 열망해야 합니다.

예수의 영이시며 진리의 영이신 성령님께서 주님 나라를 우리 안에 실현하시려고 오셨습니다. 하나님 뜻만큼 확장된 복음을 통해 우리는 왕이신 예수님의 복된 다스림을 받는 영광스러운 지체로 세워져 나갈 것입니다. 이 과정에서 주님의 형상이 우리 안에서 회복되고, 우리 마음과 삶에 주님의 통치가 확장되어 갑니다. '지금 여기에서' 하나님의 뜻을 이루고 그 나라의 열매를 맺으며 살아갑니다. 그리고 우리 생애 끝이 가까울수록 점점 더 영광스럽고 거룩한 주님 나라가 되어갈 것입니다. 회복된 복음의 결과물은 죄와 반대인 사랑, 공의, 거룩함, 화평함의 열매입니다.

이웃과 사회, 자연에 이르는 왕의 통치

복음은 죄를 용서하시는 구원자 예수님께서 왕이 되셔서 다스리시는 것입니다. 즉 예수님나라가 임하고 왕의 주권과 통치권 아래 있는 것이 기쁜 소식, 좋은 소식, 복음입니다. 진실하게 회개하고 예수님을 믿는 사람 안에 주님 나라가 세워지고, 그 내면과 삶이 주님 나라의 영토가 됩니다. 그리고 그런 사람들의 공동체인 교회가 점점 더 온전한 나라가 되어 갑니다.

그러면 이른바 '순수복음'이 말하듯이 예수님의 통치 영역은 신자의 내면과 삶 그리고 교회에 그칠까요? 아닙니다. 신자와 교회를 다스리시는 예수님께서는 하늘과 땅의 권세를 아버지께 받으신 만왕의 왕이시며 만주의 주이십니다. 예수님이 이 땅에 계실 때 보았듯이 바다와 풍랑과 나무와 물고기 등 만물과 '만유all'가 예수님 명령 앞에 굴복합니다. 온 세계가 다 주님께 속해 있고, 모든 나라와 민족이 다 주님의 통치 영역입니다.

그런데 우리는 오랫동안 예수님의 실질적인 통치 영역을 신자들과 교회들로 한정해 왔습니다. 이런 경향을 '순수복음'이라고 자랑스럽게 명명하기도 했습니다. 예수님께서 우리를 세상의 빛과 소금, 향기와 청지기로 보내셨는데, 교회와 신자들은 그분의 실제적인 통치 영역을 신자들과 교회로 제한했습니다. 성과 속을 분리하고, 교회 안에 자신들을 가두었습니다. 결과적으로 주님의 통치를 교회 안에 가두고, 교회 밖을 내버려둔 셈입니다. 무주공산에는 반드시 마귀가 틈을 타고 장악합니다. 이제 나와 교회가 주님의 나라가 되는 것을 넘어서 이웃과 마을, 사회와 자연까지 확장되기를 구해야 합니다. 우리가 있는 이곳은 어디든지 주님의 주권이 확장되어갈 잠재적 통치 영역입니다.

하나님께서는 사람을 지으시고 세상 만물을 다스리라는 특별한 청지기 사명을 맡기셨습니다. 하나님의 '형상'대로 지어진 우리는 그 뜻 안에 담긴 대리인의 역할을 해야 합니다. 왕께서 신자들과 교회를 **충만게** 하시고, 교회는 그 충만함으로 세상을 채워 나가야 합니다엡 1:22~23. 썩어짐의 종노릇 하며 탄식하며 고통받는 피조세계를 주님의 통치 영역 안에 들어오게 하고, 왕의 생명과 빛과 사랑으로 세상을 채워 나가야 합니다롬 8:21~22.

세상을 변화시켜서 주님의 통치 아래 있도록 하는 사명, 하나님나라 시민인 우리가 이 사명을 환영하고 적극적으로 실천해야 합니다. 그렇게 예수님의 통치 영역이 이웃과 마을, 세상과 자연으로 확장될 때 이 땅에서 우리 삶은 약속하신 평안과 풍성함과 생명을 온전히 누릴 수 있을 것입니다! 그래야 땅끝까지 주님의 통치가 임하고, 하늘과 땅에 있는 모든 것을 그리스도 안에서 통일되게 하려는 주님의 뜻이 이루어져 갈 수 있습니다엡 1:10.

오늘 실천하는 신앙

"라떼는 말이야"가 유행 중입니다. "나 때는 말이야"에서 유래된 말로, 과거에 묶인 사고방식을 말합니다. 우리나라 신앙도 전반적으로 이 유형에 속합니다. 앞서 언급했듯이 구원파적인 신앙은 처음 믿는 순간에 의인의 신분을 얻었다는 확신 하나로 평생, 아니 영생을 자신합니다. 그 최초 시점 이후에 어떤 일이 벌어지든 어떤 악행을 하든 그때 얻은 의인의 신분은 영원불변이라고 믿습니다. 이에 더하여 하나님께서 100% 책임지시고 영생으로 견인하신다고 믿습니다. 한국 교회는 이런 구원파를 이단이라고 규정하면서도, 구원파와 거의 비슷하게 과거에 근거하고 과거에 기인한 확신 속에 삽니다. 구원파의 과거에서 비롯된 담대한 확신과 한국 교회의 그것은 거의 100% 일치율을 보입니다.

이런 신앙에 영원 전의 이중 예정이 추가되기도 합니다. 이중예정이란, 하나님께서 영원 전에 한 무리의 사람들을 선택하셔서 이 땅에서 어떻게 살든 천국으로 이끄시는 '선택'과, 다른 한 무리의 사람들은 이 땅에서 아무리 잘 믿는 것 같아도 유황불의 영원한 지옥에 버리시는 '유기'를 말합니다. 태어나는 시점이나 처음 믿는 순간보다 훨씬 더 과거로 거슬러 올라가, 즉 영원 전이라는 거슬러 올라갈 수조차 없는 최초 과거에 근거한 신앙은 자신이 영원 전에 선택된 존재라고 믿는 사람에게 어마어마한 확신을 줍니다. 영생과 천국이 영원 전에 하나님에 의해 불가역적으로 확정되었기 때문에, "항상 복종하여 두렵고 떨림으로 너희 구원을 이루라" 빌 2:12는 말씀은 전혀 영향을 주지 못합니다. 이런 논리에 근거한 절대적 구원 확신이 구원 이후의 순종과 두렵고 떨림 있는 신앙의 태도를 이미 무력화했기 때문입니다.

또 다른 경우도 있습니다. 마태복음 7장의 일꾼처럼 과거에 잘 믿었던 시절의 신앙에 기대는 경우입니다. 과거에 잘 믿었고 열심히 했다는 그 사실이 이후에도 든든한 심적 버팀목이 됩니다. 자신의 영적 신분에 대한 확신을 확고하게 도와줍니다. 그러나 문제는 심판자께서는 과거 어느 시점에서의 평가에 매이시지 않는다는 점입니다. 그때는 신실했을지라도 그 이후 불법이 일상화되고 하늘에 계신 아버지의 뜻대로 행하지 않는다면, 그 사실에 근거해서 판단하십니다.

하나님께서는 예나 지금이나 과거의 어느 시점에 근거해서 자신의 영적 신분을 항구 불변한 것으로 확신하는 것을 인정하지 않으십니다.

> 만일 의인이 돌이켜 그 의에서 떠나서 범죄하고 악인의 행하는 모든 가증한 일대로 행하면 살겠느냐 그 행한 의로운 일은 하나도 기억함이 되지 아니하리니 그가 그 범한 허물과 그 지은 죄로 인하여 죽으리라 만일 의인이 그 의를 떠나 죄악을 행하고 인하여 죽으면 그 행한 죄악으로 인하여 죽는 것이요 겔 18:24, 26

> 네가 악인을 깨우치되 그가 그의 악한 마음과 악한 행위에서 돌이키지 아니하면 그는 그의 죄악 중에서 죽으려니와 너는 네 생명을 보존하리라 또 의인이 그의 공의에서 돌이켜 악을 행할 때에는 이미 행한 그의 공의는 기억할 바 아니라 내가 그 앞에 거치는 것을 두면 그가 죽을지니 이는 네가 그를 깨우치지 않음이니라 그는 그의 죄 중에서 죽으려니와 그의 피 값은

> 내가 네 손에서 찾으리라 그러나 네가 그 의인을 깨우쳐 범죄하지 아니하게 함으로 그가 범죄하지 아니하면 정녕 살리니 이는 깨우침을 받음이며 너도 네 영혼을 보존하리라 겔 3:19~21

하나님께서는 구약에서 위와 같이 말씀하시고 신약에서도 동일한 맥락으로 말씀하셨습니다. 충성스러운 그리스도의 종 바울도 과거의 믿음에 근거해서 자신의 영적 신분과 미래를 확신하지 않았습니다. "내가 내 몸을 쳐서 복종시키는 것은 내가 남에게 전도한 후에 오히려 나 자신이 버림을 당할까 두렵기 때문입니다." 고전 9:27

바울 사도는 처음 믿음을 배반하거나 딤전 5:8 "저버리면 심판을 받는다"고 확언합니다 딤전 5:12. "향락을 좋아하는 자는 살았으나 죽었다" 딤전 5:6고 말합니다. 베드로 사도도 과거에 믿음으로 얻은 영적 신분이 저절로 100% 지속되는 것이 아님을 말합니다.

> 의의 도를 안 후에 받은 거룩한 명령을 저버리는 것보다 알지 못하는 것이 도리어 그들에게 나으니라 참된 속담에 이르기를 개가 그 토하였던 것에 돌아가고 돼지가 씻었다가 더러운 구덩이에 도로 누웠다 하는 말이 그들에게 응하였도다 벧후 2:21~22

과거와 그때의 믿음에 근거한 확신은 자신을 속일 수 있습니다. 자신에게 속아서 현재의 믿음 생활을 두렵고 떨림 없이 소홀하게 할 수 있습니다. 정반대로 미래에 몰입해서 현재를 초월하고 경시하는 것도 주님 뜻이 아닙니다. 종말에 집착해서 현재를 소홀히 하고 초월하는 신앙 유형 역시 전혀 바람직하지 않습니다. 미래의 종말에 집착해서 일상의 삶을 파탄 내는 경우도 있습니다. 미래의 144,000에 집착한 나머지 현재의 정상적인 일상생활과 상식조차 무시하는 신천지 희생자들 역시 이런 유형에 속합니다. 참으로 많은 가정이 큰 고통을 겪고, 심지어 미래를 준비해야 하는 젊은이들의 현재 삶에 치명적 손실을 겪은 경우도 허다합니다.

과거 지향 신앙도 미래 몰입 신앙도 현재를 초월하고 경시하면 전혀 유익이 없습니다. 오늘, 그리고 매일 마음을 다하여 하나님을 사랑하고 이웃을 자신처럼 사랑하며, 죄와 싸울 때만 좋은 열매를 맺을 수 있습니다. "오직 오늘이라 일컫는 동안에 매일 피차 권면하여 너희 중에 누구든지 죄의 유혹으로 완고하게 되지 않도록 하라." 히 3:13

신앙은 "밤낮 자고 일어나는 사이" 막4:27에 열매가 시작되어 자라는 과정입니다. 오늘이 없는 미래는 없고, 오늘의 수고가 없는 미래의 결실은 없습니다. 서양의 격언 "No cross, no crown" 과 "No pain, no gain" 역시 미래는 현재의 결과물임을 말합니다. 주님께서는 심은 대로, 뿌린 대로, 행한 대로 갚아 주십니다. "보라 내가 속히 오리니 내가 줄 상이 내게 있어 각 사람에게 그가 행한 대로 갚아 주리라." 계 22:12

신앙생활은 '오늘' 하나님을 사랑하고 이웃을 사랑하는 것입니다. 주님 나라를 받은 후에 내세에 이를 때까지 '오늘', '지금 여기'에서 주님 뜻을 이루어가는 것입니다. "나더러 주여 주여 하는 자마다 다 천국에 들어갈 것이 아니요 다만 하늘에 계신 내 아버지의 뜻대로 행하는 자라야 들어가리라." 마 7:21, "누구든지 하늘에 계신 내 아버지의 뜻대로 하는 자가 내 형제요 자매요 어머니이니라 하시더라." 마 12:50 과거의 은혜와 믿음에 감사하고 미래와 내세를 바라보며, 오늘 이 땅에서 하나님의 뜻을 충실하게 따르는 하나님나라의 실천적 시민으로 바뀌어야 합니다. "주의 나라가 임하게 하시고 주의 뜻이 하늘에서와 같이 땅에서도 이루어지게 하소서." 마 6:10 주님께서 가르쳐 주신 이 기도를 우리 신앙의 지침으로 삼을 때 아들의 나라에 열심이신사 9:7 하나님께서 동행하시며 친히 우리의 능력과 지혜가 되어 주실 것입니다.

사람의 계명과 전통을 분별하기

예수님께서 이 땅에 계실 때 바리새인, 서기관, 장로들은 하나님의 백성 이스라엘의 신앙 지도자들로, 온 백성이 그들의 지도를 받고 그들을 따라서 신앙생활을 했습니다. 사람들은 그들이 가지고 있는 종교적 신분과 권위를 보고 그들 신앙을 믿고 따랐습니다. 그런데 이들 지도자와 그들의 신앙에 대해 예수님께서 다음과 같이 혹독하게 진단하십니다.

> 이르시되 이사야가 너희 외식하는 자에 대하여 잘 예언하였도다 기록하였으되 이 백성이 입술로는 나를 공경하되 마음은 내게서 멀도다 사람의 계명으로 교훈을 삼아 가르치니 나를 헛되이 경배하는도다 하였느니라 너희가 하나님의 계명은 버리고 사람의 전통을 지키느니라 또 이르시되 너희가 너희 전통을 지키려고 하나님의 계명을 잘 저버리는도다 막 7:6~9

신앙지도자들이 사람의 계명과 교훈과 전통을 가지고 하나님 말씀을 폐했으며, 이런 일이 많다고 막 7:13 하십니다. 이렇게 사람의 것으로 하나님의 말씀을 폐하고 왜곡한 이들을 두고 맹인 된 인도자요 독사의 자식이며 지식의 열쇠를 가지고 있지만, 자신도 들어가지 않고 들어가고자 하는 자도 막고 있다고 하십니다. 예수님께서 그들의 영적 실상을 적나라하게 드러내신 것입니다.

이들 신앙지도자에 대한 예수님의 적나라한 지적은 매우 충격적인 것입니다. 그러나 이들뿐만이 아니라 그들을 추종하는 백성에게도 이 말씀이 충격이 되어야 마땅합니다. 천국에 들어가지 못하는 지도자들을 따라가고 있다는 것이기 때문입니다. 그러나 안타깝게도 백성들은 지도자들에 의해 영적·정신적 포로가 되어 분별하고 각성할 능력이 없습니다. 결과적으로 지도자들이 만든 사람의 계명과 전통이라는 누룩이 대중들에게 미쳐서 모두를 오염시킨 셈입니다.

사람이나 마귀의 생각이 하나님 말씀을 훼방하고, 왜곡하고, 결과적으로 폐하려는 사례들은 창세기에서부터 이어집니다. 그리고 성경은 사람의 생각과 전통이 하나님 말씀을 왜곡하는 것이 매우 위험하고 해가 크다고 가르쳐줍니다.

이스라엘 역사에서 두고두고 영적·사회적 재앙이 된 것은 예언자 발람이 퍼뜨린 가르침이었습니다. 그 가르침은 하나님의 뜻과는 달랐습니다. 발람은 돈에 끌려 우상숭배에서 나온 제물을 먹어도 된다는 지극히 개인적인 소견을 말합니다. 개인적 소견이 시간이 흘러 이스라엘의 종교적 지침이 되고, 결국에는 신앙 공동체가 우상을 숭배하는 길을 엽니다. 사람의 소견이 하나님 말씀과 섞이더니 결국에는 하나님 말씀을 이긴 셈이 되었습니다.

바리새인의 누룩과 사두개인의 누룩을 주의하라 하신 것은 그들의 사적인 주장과 인위적인 전통이 방치되면, 나중에는 하나님께서 주신 신앙을 통째로 오염시키기 때문입니다. 이런 혼합적 신앙은 사람을 오히려 더 악하시켜 두 배 지옥 자식이 되게 만드는 원인이 되기도 합니다. 예수님께서 다른 복음, 거짓 선생, 거짓 선지자, 삯꾼 등의 이름을 붙인 신앙 유형을 보면, 공통적으로 사람의 계명과 전통이 하나님 말씀과 섞여 있습니다. 결국에는 신앙을 곁길이나 넓은 길로 인도하고, 하나님께서 주신 것과는 끝과 종착지가 다른 이단적 길로 들어서게 됩니다.

지금은 가톨릭이 조상제사를 허용하고 있습니다만, 한국 천주교 초기인 18세기 말경에는 교황에 의해 제사가 금지되었습니다. 제사 문제 때문에 18세기 말부터 19세기 중반까지 여러 차례에 걸쳐 많은 사람들이 생명을 잃었습니다. 그러나 2차대전 기간에 국제정치적인 영향으로 입장이 바뀌게 되었습니다. 일본과 이탈리아의 밀착된 관계 때문에 가톨릭은 제사만이 아니라 신사참배까지 허용했습니다.

이렇게 하나님 말씀에 다른 생각이 더해져서 마침내 말씀을 실질적으로 폐한 사례는 에덴에서 마귀가 하와를 상대로 처음 시도했고, 성공했습니다. 마귀가 하나님 말씀을 교묘하게 수정하고 간교하게 추가해서 하와와 아담이 선악과를 먹게 하였습니다. 그리고 반드시 죽으리라는 하나님 말씀대로 그들은 하나님과의 관계에 치명적인 결과를 맞이하게 되었습니다. 예수님께서는 하나님의 말씀을 수정하고 추가해 그 뜻을 왜곡한 마귀에 대해 처음부터 거짓말한 자요 거짓의 아비요 그래서 살인자라는 이름을 붙이십니다.

복음을 회복하고 좋은 열매를 맺기 위해서는 우리 신앙 안에 스며든 사람의 계명과 교훈과 전통을 분별할 수 있어야 합니다. 더욱 정확하게 말하면 발람의 교훈처럼, 니골라당의 교훈처럼, 교황의 지침처럼 하나님 말씀을 실질적으로 훼손하는 교리나 교훈을 반드시 그리고 단호하게 분별해야 합니다.

신천지의 말씀 교육은 현란하게 성경 말씀을 동원하다가 중간에서 샛길로 빠져 전혀 다른 곳으로 영혼을 이끕니다. 구원파의 가르침 역시 성경 말씀에서 출발합니다만 하나님 중심이 아니라 사람 중심이며, 과도한 은혜와 편향적인 신앙을 제시합니다. 이런 것들은 '메이드 인 하늘'이 아닌 '메이드 인 땅'의 신념이고, 하나님께서 주신 신앙이 아닌 사람이 만든 사제私製 신념에 불과합니다.

성경 말씀을 가지고 조직화한 교리에도 태생적인 한계가 있습니다. 성경 일부를 기반으로 교리를 구축한 것이기 때문에 오해나 오류의 가능성이 있다는 것을 인정해야 합니다. 따라서 교리에 절대성을 부여하고, 그것을 강요해서는 안 됩니다. 특히 교리가 성경말씀을 좌지우지하거나 성경말씀을 선별적으로 제외·배제하는 도구로 쓰여서는 절대로 안 됩니다.

한 국가의 법체계에는 위계가 분명해서 하위의 조례와 규칙이 상위의 것을 저촉할 수 없습니다. 신앙의 영역에서도 사람이 만든 하위의 교리나 교훈 또는 전통이 상위의 하나님 말씀을 취사선택하거나 좌우하는 것은 절대 있어서는 안 됩니다. 성경 말씀의 일부분을 제척하고 무력화하면서까지 어떤 교리의 절대성을 주장하거나, 교조적 태도로 특정 교리나 전통을 성경 말씀처럼 강요하는 것은 바람직하지 않습니다. 하나님 말씀으로 사람의 주장과 계명과 전통을 분별하는 것은 복음과 신앙이 온전하게 회복되는 과정에 꼭 필요합니다

기독교적 세계관/윤리/시민의식 교육

신앙의 본질과 핵심은 주님이 가르쳐 주신 기도와 같이 하나님나라가 임하고 하나님의 뜻이 하늘에서와 같이 땅에서 이루어지는 것입니다. 앞에서 언급한 것처럼 지금 여기에서 하나님 뜻을 추구하여 그것이 개인의 내면과 삶과 공동체에 실현되어 가는 것입니다.

하나님께서는 이제나 오늘이나 영원토록 동일하신 분이십니다. 말씀도 여전하며 언제나 동일한 말씀입니다. 그런데 땅의 상황은 달라집니다. 다시 말해 말씀과 뜻이 실현되어야 할 시기와 장소와 환경이 달라진다는 것입니다. 하나님께서 주신 신앙은 단순히 관념적인 것이 아니라 실천적인 것이기에 시기, 장소, 환경에 따라 그 상황에 맞는 실천적 내용으로 적용되어야 합니다. 말씀의 실천적 맥락화, 상황화가 필요합니다.

하나님의 나라는 예수님의 왕 되심과 다스리심이 핵심입니다. 하나님의 뜻과 왕의 말씀이 현실에 적용되기 위해 꼭 필요한 것은 성경적 가치관/세계관입니다. 거듭난 사람이 예수님을 구주와 임금으로 모시면서 왕의 말씀에서 그의 가치관이 파생되고 삶에서 구체적인 실천으로 현실화됩니다. 따라서 거듭난 사람에게 인생, 가족, 문화, 직업, 경제 등에 대한 성경적 관점이 반드시 따라와야 합니다.

사람들은, 그리고 사회는 크리스천들과 교회가 얼마나 도덕적이며 윤리적인지를 보고 간접적으로 기독교를 이해합니다. 그래서 사회적 신뢰도가 땅에 떨어진 한국 교회와 신자들에게 가장 요구되는 것은 윤리와 도덕의 의미와 가치를 회복하는 것입니다. 선과 악, 의와 불의에 대한 분별력을 갖추고, 윤리적·도덕적 감수성을 높이는 것이 교회의 신뢰 회복을 위해 반드시 필요합니다. 이것은 당연히 성경의 곳곳에 나타난 하나님의 뜻이기도 합니다.

성경에 근거한 기독교적 윤리와 도덕을 교회에서 가르쳐야만 하는 이유와 당위성이 하나 더 있습니다. 예수님, 바울, 요한 모두 선과 악, 의와 불의가 심판의 분기점이 되며, 선과 의를 사모하며 지향하는 삶이 영생과 하나님 임재에 꼭 필요하다고 일관되게 증언합니다.

> 선한 일을 행한 자는 생명의 부활로, 악한 일을 행한 자는 심판의 부활로 나오리라 요 5:29

> 이는 우리가 다 반드시 그리스도의 심판대 앞에 나타나게 되어 각각 선악 간에 그 몸으로 행한 것을 따라 받으려 함이라 고후 5:10

> 사랑하는 자여 악한 것을 본받지 말고 선한 것을 본받으라 선을 행하는 자는 하나님께 속하고 악을 행하는 자는 하나님을 뵈옵지 못하였느니라
> 삼 1:11

그런데 그간 한국 교회는 윤리와 도덕을 경시하고 신앙의 범주 밖으로 내몰았습니다. 신앙은 생명이지 윤리나 도덕이 아니다, 설교자들의 이런 말은 윤리·도덕이 얼마나 신앙과 절연되어 있는지를 보여줍니다. 신앙과 윤리·도덕이 서로 모순되는 것이 아님에도, 윤리나 도덕을 거론하면 인본적이라고 하거나 행위구원을 말한다고 핍박하기도 하였습니다. 그 결과 신앙과 교회는 윤리와 도덕의 관점에서 마치 진공지대처럼 되었습니다. 이제는 성경에서 말씀하신 하나님 뜻을 적용하는 기독교적 윤리와 도덕을 세우고 교회에서 반드시 가르쳐야 합니다. 이것은 너무도 마땅한 것이며, 교회 위기의 시대에 너무도 아쉽고 필요한 것입니다.

또한, 이와 함께 기독교적 시민교육이 반드시 지역 교회에 있어야 합니다. 그동안 우리 신앙은 성과 속이 분리되고, 신앙과 삶이 나뉘고, 교회와 사회가 분리된 이원화된 신앙이었습니다. 이에 더하여 개교회주의와 양적 성장 추구는 교인들을 교회 울타리 안에 가두고 교회를 위한 존재로 키웠습니다. 교회생활을 오래 할수록 더 사회성을 잃고, 공동선과 거리가 먼 개인주의적 신앙으로 변해왔습니다. 코로나 사태 한가운데 정부의 방역정책에 반대하며 현장 예배를 고수하는 교회와 지역주민들 사이에 벌어진 갈등도 그 한 예입니다.

교회와 크리스천은 그들을 둘러싼 사회공동체에서 가장 높은 수준의 공동선을 추구해야 합니다. 교회와 크리스천은 세상의 청지기요 세상의 판단자입니다. "성도가 세상을 판단할 것을 너희가 알지 못하느냐 세상도 너희에게 판단을 받

겠거든 지극히 작은 일 판단하기를 감당하지 못하겠느냐" 고전 6:2 우리는 하나님께 세상에 생명과 빛과 소금과 향기를 흐르게 하는 역할을 부여받은 존재입니다. 이런 맥락에서 민주주의, 선거제도, 정당과 정치와 지방자치, 시민의 역할과 의무 등을 기독교적 관점에서 제시하고 교육해야 합니다. 세상의 청지기 역할을 감당하려면 그 역할을 위해 필요한 기본적인 소양을 성경으로부터 배워야 합니다. 지역 교회들에서 하나님나라 시민들에게 기독교적 가치관과 세계관, 기독교적 윤리와 도덕, 기독교적 시민교육을 제시할 때 한국 교회는 하나님께서 부여하신 사명을 더욱 능력 있게 감당할 수 있을 것입니다. 그리고 하나님 뜻이 하늘에서와 같이 땅에서도 이루어지는 주님 나라를 한층 더 힘과 지혜를 가지고 이루어 나갈 수 있을 것입니다.

3부 • 렌즈 전환의 로드맵

6장 _ 예수님나라의 터 닦기

하나님나라가 가까이 왔다! 하나님나라가 너희 안에 왔다! 하나님나라와 함께 이 땅에 육신으로 오신 예수님께서 하나님나라에 대한 비유의 말씀을 많이 하십니다. 그 중 하나가 하나님나라의 성장에 관한 겨자씨 비유입니다. 처음에는 하나님나라가 땅 위의 모든 씨보다 작은 겨자씨처럼 심겨지지만, 심긴 후에는 자라서 모든 풀보다 커지며 큰 가지를 내는데 공중의 새들이 그 그늘에 깃들일 만큼 된다고 말씀하십니다막 4:30~32. 같은 맥락에서 하나님나라를 누룩에 비유하십니다. "어떤 여자가 누룩을 밀가루 서 말 속에 집어넣었더니 온통 부풀어 올랐다. 하늘 나라는 이런 누룩에 비길 수 있다." 마 13:33

그러나 하나님나라의 씨인 말씀이 뿌려졌다고 모두에게 그 나라가 겨자씨에서 나무처럼, 그리고 누룩으로 온통 부풀어 버린 가루 서 말 같이 되지는 않습니다. 하나님나라의 비밀을 가르쳐주신 씨 뿌리는 비유에서 네 유형의 밭을 말씀하시는데 오직 한 유형의 밭에서만 하나님나라의 씨인 말씀이 결실을 맺고, 세 밭에서는 그 나라가 뿌리내리지 못하고 무산됩니다. 길가에 뿌려진 하나님나라의 말씀은 사탄이 즉시 와서 그 말씀을 빼앗아 나라의 시작과 정착이 아예 무산됩니다. 두 번째 밭은 돌밭으로, 말씀을 듣고 받지만 외부에서 환난이나 박해가 닥치면 넘어져 버립니다. 세 번째는 말씀 받는 사람의 내면에 있는 세상 염려나 재물의 유혹이나 여러 욕심이 기운이 세서 말씀의 씨가 자라는 것을 가로막는 경우입니다. 그리고 네 번째인 "좋은 밭"은 뿌려진 하나님나라의 씨앗인 말씀이 지켜져서 결실을 맺는데 30배, 60배, 100배의 결실을 맺습니다! "좋은 땅에 있다는 것은 착하고 좋은 마음으로 말씀을 듣고 지키어 인내로 결실하는 자니라" 눅 8:15

또 어떤 경우는 이미 시작된 하나님의 나라를 빼앗기기도 한다고 예수님께서 말씀하십니다. "그러므로 내가 너희에게 이르노니 하나님의 나라를 너희는 빼앗기고 그 나라의 열매 맺는 백성이 받으리라" 마 21:43 어떤 사람들은 하나님의 나라를 유업으로 받지 못합니다. "불의한 자가 하나님의 나라를 유업으로 받지 못할 줄을 알지 못하느냐 미혹을 받지 말라 음행하는 자나 우상 숭배하는 자나 간음하는 자나 탐색하는 자나 남색하는 자나 도적이나 탐욕을 부리는 자나 술 취하는 자나 모욕하는 자나 속여 빼앗는 자들은 하나님의 나라를 유업으로 받지 못하리라." 고전 6:9~10, "투기와 술 취함과 방탕함과 또 그와 같은 것들이라 전에 너희에게 경계한 것 같이 경계하노니 이런 일을 하는 자들은 하나님의 나라를 유업으로 받지 못할 것이요" 갈 5:21

이렇게 한 사람 또는 한 공동체 안에서 하나님나라가 시도되지만, 초기에 정착되지 못하는 경우도 많습니다. 중간 과정에서 안팎의 난관을 만나 문제가 발생하는 경우도 있고, 또 최종 단계에서 실패하는 경우도 있습니다. 예수님께서 다시 오실 때 모든 사람을 다 모으시고 이른바 양과 염소 둘로 구분하셔서 판결을 내리십니다. 주린 사람들, 목마른 사람들, 나그네 된 사람들, 헐벗은 사람들, 병든 사람들, 옥에 갇힌 사람들과 같은 "지극히 작은 자 하나"의 필요를 채우고 돕고 위로한 사람들은 예수님께서 양으로 분류하시고 다음의 처분을 베푸십니다. "그때에 임금이 그 오른편에 있는 자들에게 이르시되 내 아버지께 복 받을 자들이여 나아와 창세로부터 너희를 위하여 예비된 나라를 상속받으라" 마 25:34 반대로 지극히 작은 사람들을 섬기지 않은 사람들은 염소로 분류하셔서 다음의 최종적 확정적 처분을 내리십니다. "또 원편에 있는 자들에게 이르시되 저주를 받은 자들아 나를 떠나 마귀와 그 사자들을 위하여 예비된 영원한 불에 들어가라" 마 25:41 본인의 기대와는 다른 판정을 받게 되는 경우입니다.

하나님나라는 다음과 같은 긴 과정을 거칩니다. 먼저 거듭남, 구원, 주권의 전이와 새 주권자의 임하심 등이 주님 나라 시작 단계에서 생기는 일입니다. 그 이후 주님 나라가 정착되는 과정에서 주님의 임재와 동행, 주님과의 사귐과 교통, 교제, 주님의 돌보심이 따릅니다. 이 과정을 지나가면서 사람의 내면에서, 가정과 대인 관계에서, 일터에서, 그리고 사회에서 주님의 능력과 열심과 통치, 그리고 우리의 순종의 반응을 통해 주님 나라가 실현되어 갑니다. 이 과정을 통과하면 그 끝에 믿음, 사랑, 거룩, 공의, 화평의 열매가 아름답고 영광스럽게 맺히고 우리 주님께서 기쁨과 영광을 받으십니다.

복음의 회복: 예수님나라

복음은 신앙의 또 다른 이름입니다. 그래서 복음의 내용과 방향은 신앙의 대강을 결정하며 모든 신앙활동의 근간이 됩니다. 구원자 예수님께서 왕이 되셔서 다스리시는 하나님나라, 겨자씨에서 나무로 자라는 하나님나라, 누룩처럼 전체를 다 부풀게 하는 예수님나라가 복음입니다. 예수님 말씀에 따라 복음이 정의될 때 여러 중요한 이슈가 제 자리에서 자기 몫을 할 수 있습니다. 소총을 쏠 때 클릭 설정이 가장 중요하듯이, 비행기나 배에서 좌표 설정이 가장 중요하듯이, 성경적 복음관인 하나님나라 복음으로의 회복이 무엇보다 먼저 중요한 선결 과제입니다.

복음은 곧 하나님나라

모든 일에 있어서 가장 중요한 것은 무엇일까요? 바로 뜻에 대한 정의定義입니다. 이 낱말, 이 일의 정의는 무엇인가? 정의가 먼저 정확하게 세워져야 합니다. 그랬을 때 그 뒤의 모든 것이 제 방향으로 진행되어서 의도했던 결실을 맺을 수 있습니다. 정의는 그 일의 방향과 내용을 결정합니다.

교육과 학교의 정의, 결혼과 가정의 정의, 직업과 직장의 정의, 나아가 인생과 인간관계 등에 대한 정의가 올바른 것이어야, 그것이 합당한 목적과 내용으로 채워지고 의도한 결실을 맺습니다. 기독교 신앙과 복음과 교회도 마찬가지입니다. 올바른 정의가 있어야 올바른 방향과 내용이 따라옵니다. 그러나 세상의 여러 가지 일들을 보면 본래의 정의定義대신 부분적이고 불완전한, 왜곡된 정의가 대세로 자리 잡기도 합니다.

복음福音, good news, gospel은 기독교 신앙의 골자이자 핵심입니다. 기독교와 교회와 관련된 많은 것에 복음이라는 낱말이 붙습니다. 그런데 복음의 정의가 분명하지 않습니다. 일부 기독교방송에서는 '순수복음방송'이라는 수식어를 방송사 이름 앞에 붙여서 씁니다. 이 말에는 어떤 복음은 순수하지 않은 복음이라는 전제가 포함되어 있습니다. 이 '순수복음'의 정의에는 영혼의 구원과 내세 천국만 포함되어 있습니다. 영혼 이외의 것들과 현세現世의 것들은 복음에 포함하지 않습니다.

기독교가 전혀 아닌 이단, 사이비, 유사종교들이 복음이라는 이름을 붙여서 자신들의 정체성을 속입니다. '복음'이 오해되고 악용되는 복음의 수난시대입니다. 지금 우리가 목격하고 있는 이 땅 기독교의 혼돈의 중심에 복음에 대한 부분적이고 불완전하며 왜곡된 정의가 있습니다.

대세, 전통, 고정관념을 따르지 말고 복음에 대한 성경의 정의를 수용해야 합니다. 하나님이 말씀하신 복음의 정의定義만이 절대적 기준이 되어야 합니다. 대세, 전통, 고정관념화된 복음관福音觀을 하나님의 정의에 따라 수정하고, 굽은 것을 펴고 왜곡된 것을 바르게 회복해야 열매 없는 신앙과 휘청거리는 교회가 정상화될 수 있습니다. 평생 애써서 신앙생활을 하고 사역했는데, 온전하지 않은 복음의 정의를 따라 산 삶이었다면 그 신앙과 삶과 노력은 아쉬운 것이 될 것입니다.

성경은 복음 앞에 다음과 같은 수식어를 붙입니다. 구원의 복음, 화평의 복음, 은혜의 복음, 영원한 복음. 이 표현들은 전부 성경에 1회씩 등장합니다. 그리고 많이 등장하는 표현이 하나님의 복음8회, 그리스도의 복음9회, 예수의 복음1회, 그 아들의 복음1회입니다. 하나님나라 복음은 같은 뜻인 천국복음/하늘나라복음을 합하면 7회 이상 나옵니다. 복음에 관한 다양한 표현들을 요약 정리하면, 하나님께서 예수님을 통해 기쁜 소식/복음을 주셨는데, 복음 안에는 구원, 화평, 은혜, 영원함이 포함되어 있다고 말할 수 있습니다.

그리고 바로 이것이 예수 그리스도의 나라입니다! 아버지께서는 "만물의 상속자" 히 1:2이신 독생자 예수님에게 "하늘과 땅의 모든 권세를 주시고" 마 28:18, "하늘에 있는 자들과 땅에 있는 자들과 땅 아래 있는 자들로 모든 무릎을 예수의 이름에 꿇게 하시고" 빌 2:10, "그리스도 안에서 만물, 곧 하늘에 있는 것들과 땅에 있는 것들을 다 통일시키려" 엡 1:10 하십니다.

사람들은 자신이 누군가의 통치 대상이 되는 것을 잘 받아들이지 않습니다. 그러나 다스림 안에 진실한 사랑의 관계, 돌봄과 보호, 자유와 평안과 기쁨 등이 있다면 그 통치는 당연히 환영받습니다. 십자가의 희생을 통해 우리를 사신 예수님께는 사랑과 긍휼, 인자하심과 선하심이 무궁합니다. 또 지혜와 능력, 권세가 충만하신 분이십니다. 이런 사랑과 능력의 왕의 통치는 환영받아 마땅한 기쁜 소식입니다.

성경이 기록된 당시 '나라'의 정의定義는 통치/다스림, 왕권, 주권/주재主宰 등입니다. 십자가에서 증거하신 완전한 사랑과 부활로 증명하신 완전한 능력의 예수님께서 내면의 영혼, 삶과 가정, 사회와 나라, 온 땅의 주인·왕이 되시고 다스리시는 것이 복음입니다. 하나님나라 복음의 영역은 영혼부터 땅끝까지, 하늘과 땅, 보이는 세계와 보이지 않는 영적 세계, 그리고 금세今世와 내세가 모두 포함됩니다. 예수님께서 다스리시는 예수님의 나라가 복음입니다!

> 그를 오른손으로 높이사 임금왕, 통치자과 구주로 삼으셨느니라 행 5:31

> 주의 나라가 임하게 하시고 주의 뜻이 하늘에서와 같이 땅에서도 이루어지게 하소서 마 6:10

예수님께서 왕이신 하나님나라

사람은 보통 누군가 나를 다스리고 통치한다면 거부반응부터 생깁니다. 그 이유는 왕을 비롯한 통치자들이 가지고 있는 여러 가지 인간적 한계 때문일 것입니다. 이스라엘 백성들이 왕을 달라고 요구할 때 하나님께서 그들에게 하신 말씀 속에 인간 왕의 한계와 부작용이 잘 나옵니다.

> "그들이 사무엘에게 우리에게 왕을 주어 우리를 다스리게 해 주십시오."라고 말한 것을 사무엘이 기뻐하지 아니하여 여호와께 기도하니, 여호와께서 사무엘에게 말씀하셨다. "백성이 네게 하는 모든 말을 들어주어라. 그들이 너를 버린 것이 아니라 나를 버려 그들의 왕이 되지 못하게 하는 것

이다. 내가 그들을 이집트에서 인도하여 낸 날부터 오늘까지 그들이 하는 일마다 나를 버리고 다른 신들을 섬겼던 것처럼 네게도 그렇게 하는 것이니, 그러므로 이제 너는 그들의 말을 들어주되, 그들에게 엄히 경고하여 그들을 다스릴 왕의 제도에 대해 알려 주어라." 사무엘이 왕을 구하는 백성에게 여호와의 모든 말씀을 전하여, 말하였다. "너희를 다스릴 왕의 제도는 이러하다. 그가 너희 아들들을 데려다가 그의 병거를 관리하고 기마병이 되게 하며, 그들이 그의 병거 앞에서 달리게 될 것이고, 또한 그를 위하여 천부장과 오십부장을 삼고 그의 밭을 갈게 하며 그의 곡식을 추수하게 하고 그의 전쟁 도구와 병거 장비들을 만들게 할 것이며… 너희는 그의 종이 될 것이다. 그 날에 너희는 너희가 선택한 왕 때문에 부르짖을 것이나 여호와께서는 너희에게 응답하지 않으실 것이다." 삼상 8:6~18

좋은 왕을 만나는 것은 동서고금을 막론하고 쉽지 않습니다. 그러나 예수님은 전혀 다르십니다. 예수님께서는 만물을 지으신 창조주이시며 십자가에서 우리를 구원하신 구원자이십니다.

창조자이며 구원자이신 예수님께서 왕이 되시는 것은 마땅한 일이자, 우리에게 가장 기쁜 소식입니다. 예수님께서는 병과 귀신과 배고픔에 시달리던 백성들을 크신 능력으로 섬기셨고, 그들에게 참 자유를 주시고 누리게 하십니다. 무엇보다 백성을 위해 자신을 희생하시고 죽으신 왕이십니다. 피조물의 죄를 위해 육신으로 오셨고, 십자가에서 사람들의 죗값을 대신 치루신 분이십니다. 섬기시는 왕, 희생하시는 왕, 크신 사랑으로 그 일을 하시는 왕! 이런 분이 왕이 되시는 것은 복중의 복이요 가장 기쁜 소식입니다.

또한 예수님은 우리를 체휼하시는 분이십니다. 이 땅에 육신으로 오신 예수님께서는 나시자마자 헤롯왕으로부터 생명의 위협을 받으십니다. 그 뒤 이 땅 33년 생애 동안 마귀의 시험, 가난, 무시, 몰이해와 배척과 배신, 엄청난 폭력과 모욕을 다 겪으신 분이십니다. "그의 모양은 타인보다 상하였고, 그의 용모는 사람의 아들들보다 더 상하였으므로 많은 사람들이 그를 보고 놀랐으나… 고운 모양도 없고 풍채도 없으며 우리가 보기에 흠모할 만한 아름다운 것이 없다. 그는 멸시를 당하고 사람들에게 버림받았으며, 슬픔을 많이 맛보고 병고를 아는 사람이다. 마치 사람들이 외면하는 자같이 그가 멸시를 당하였고, 우리도 그를 귀하게 여기지 아니하였다" 사 52~53장

사람들도 이런 일들을 겪습니다. 예수님께서는 하나님의 아들이심에도 더 심하게 겪으셨고, 사람을 동정하시고 불쌍히 여기셨습니다. 가장 낮은 곳으로 오셨다가, 가장 낮은 길을 걸어가시다가, 가장 낮은 모습으로 아버지께로 돌아가셨습니다. 사람의 왕 중에 이런 왕은 세상에 없었고, 지금도 없고, 앞으로도 없을 것입니다. "우리에게 계신 대제사장은 우리의 연약함을 체휼동정하지 못하는 분이 아니시니, 모든 면에서 마찬가지로 시험을 받으셨으나 죄는 없는 분이시기 때문이다" 히 4:15

솔직히 정치, 경제, 여러 분야 지도자 중에 마음에 100% 드는 사람은 없습니다. 역사 속 위인들 역시 100% 다 옳은 사람은 없습니다. 모두 약점, 한계, 부족한 점을 가지고 있습니다. 그러나 예수님께서는 말씀, 행동, 삶에서 항상 옳으십니다. 참되신true 분이시고 진리truth이십니다. 예수님 같은 왕은 세상에 없었고, 역사에도 예수님같이 옳고 완전한 왕에 대한 기록이 없습니다.

마지막으로, 그는 만왕의 왕이시며 모든 권세의 머리이십니다. 세상의 왕들을 세우시기도 하시며 폐하시기도 하십니다. 하늘과 땅의 모든 것들이 굴복하는 만주의 주, 만유all의 주이십니다.

이런 주님이 왕으로 오신 것은 기쁜 소식입니다. 그래서 성경은 하나님나라가 복음이고, 그 아들의 나라가 기쁜 소식이라 합니다. 그 나라에는 평안과 기쁨 롬 14:17이 있고, 풍성한 생명과 삶 요 10:10이 있고, 죄와 마귀와 악함과 고난에 대한 승리가 있습니다. 십자가는 주님 나라에 들어가는 열쇠이며, 구원은 그 나라에 들어가는 시작입니다.

그런데 심각한 문제가 생겼습니다. 구원은 받고 싶어하는데 선하시고 옳으신 왕의 통치는 받기 싫어합니다. 임금과 구주이신 행 5:31 예수님을 구원자로 제한하고 왕의 역할에서는 배척하려 합니다. 유명무실한 왕으로 만들어버립니다. 이런 태도를 유다서가 이렇게 기록하고 있습니다. "하나님을 배반한 몇 사람이 몰래 여러분 가운데 끼여 들어왔습니다. 그자들은 우리 하나님의 은혜를 남용해서 방종한 생활을 하고 또 우리의 오직 한 분이신 지배자시며 주님이신 예수 그리스도를 부인하는 자들로서 이미 오래전에 단죄를 받았습니다."

영어 번역은 이렇습니다. "… who change the grace of our God into a license for immorality and deny Jesus Christ our only Sovereign and Lord" 예수님의 왕 되심을 배척하고 구원받은 자의 자유만을 주장하는 것입니다. 구원을 "방종의 면허장" 정도로 대하는 요즘 크리스천들과 같은 경우입니다. 바울은 죄의 종에서 벗어나 의의 종이 되라 강력하게 격려합니다. 성경은 죄를 짓는 자는 마귀에게 속한 자라 합니다 요일 3:8.

유다서가 기록한 이런 풍조는 복음에 대한 부분적이며 불완전한 이해에서 나온 생각입니다. 복음은 하나님의 나라이고, 창조자·구원자·상속자이시며 선하신 예수님께서 왕이신 나라입니다. 임재, 통치, 순종의 주님 나라에는 기쁨과 평안, 풍성한 생명, 참 자유가 있습니다. 예수님께서 왕이신 하나님나라가 기쁜 소식 복음입니다!

땅에서도 이루어지는 하나님나라

신자와 교회는 왕이신 예수님께 가장 귀를 기울여야 합니다. 그렇다면 예수님의 마음 중심에는 무엇이 있을까요?

예수님께서는 부활하신 후 마지막 사십 일 동안 제자들에게 보이시며 하나님나라의 일을 말씀하셨습니다 행 1:3. 공생애 3년을 시작하시는 첫 음성도 "회개하라, 하나님나라가 가까이 왔다"였습니다. 공생애 시작 얼마 뒤 열두 제자를 모으시고 공적 사역을 시작하시면서도 '하나님나라를 선포'하십니다.

주기도문을 가르쳐 주시면서도 "주의 나라가 임하게 하시고 주의 뜻이 하늘에서와 같이 땅에서도 이루어지게 하소서" 마 6:10 라고 기도하라 하셨습니다. 당신 앞에 나오는 모든 병자를 고치시고, 귀신들을 내쫓으시며, 만물을 말씀으로 복종케 하시고, 당신이 하나님나라의 왕이신 증거로 사람은 그 누구도 가질 수 없는 그 모든 능력을 보여주십니다.

그런데 하나님의 나라는 교회가 아닙니다. 교회는 하나님나라의 중요한 일부이자, 하나님나라의 중요한 동력입니다. 그러나 하나님나라와 교회를 동일시하는 것은 옳지 않습니다. 하나님나라는 하나님께서 다스리시는 통치권/왕권/주권을 말합니다. 육신으로 오셔서 십자가에서 죽으시고 부활하신 아들 예수님께 그 나라를 주셨기에, 하나님나라는 곧 예수님의 나라로 표현되기도 합니다.

또한 하나님나라천국는 이 땅 삶을 마친 뒤 가는 내세의 공간을 의미하는 것이 아닙니다. 그 나라의 왕이신 예수님께서 구원하신 사람과 함께 하시면서 다스리시고 통치하시고 왕권을 행사하시는 것입니다.

예수님을 믿으면 나라와 소속이 바뀌고, 왕이 바뀌고, 법이 바뀝니다. 하나님나라가 임하고 하나님 뜻이 하늘에서와 같이 땅에서 이뤄지면, "…에서…으로" 즉 "from…to…"의 현저한 변화가 생깁니다.

"그가 우리를 흑암의 권세에서 건져내사 그의 사랑의 아들의 나라로 옮기셨으니" 골 1:13, "그 눈을 뜨게 하여 어둠에서 빛으로, 사탄의 권세에서 하나님께로 돌아오게 하고" 행 26:18

예수님께서 왕으로 통치하시는 복음이 전파되고 그의 나라가 이 땅에 임하면 그곳에 사랑과 공의와 섬김, 거룩함과 화평함과 평화, 기쁨과 평안과 소망이 늘고 왕성해질 것이라고 말씀하셨습니다. 이 땅에서 거듭난 자의 영혼부터 땅끝에 이르기까지, 하나님나라 복음이 들어간 곳마다 참된 그 나라의 열매와 증거가 현저하기를 간절히 열망합니다.

주님께서 열심으로 이 일을 이루시겠다고 하셨습니다 사 9:7. 그 나라 일에 열심이신 왕 예수님께서 우리를 세상의 청지기, 세상의 빛과 소금이라 부르십니다. 우리를 당신의 손과 발과 입으로 소환하십니다. "주의 나라가 임하게 하시고 주의 뜻이 하늘에서와 같이 땅에서도 이루어지게 하소서" 마 6:10 예수님께서 통치하시는 하나님나라의 복음을 회복하고, 주님께서 명하신 이 기도가 우리 기도와 믿음과 삶의 중심이 될 때 아래 말씀과 같은 그분의 나라를 이 땅에 이루어 주실 것입니다.

공의로 가난한 자를 심판하며 정직으로 세상의 겸손한 자를 판단할 것이며 그의 입의 막대기로 세상을 치며 그의 입술의 기운으로 악인을 죽일 것이며 공의로 그의 허리띠를 삼으며 성실로 그의 몸의 띠를 삼으리라 그 때에 이리가 어린 양과 함께 살며 표범이 어린 염소와 함께 누우며 송아지와 어린 사자와 살진 짐승이 함께 있어 어린 아이에게 끌리며 암소와 곰이 함께 먹으며 그것들의 새끼가 함께 엎드리며 사자가 소처럼 풀을 먹을 것이며 젖 먹는 아이가 독사의 구멍에서 장난하며 젖 뗀 어린 아이가 독사의

굴에 손을 넣을 것이라 내 거룩한 산 모든 곳에서 해 됨도 없고 상함도 없을 것이니 이는 물이 바다를 덮음같이 여호와를 아는 지식이 세상에 충만할 것임이니라 사 11:4~9

총체적 안목 갖추기

우리의 안목, 시각, 시야에 따라 같은 대상을 다양하게 또는 매우 다르게 인식할 수 있습니다. 따라서 최적의 렌즈, 또는 보다 적합한 렌즈를 가져야 신앙과 성경에 대해 건강하게 이해하고, 하나님을 뜻을 실현할 수 있을 것입니다. 하나님의 나라 렌즈는 가장 포괄적이며 균형적이며 통전적인 안목을 줍니다. 이 하나님나라 안목을 갖춰야 여러 신앙 이슈를 합당한 맥락에서 이해하고 적절한 의미와 비중을 부여할 수 있습니다.

하나님나라의 포괄적인 안목

다음 해 예산을 짤 시기가 되면 정부 각 부처는 더 많은 예산을 따내려고 치열한 경쟁을 벌입니다. 교육, 문화, 국방, 과학, 체육 등이 자신의 시각을 가지고 우선권을 주장합니다. 그리고 국방 분야 안에서도 육·해·공군이 경쟁을 벌입니다. 보건복지부도 중소기업벤처부도 그 안의 다른 파트끼리 자기 본위로 생각하고 일을 추진합니다. 그래서 전체를 보는 안목과 조정자가 꼭 필요합니다.

한 사람을 두고 보더라도 영혼과 육체, 겉과 속, 지정의知情意, 인격과 능력이 고루 잘 갖춰져야 참된 행복을 누릴 수 있습니다. 편식이 몸에 해롭듯이, 어떤 한 부분에 치우치고 다른 부분이 소외된다면 전혀 바람직하지 않겠지요.

눈이 어둡거나 전체를 보기 어려운 사람이 거대한 코끼리를 대할 때 의도하지 않은 문제가 생길 가능성이 큽니다. 발뒤꿈치를 보거나 만진 사람, 긴 코를 보거나 만진 사람, 기둥 같은 다리를 보거나 만진 사람, 다 제각각 다른 해석을 하고 코끼리에 관한 다른 정의를 내릴 것입니다.

크건 작건 어떤 일이든지 전체를 다 보는 눈이 필요합니다. 포괄적 안목, 거시적 이해와 시야, 총체적 판단이 꼭 필요합니다. 참된 행복을 위해서는 영혼과 육체, 겉과 속, 지정의, 인격과 능력이 고루 필요한 것과 같습니다.

지구상에 참 많은 각양각색의 기독교 신앙이 있습니다. 전부 다 성경 말씀을 말합니다. 성경을 언급하지 않는 경우는 하나도 없습니다. 그래서 꼭 필요한 것이 균형, 포괄적 안목, 총체적 판단입니다. 인자하심과 준엄하심롬11:22, 영혼과 육체, 영적 세계와 물적 세계, 이 세상과 다음 세상, 개인과 공동체 등을 균형 있게 바라봐야 합니다. 즉 전모全貌는 아닐지라도 전체 구도를 어느 정도는 포괄적, 총체적으로 이해해야 그 안의, 그 밑의 이슈들을 맥락에 맞게, 합당한 비중과 위상만큼 이해할 수 있습니다.

구원, 종말, 그사이에 있는 이 땅에서의 현세 생활, 이렇게 셋 정도가 크리스천들이 관심을 기울이는 이슈들입니다. 구원은 신앙생활의 시작 단계, 종말은 신앙생활의 마무리이자 총정리 단계라 할 수 있습니다. 구원 이후 종말까지의 삶은 빌립보서 2:12의 "구원을 이루다, 구원을 온전히 이루어 가다"의 여정입니다.

그래서 구원, 현세, 종말 이 셋 가운데 어느 하나만 취사선택해서 과도하게 관심을 집중하는 것은 바람직하지 않습니다. 셋 중의 어느 하나가 다른 둘을 무력화할 정도로 압도적인 것도 전혀 바람직하지 않습니다. 또 그 셋을 분리해서 이해하고 다루는 것도 현명하지 않습니다.

구원 단계의 이신칭의에 치중한 신앙은 오직 최초 또는 초기 믿음에 집중적인 관심을 둡니다. 그런데 여기다 압도적 관심과 성경이 부여하는 것 이상의 과도한 비중을 두다 보니, 구원 이후의 삶 그리고 종말이 마땅히 가져야 할 중요성과 비중과 관심이 축소되고 왜곡됩니다. 또 구원 이후 종말까지의 모든 것이 처음 구원에 종속되어 버립니다. 기독교/예수교가 '구원교'로 축소되어 버리고, 심한 경우에는 '이신칭의교'가 된 것 같습니다. 구원 이후 삶이 어떠해야 하며, 열매를 왜 맺고 어떻게 맺는지도 무시되고 생략됩니다.

또 구원 이후 이 땅 삶에 과도한 비중과 관심을 두는 신앙은 '형통교'로 전락합니다. 죄의 문제와 거룩함, 사랑과 공의, 그리스도의 심판대에 설 것을 준비하는 삶, 열매 맺는 삶이 형통교에서는 실종되기 쉽습니다.

종말만을 바라보는 신앙은 '종말교'가 됩니다. 예수님 재림의 때와 징조들에 지나친 관심을 쏟고 몰입하는 나머지 사랑, 섬김, 충성의 삶, 즉 '지금 여기' Here and now가 놀라울 정도로 실종됩니다. 앞의 형통교와 비슷한 오류와 함정에 빠집니다.

이신칭의교, 형통교, 종말교 모두 특정한 단계와 이슈만을 균형 없이 과도하게, 그리고 전체적이고 포괄적인 이해 없이 서로 분리해서 바라본 데서 나온 부작용입니다.

그래서 하나님나라의 큰 틀 안에서 구원, 구원 이후의 중간 과정, 종말을 바라볼 필요가 있습니다. 그래야 세 시기와 세 이슈에 관하여 적합성을 갖춘 개념 정의, 지속성유효성의 조건, 세 이슈와 세 시기 간의 유기적 상호관계를 끌어낼 수 있습니다. 하나님나라는 이렇게 유익한 포괄적, 통전적, 총체적인 최상의 렌즈입니다.

개인, 관계, 공동체를 함께 보는 하나님나라

믿음은 개인의 내면에서 출발합니다. 하지만 믿음의 영역은 개인 내면에 갇히지 않고 사람 사이의 관계, 공동체, 사회와 나라, 그리고 그 너머 땅끝과 세계까지 펼쳐집니다.

죄인이 예수님을 믿어서 죄를 용서받고, 하나님의 자녀가 됩니다. 모든 병을 고치시고 귀신을 내쫓으시며, 죽은 자들을 살리시고 만물을 말씀으로 복종케 하시는 분, 아무 죄도 없으신 그분께서 죄인인 우리에게 떨어질 죽음의 형벌을 십자가에서 당하셨기 때문입니다.

예수님을 믿으면 영혼이 거듭나고요 3:5~7, 믿는 사람이 성전이 되어 예수님과 예수님의 영이신 성령님께서 그 사람 안에 오십니다고후 13:5, 고전 3:16. 성령님께서 우리 영에게 우리가 하나님의 자녀인 것을 증거하십니다롬 8:16. 구원받는 믿음은 이렇게 철저하게 개인적 또는 내면적입니다.

그런데 이렇게 분명한 개인성, 내면성을 가진 개인의 구원을 두고 성경은 다른 각도에서 말하기도 합니다. "우리는 형제들을 사랑하기 때문에 우리가 이미 죽음에서 생명으로 건너갔다는 것을 압니다. 사랑하지 않는 자는 죽음 안에 그대로 머물러 있습니다"요일 3:14, "나의 형제들아, 만일 누가 믿음이 있다고 말하면서 행위가 없으면 무슨 유익이 있겠느냐? 그 믿음이 자기를 구원하겠느냐?"약 2:14

하나님의 완전한 말씀인 성경은 절대로 상호 모순되지 않습니다. 성경 말씀은 전부 다 옳습니다. 그래서 결, 방향, 각도가 다른 구절들을 '둘 다'로 봐야지 '둘 중의 하나'로 보면 안 됩니다. 믿음은 개인성과 내면성이 있지만, 동시에 형제를 사랑하고 섬기는 관계성도 가지고 있습니다. 예수님께서 하나님 사랑과 이웃 사랑으로 말씀을 압축하신 것도 그렇고, 바울이 사랑은 율법의 완성이라고 말한 것도 믿음의 관계성을 확고하게 말하고 있습니다. 거짓이 없는 믿음에서 반드시 사랑이 나온다는 디모데전서 1:5 말씀도 믿음 안에 있는 관계성이 필연적인 것임을 말합니다.

50년마다 찾아오는 희년禧年, Jubilee이 되면 남에게 넘어간 땅을 되찾고, 남에게 종으로 묶인 사람이 자유를 찾습니다. 부유한 사람이 재산을 팔아서 그것으로 가난한 사람들을 채우는 유무상통이라 부르는 사건이 초대교회에서 있었습니다.

> 그들이 기도를 마치자 그들이 모여 있던 장소가 진동하였고, 모두가 성령으로 충만하여 하나님의 말씀을 담대하게 전하였다. 믿는 무리가 마음과 뜻이 하나가 되어 어느 누구도 자기 소유를 자기 것이라고 말하지 않았으며, 모든 것을 통용하였다. 사도들이 큰 능력으로 주 예수님의 부활을 증언하였으며, 큰 은혜가 그들 모두 위에 임하였다. 그들 중에는 궁핍한 자가 아무도 없었으니, 이는 밭이나 집을 소유한 자들은 그것들을 팔아서 그 판 것들의 값을 가져와, 사도들의 발 앞에 두었고, 그것들을 각자의 필요에 따라 나누어 주었기 때문이다. 행 4:31~35

신앙/믿음은 개인성과 내면성을 넘어 관계성과 공동체성이 있는 것을 확인합니다. 구약을 보면 하나님께서 이스라엘을 징계하시면서 당시 신앙에 공동체성이 없고, 정의 아닌 불의, 양극화와 빈익빈 부익부가 범람한다고 강하게 책망하시는 모습이 자주 나옵니다. 성경은 믿음의 개인성, 관계성/공동체성에 더하여 공공성/공익성/사회성까지 언급합니다.

현재 우리의 믿음에서 개인성과 내면성은 무한 강조되지만, 관계성/공동체성/공공성은 현저하게 축소되거나 배제되고 있습니다. 이것은 절대 바람직하지 않습니다. 요한일서 3:14와 야고보서 2:14의 형제 사랑과 행위에 대한 말씀을 보더라도, 개인성과 내면성만 강조하는 이런 과도한 불균형은 피해야 하고, 시정되어야 합니다. 균형을 회복해야 합니다.

믿음은 개인의 내면에서 출발합니다. 그러나 거기서 멈추거나 거기 갇히면 안 됩니다. 그러면 이기적, 자기중심적 신앙이 체질화되고, 세상의 빛과 소금, 청지기 역할이 불가능해집니다. 개인의 내면에 신앙을 가두면 시간이 흐르면서 그 신앙은 부작용과 역기능을 낳고 자신과 교회를 해치는 자해적自害的 신앙이 됩니다. 물론 신자들은 그런 신앙을 좋아합니다. 단순하고, 자기 자신과 가족에 집중할 수 있기 때문입니다.

믿음을 갖는 것은 하나님과 관계를 회복하는 것이고, 타인과의 관계를 회복하여 점차 하나 되어 가는 것입니다엡 2:13~22. 믿는 사람이 다른 사람들을 볼 때 그들도 하나님 형상으로 지음 받은 존재로 보게 되며, 같은 그리스도인은 한 아버지를 모신 형제자매인 것을 믿음으로 알게 됩니다.

개개인의 눈에는 자신과 하나님이 우선으로 보이겠지만, 하나님께서 보실 때는 나도 보이고 다른 하나님 자녀들도 보일 것입니다. 부모가 여러 자녀를 볼 때 당연히 가지는 마음이요 눈입니다. 하나님의 나라임재와 통치가 내 안에 들어오고, 동시에 내가 그 나라에 들어가고 속하게 됩니다. 이런 맥락에서 나도 소중하지만, 남도 소중하게 여기라는 것입니다. 하나님나라 백성들은 약하고 작은 사람들, 우리가 흔히 '을'이라 부르는 약한 사람들을 항상 염두에 두라 하십니다.

우리 믿음이 하나님나라의 포괄적, 거시적, 총체적 안목을 회복할 때, 왕이신 예수님과 그분의 말씀이 내 안에, 가정에, 관계에, 사회에, 땅끝에서 아름답게 이루어질 것입니다. 우리 왕이며 만왕의 왕이신 주님께서 원하시고, 그분의 열심이 이룰 것입니다사 9:7. 우리에게 하나님나라의 안목을 주소서! 그리하여 우리를 통해 주님 통치가 관계와 공동체에까지 이루어지게 하소서!

사탄의 나라를 이기는 예수님나라

보이지 않지만 존재하고, 보이지 않지만 위력이 대단한 것들이 있습니다. 구약에 보면, 아람 왕이 이스라엘과 왕을 계속 공격하고 해치려 합니다. 그런데 신기하게도 아람 왕의 은밀한 계획이 마치 내부 첩자가 있는 것처럼 고스란히 다 알려지고, 이스라엘은 철저하게 사전 대비합니다. 매번 실패하는 아람 왕이 노해서 누가 내통하느냐 추궁하자 그의 신하가 말합니다. '이스라엘 선지자 엘리사는 왕이 침실에서 한 말이라도 다 압니다!' 보이지 않는 전선, 보이지 않는 전쟁이 얼마나 중요한지를 보여줍니다.

이 세상은 하나님의 나라와 사탄의 나라 두 나라로 나눌 수 있습니다. 신앙의 세계는 그래서 놀이터나 사랑방도 아니고, 주님과의 허니문만 있는 그저 달콤한 것도 아닙니다. 영원한 생사까지 걸린 전쟁터임을 잊으면 결국에는 패배하기 쉽습니다.

보이지 않으나 실재하는 사탄 마귀와 귀신은 어떻게 사람들을 결박하고 포획할까요? 마귀는 욕심을 아주 중요한 고리로 사용합니다. 예수님을 팔았던 가룟 유다, 하나님 대신 탐욕을 따르던 바리새인과 사두개인 같은 신앙지도자들, 돈 욕심에 거짓말을 한 아나니아와 삽비라 부부, 모두 속에 있던 욕심으로 사탄의 나라를 자기 속에 불러들인 경우입니다.

'욕심'은 옳지 않은 생각이며 하나님과 다른 생각을 말합니다. 욕심이 더 진척되거나 행동으로 옮겨지면 죄가 됩니다. 욕심을 따른다는 것은 참 주권자이신 주님의 통치를 버리고, 자신이 실질적 주인 되는 것입니다.

욕심을 따르면 이런 일이 벌어집니다. "또한 그들이 하나님을 인정하기 싫어하므로, 하나님께서 그들을 버림받은 마음에 내버려 두셔서 합당하지 않은 일을 하게 하셨다." 롬 1:28 그 사람이 주님의 주권을 거절했기에 주님의 적극적인 인도

하심이나 개입하심이 멈춥니다. 대신에 내버려 두셔서 그들 스스로 합당하지 않은 일을 하게 하십니다.

욕심이 자라 죄가 되면, 주님과 사람 사이에 거리가 생기고 분리됩니다. "오직 너희의 죄악이 너희와 너희 하나님 사이를 갈라 놓았고, 너희의 죄가 그분의 얼굴을 가려 너희에게서 그분이 듣지 않으시는 것이니" 사 59:2

"분을 내어도 죄를 짓지 말며 해가 지도록 분을 품지 말고 마귀에게 틈을 주지 말라" 엡 4:26~27 마귀는 불순종과 죄를 틈타 그 사람 속에 주님께서 원하시지 않는 생각을 주면서 더 깊게 개입하기 시작합니다. 불순종과 죄는 마귀 개입의 빌미가 됩니다.

불순종과 죄를 회개하고 버리지 않으면 마귀는 생각을 통해 지속적으로 개입하고 마침내 양심이 마비되는 처참한 형편이 됩니다. "그러나 성령님은 훗날 어떤 사람들이 믿음을 버리고 속이는 미혹하는 영들과 귀신들의 가르침을 따를 것이라고 분명하게 말씀하십니다. 이런 가르침은 양심이 마비된 화인 맞은 거짓말하는 위선자들에게서 나오는 것입니다." 딤전 4:1~2

무엇보다 '짐짓' 죄를 범하면 돌이킬 수 없는 지경으로 빠져들어갑니다. '짐짓'은 고의로 그리고 지속해서 죄를 짓는 것을 말합니다. "우리가 진리를 아는 지식을 받은 후 짐짓 죄를 범한즉 다시 속죄하는 제사가 없고 오직 무서운 마음으로 심판을 기다리는 것과 대저하는 자를 태울 맹렬한 불만 있으리라" 히 10:26~27

그렇다면 우리는 이 고리를 어떻게 끊어버릴 수 있을까요? 악함과 더러움, 교활함과 거짓말, 세상 풍조와 힘, 인류 역사에 버금가는 아주 오래된 경험이 있는 마귀를 사람이 어떻게 이길 수 있을까요? 마귀의 이 모든 것을 능가하는 더 강한 힘만이 승리를 담보할 수 있지 않겠습니까? 그래서 우리에게는 사탄의 나라를 이길 강력한 나라가 필요합니다.

> 그러나 내가 하나님의 성령을 힘입어 귀신을 쫓아내는 것이면 하나님의 나라가 이미 너희에게 임하였느니라 사람이 먼저 강한 자를 결박하지 않고서야 어떻게 그 강한 자의 집에 들어가 그 세간을 강탈하겠느냐 결박한 후에야 그 집을 강탈하리라 마 12:28~29

비할 바 없이 월등히 더 강하신 예수님, 내가 마귀를 이기고 심판했다 하신 예수님, 십자가와 부활의 예수님께서 왕이신 나라가 우리 안에 세워져야 상시적 전쟁터인 마음의 전쟁에서 이길 수 있습니다. 승리의 주 예수님께서 거짓말쟁이, 거짓의 아비를 이길 진리를 주십니다. 사탄의 권세, 어두움의 권세, 사망의 권세를 무기로 쓰는 사탄의 나라를 이기려면 예수님의 나라가 우리 안에, 가정에, 자녀들과 다음 세대 안에, 공동체와 사회 안에 우뚝 서 있어야 합니다.

세상 풍조와 세상 권세와 세상 주관자들을 수족으로 부리는 보이지 않는 마귀엡 6:12로부터 벗어나 예수님의 나라에 속합시다! 우리가 눈을 뜨고 완전하신 왕 예수님께서 다스리시는 주님 나라의 위엄과 사랑과 승리를 보게 하소서! 보이는 것만 아니라 보이지 않는 세계에서도 이기시는 예수님이 왕이신 하나님 나라가 우리 안에, 이 땅에 이뤄지기를 사모합니다!

> "그들의 눈을 뜨게 하여 어둠에서 빛으로, 사탄의 권세에서 하나님께 돌아오게 하고, 그들이 죄 용서를 받고 나를 믿어 거룩하게 된 자들 가운데서 유업을 얻게 하려는 것이다" 행 26:18 "아버지께서는 우리를 어둠의 권세에서 구해내시어 자신의 사랑하는 아들의 나라로 옮기셨으며" 골 1:13

두 세계에 걸친 예수님의 승리

한의사들이 오랫동안 줄곧 요구하는 것이 있습니다. X선이나 초음파, CT 같은 진단 의료기기 사용을 한의사들에게도 허가해 달라는 것입니다. 육안으로 볼 수 없는 부분을 봐야 정확하고 온전한 진단과 더 나은 진료가 가능하기 때문입니다.

"믿음으로 우리는 온 세상이 하나님의 말씀으로 지어졌으며 보이는 것이 나타나 있는 것으로부터 만들어지지 않았다는 것을 안다." 히 11:3 세계도 보이지 않는 말씀에서 시작되었습니다. 죽었던 나사로, 야이로의 딸, 나인성 청년이 살아난 것도, 가나 혼인 잔치에서 물이 포도주가 된 것도, 떡 다섯 개와 물고기 두 마리가 수천 명 이상의 식량이 된 것도 모두 예수님의 보이지 않는 권능 때문입니다.

눈에 보이는 가시적인 것들만 보고 판단하면 부정확할 수 있고, 불완전할 수 있습니다. 표피적 이해를 넘어서 보다 온전한 심층적 이해를 하려면 보이지 않는 요소들을 꼭 고려해야 합니다.

"이는 우리의 싸움이 혈과 육에 대한 것이 아니요, 통치자들과 권세자들과 이 어두움의 세상 주관자들과 하늘에 있는 악한 영들에 대한 것이기 때문이다" 엡 6:12 눈에 보이는 각종 권세를 가진 사람들 뒤에 보이지 않는 악한 영들이 있을 수 있다는 것을 성경은 가르쳐 줍니다. 악한 영들의 우두머리인 마귀를 두고 예수님께서는 "이 세상 임금"이라 지칭하십니다. 마귀는 자신이 세상의 권세를 가지고 있고, 그것을 줄 수 있다고 광야에서 예수님을 유혹합니다.

그러나 예수님께서는 당신을 더 강한 자라 하셨습니다. 예수님께서 사탄을 이기셨고 심판하셨습니다. 십자가에서 죽으셨으나 부활하셔서 사망 권세자 마귀에게 결정적 승리를 거두셨습니다! 승리하신 예수님께서는 하늘과 땅의 모든 권세를 가지신 만왕의 왕, 만주의 주, 만유ᵃˡˡ의 주이십니다. 아버지 보좌 옆에서 다스리시는 왕이십니다.

예수님의 나라는 하늘과 땅에 걸쳐 있습니다. 하늘과 땅 위와 땅 아래 있는 모든 자들이 무릎 꿇어야 하는 통치자이십니다. 예수님께서 이 땅에 계실 때 마귀와 귀신들과 모든 약한 것들과 병들이 예수님의 말씀 앞에 떠나간 것은 그분이 전능하신 왕이라는 것을 보여준 증거들입니다. 말씀으로 풍랑과 바다가 잠잠해지고, 물이 포도주가 되고, 잎이 무성하던 나무가 밤새 말라버리고, 몇 개 밖에 안되는 떡과 물고기가 수만 명의 양식으로 변한 것도, 말씀으로 세상을 통치하시는 최고의 왕이심을 보여주신 것입니다.

세상에서 요즘 '융복합' 이야기를 많이 합니다. 사실 융복합이 꼭 필요한 사람들이 바로 믿는 사람들입니다. 보는 것에만 의존하거나 이끌리지 말고, 보이는 가시적 세계와 보이지 않는 비가시적 세계를 함께 보고, 함께 고려하면서 살아야 합니다.

우리는 이 두 세계가 막전 막후에서 서로 연결된 경우가 많다는 것을 알아야 합니다. 그리고 보이는 세계와 보이지 않는 세계 속에 벌어지고 있는 하나님나라의 승리에 합류해야 합니다. 보이지 않는 귀신들을 몰아내시고, 마귀를 심판하시며, 세상 여러 영역 속에 있는 어두운 권세들을 밝히 드러내시는 예수님의 통치에 기꺼이 기쁨으로 복종합시다.

하늘과 땅을 함께 보는 하나님의 나라

신앙은 크게 보면 두 종류가 존재합니다. 하나는 하늘 중심 신앙입니다. 하늘을 생각하고, 내세를 중시합니다. 자연스럽게 이 땅과 현재의 비중이 그만큼 작아집니다. 어떤 경우는 현재 생활을 아예 초월적으로 또는 심지어 가치 없는 것으로 이해합니다.

다른 하나는 땅 중심 신앙입니다. 신앙의 실질적인 중심이 지금 사는 땅에 있습니다. 자연히 신앙생활에서 하늘 또는 내세가 차지하는 비중이 지나치게 축소되거나 실질적으로 없는 경우도 있습니다. 예수님 당시 사두개인들도 비슷했습니다. 성전을 지배하고 있었으나, 이들은 아예 영이 없고 부활이 없다고 생각하고 이 땅 생활에 올인했습니다. 자연히 로마 지배자들과 무리 없이 협력하고 부유한 삶을 누렸지만, 성경은 이들에 대해 "독사의 자식들"이라 지칭합니다.

하늘이냐 땅이냐, 고민될 수 있는 선택입니다. 그런데 자신을 예수의 종이라 명명한 바울은 이 둘 사이에서 고민하지 않습니다. "우리가 살아도 주님을 위하여 살고, 죽어도 주님을 위하여 죽으니, 그러므로 사나 죽으나 우리가 주님의 것이다." 롬 14:8 바울에게는 하늘이냐 땅이냐가 별 의미나 차이가 없었습니다. 왜냐하면 자신 안에 그리스도께서 사시기 때문입니다.

에녹이 이 땅에서 하나님과 동행하다가 죽음을 겪지 않고 하늘로 갑니다. 엘리야도 땅에서 바로 하늘로 올라갑니다. 스데반은 죽음을 경험하지만, 순교의 순간에 예수님께서 하나님의 우편에 서신 채 자신을 맞으시는 것을 봅니다. 이들을 통해 땅이냐 하늘이냐, 이것이 중요한 것이 아니라 오늘 내가 지금 여기서 주님과 함께 사느냐 여부가 중요하다는 것을 봅니다. 오늘이 내일과 미래로 이이지고, 땅에서의 삶이 하늘로 연결되기 때문입니다.

예수님께서 십자가에 오르시기 전에 이런 말씀을 자주 하십니다. "내가 진정으로 너희에게 말한다. 여기 서 있는 사람들 중에는 죽기 전에 인자가 자기 나라의 왕으로 오는 것을 볼 사람도 있을 것이다." 마 16:28 이 말씀은 예수님의 이름으로 오셔서 예수님과 그의 말씀을 믿게 하실 성령님, '예수의 영'이신 성령님에 대한 것입니다. 예수님께서 '예수의 영'이신 성령님을 통해 오신다는 것입니다.

또한 예수님께서 승천하시기 직전에 마지막으로 이렇게 말씀하셨습니다. "내가 너희에게 명한 모든 것을 그들에게 가르쳐 지키게 하라. 보라, 내가 세상 끝날까지 항상 너희와 함께 있겠다." 마 28:20 땅에서의 삶도 예수님께서 함께 하시므로 하늘과 아무 차이가 없다고 다양하게 여러 차례 말씀하십니다.

예수님의 눈으로 보면 하늘과 땅을 나누는 것이 의미가 없습니다. "하늘에 있는 것이나 땅에 있는 것이 다 그리스도 안에서 통일되게 하려 하심이라" 엡 1:10 , "이는 하늘에 있는 것이나 땅에 있는 것이나 땅 아래 있는 것들의 모든 무릎을 예수님의 이름 앞에 꿇게 하시고" 빌 2:10, "그러자 예수께서 다가와 그들에게 말씀하셨다. "하늘과 땅의 모든 권세를 나에게 주셨으니" 마 28:18

예수님의 말씀처럼 세상 끝날까지 항상 우리와 함께 계신다면 하늘이냐 땅이냐 이것은 아무 문제도 아닙니다. 존재 양식과 삶의 내용이 차이 날 뿐이지, 본질적으로 하늘에서도 땅에서도 예수님 안에서 예수님과 함께 사는 삶입니다.

땅에 사는 동안에는 이런 삶을 살라 하셨습니다. "주의 나라가 임하게 하시고 주의 뜻이 하늘에서와 같이 땅에서도 이루어지게 하소서." 마 6:10 하늘에서 이루어진 주님 나라가 땅에도 이루어지고, 주님 뜻이 하늘에서처럼 땅에서도 이루어지는 데 참여하고 쓰임 받는 삶입니다.

땅에서 죄를 용서받아 하나님 자녀가 된 후 하늘에 당도할 때까지 우리의 삶은 하나님나라 시민의 삶을 살고, 하나님나라와 말씀을 내 안에, 가정에, 이웃에, 이 땅에 이루어 가는 것입니다.

하늘과 땅은 같은 하나님나라의 영역으로서, 연결되고, 서로 연동되어 있습니다. "내가 진정으로 너희에게 말하니, 너희가 땅에서 무엇이든지 매면 하늘에서도 매일 것이고, 너희가 땅에서 무엇이든지 풀면 하늘에서도 풀릴 것이다." 마 18:18

그래서 가장 중요한 것은 예수님의 다음 말씀처럼 이 땅에서 말씀을 지키는 것입니다. "내가 너희에게 명령한 모든 것을 가르쳐 지키도록 하라. 보아라, 내가 세상 끝 날까지 항상 너희와 함께 있을 것이다." 마 28:20 "예수께서 그에게 대답하여 말씀하셨다. 누구든지 나를 사랑하면 내 말을 지킬 것이다. 그러면 내 아버지께서 그를 사랑하실 것이요, 우리가 그에게로 가서 거처를 그와 함께할 것이다." 요 14:23 이 땅에서 예수님과 함께 살면서 좋은 열매를 많이 맺다가, 에녹, 엘리야, 스데반처럼 우리 영혼이 주님과 함께 땅과 하늘의 경계를 건너 영원한 나라에 들어갑니다. 이 땅에서 주님 말씀을 따라 살다 보면 하늘에 닿게 됩니다! '지금 여기' 이 땅의 삶이 하늘의 삶으로, 미래와 영원으로 이어집니다. 땅에서 주님과 함께 걷다가 거기서 반가이 만납시다.

교회 사명의 확장적 회복

개인이건 단체이건 목적이나 사명은 모든 일을 이끌어가는 방향이자 중심 동력입니다. 하나님나라 관점에서 교회의 정체성과 사명을 정의할 때, 교회는 주님의 임재와 사랑 속에서 그분의 열심과 능력으로 그 사명을 온전히 감당할 수 있습니다. 반대로 교회가 하나님 중심이 아니라 교회, 목회자 또는 교인들 중심으로 사명을 설정하면 모두에게 아쉬운 신앙이 될 것입니다. 교회와 성도는 '교회 나라'나 '성도의 나라'가 아니라 '하나님니리'를 위해 존재합니다. 교회가 하나님의 뜻을 반영하는 사명을 붙들면 그 사회와 민족이 하나님의 축복을 받습니다. 그러나 교회가 그 사명을 축소하여 개교회나 교회 구성원들을 위한 것으로 만들면, 궁극적으로 그 사회에는 어둠과 사망이 짙어지게 됩니다. 반대의 경우는 사회에 빛과 생명과 향기가 점점 더 진동하게 됩니다.

교회, 배임을 넘어 사명 회복하기

하나님께서 사람을 부르십니다. 부르심에는 창조주, 구원자, 아버지이신 하나님의 목적이 있습니다. 하나님께서 한 사람 한 사람을 부르시고 교회를 이루게 하신 목적은 하나님 사랑, 하나님 형상의 회복, 예수님과의 교제, 거룩한 행실, 선한 일에 대한 열심, 의를 행함, 자기를 깨끗하게 함 등입니다. 이것이 그리스도인의 소명이며 교회의 사명입니다.

> 하나님을 사랑하는 자, 곧 그분의 뜻대로 부르심을 받은 자들에게는 모든 것이 합력하여 선을 이룬다는 것을 우리는 안다. 하나님께서 미리 아신 자들을, 그 아들의 형상을 본받게 하기 위하여 또한 미리 정하셨으니, 이는 그 아들이 많은 형제 가운데 맏아들이 되게 하시려는 것이다. 롬 8:28

> 너희를 불러 그분의 아들 예수 그리스도 우리 주님과 더불어 교제하게 하시는 하나님은 신실하시다. 고전 1:9

> 오직 너희를 부르신 거룩한 이처럼 너희도 모든 행실에 거룩한 자가 되라 벧전 1:15

> 그분께서 우리를 대신하여 자신을 주신 것은, 우리를 모든 불법에서 구속하시고 깨끗하게 하셔서 선한 일에 열심을 내는 자신의 소유된 백성이 되게 하시려는 것이다. 딛 2:14

> 자녀들아, 아무도 너희를 미혹하지 못하게 하여라. 의를 행하는 자마다 그

분께서 의로우신 것같이 의롭고, 요일 3:7

그분을 향하여 이 소망을 가진 자마다 그분께서 깨끗하신 것같이 자기를 깨끗하게 한다. 요일 3:3

예수님께서 이 땅에 오신 분명한 목적이 있습니다. 하나님께서 세상을 사랑하셔서 예수님을 보내시고 그를 믿는 자마다 멸망하지 않고 영생을 얻게 하려 하십니다 요 3:16. "우리 죄를 없애려고 나타나신 것" 요일 3:5 입니다. "죄를 짓는 자마다 마귀에게 속해 있으니, 마귀는 처음부터 죄를 짓는 자"인데 "하나님의 아들께서 나타나신 것은 마귀의 일들을 멸하시려는 것" 요일 3:8입니다.

예수님께서 이 땅에 오신 목적과 우리를 부르신 까닭은 교회의 존재 이유요 임무이자 사명이며, 나아가 그리스도인들의 소명입니다. 하나님과 예수님께서는 이 목적을 위해 예수님의 성육신, 낮아지심, 십자가의 극한 고통, 죽음 등을 겪으셔야 했습니다. 그러므로 하나님의 부르신 목적, 예수님의 성육신과 십자가 희생의 뜻은 교회와 그리스도인에게 그대로 존중되고 기꺼이 수용되어야 할 것입니다. 그것이 도리일 것입니다.

그러나 교회는 배임했습니다. 죄사함과 하나님 자녀로의 신분 획득, 그 이후 삶의 복지와 심리적 안녕에 교회의 사명과 소명을 가두고 올디리를 쳤습니다. 배임의 넓은 정의는 "타인의 사무를 처리하는 사람이 그 사무에서 임무를 저버리는 것"입니다.

예수님께서 우리의 내면에 주인으로 오시면, 죄 때문에 잃었던 하나님의 형상을 회복하게 됩니다. 그리고 우리의 행함과 실천의 과정을 통해 그 형상이 자연스럽게 외부로 드러나게 됩니다. 바로 이것이 하나님의 뜻입니다. 아울러 사람 사이의 관계가 이기심과 경쟁과 승패에서 벗어나 화목과 우애와 상생의 관계로 변하는 것입니다. 더 나아가 머리이신 예수님, 몸인 교회를 통해서 하나님의 선하시고 온전하심이 세상에 흘러 들어가는 것이 교회가 존재하는 절대 빼놓을 수 없는 중요한 목적입니다엡 1:22~23. 빛과 생명의 통로가 됨으로써 세상의 어두움과 사망을 이기는 것이 교회의 사명입니다. 이 사명을 붙들 때 하나님의 영광이 곳곳에서 드러날 것입니다.

처음 세상을 지으실 때, 사람을 세상의 청지기로 삼으셨고 세상 안에서 소금과 빛과 생명으로 존재하도록 하셨습니다. 헛된 것의 종 노릇 하며, 고통 중에 있으며, 탄식하는 피조 세계에 영광의 자유와 해방을 주시려는 하나님의 도구가 되는 것이 교회와 그리스도인의 사명입니다롬 8:19~22. 신자와 교회는 거룩과 화평히 12:14, 사랑과 공의요일 3:10를 행하면서 세상 속에 이를 위한 주님의 입과 손과 발이 되는 것이 사명이며 소명이라고 반복해서 말씀하십니다.

그러나 그리스도인의 소명과 교회의 사명이 극도로 축소되고, 교회와 신자의 유익 위주로 취사선택 되었습니다. 이렇게 하면 목사도 좋고 교인도 좋습니다. 하나님 자녀의 신분을 영구히 획득했다고 생각하기 때문에 굳이 하나님의 형상 회복을 둘러싸고 고민하고 서로 힘들게 할 필요가 없습니다. 또 교인들의 에너지, 물질, 달란트, 시간이 자신이 소속된 개교회와 교인 자신의 가정에만 집중될 수 있습니다.

하지만 독생자를 육신으로 이 땅에 보내시고 십자가에서 고난과 희생을 치르게 하신 하나님의 뜻은 무색해집니다. 하나님과 교회, 하나님과 그리스도인이 서로 동상이몽처럼 꿈이 다르고 속생각이 다릅니다. 접붙임 된 가지가 나무와 다른 방향성을 갖는 기이한 현상이 벌어졌습니다.

부름받은 그리스도인과 교회의 사명은 하나님 사랑, 하나님 형상의 회복, 예수님과의 교제, 거룩한 행실, 선한 일에 대한 열심, 의를 행함, 자기를 깨끗하게 함, 죄와 마귀의 일을 멸망시키는 것입니다. 전능하시며 이 일에 열심이신 예수님께서 왕으로 다스리시는 하나님나라가 바로 이 모든 것을 아우르고 이룹니다! 그 나라 안에는 주님의 임재와 통치, 주님과의 교제와 돌봄이 있고, 평안과 기쁨, 풍성함과 승리가 있습니다. 내 안에, 내 밖 세상에 하나님나라가 서는 것이 주님의 뜻입니다! 그의 나라와 그의 의를 구하는 것이 교회와 그리스도인의 존재 이유이며 복된 사명과 소명입니다!

내세 천국보다 큰 하나님나라

주기도문은 예수님께서 가르쳐주신 기도이자, 이 땅에서 우리가 살면서 지향해야 할 믿음과 삶의 방향이기도 합니다. '하나님나라가 임하시고 하나님 뜻이 하늘에서와 같이 땅에서도 이루어지게 하소서!' 하나님 뜻이 이뤄지는 하나님나라가 하늘에서와 같이 이 땅에서도 이루어지도록 기도하고, 이 땅에 사는 동안 그 나라를 구하며 살라고 명하시는 것입니다. 하나님나라 즉 천국은 하늘에서와 같이 이 땅에서도, 미래는 물론이고 현재에도 이루어진다는 말씀입니다.

하나님나라^{천국}는 예수님이 이 땅에 계실 때 이미 사람들 속에 와 있었습니다. "또 여기 있다 저기 있다고도 못하리니 하나님의 나라는 너희 안에 있느니라"눅 17:21, "천국이 가까이 왔다"고 하시더니 곧이어 "너희 안에 있다"고 하신 것입니다. 마태복음 12장에서 "귀신 들려 눈 멀고 말 못하는 사람을" 고쳐주시면서 사탄의 나라가 떠나가고 "하나님의 나라가 이미 너희 안에 임하였다"고 하십니다. 천국은 미래이기도 하지만 동시에 지금 여기에 있다는 말이고, 하늘에서처럼 지금 이 땅에서도 소유할 수 있습니다.

우리가 이 땅 생애 다음에 갈 곳도 당연히 하나님나라^{천국}입니다. 그리고 하나님나라천국는 우리 안에도 오시고, 우리들 무리 가운데도 오셨습니다. 천국을 미래의 어느 곳으로만 생각하면, 하늘에서와 같이 땅에서도 이루어지도록 기도하라 하신 하나님의 뜻을 이 땅에서 구하는 것의 의미가 퇴색됩니다. 의도하지 않더라도 하나님 뜻을 이 땅에서 이루는 것이 경시되거나 의미가 축소될 수 있습니다.

천국에 대한 오해는 이 땅에서의 삶을 그저 내세에 천국에 들어가는 대기 장소로 여기도록 할 수 있습니다. 주님 뜻을 이루고 열매 맺는 삶을 목표로 삼고 그것을 먼저 구해야 하는데, 오히려 그것을 외면하고 회피하는 구실이 될 수 있습니다. 욕심과 나태함과 이기심을 가지고 있는 우리가 반길만한 좋은 구실이 되어 버립니다. 또 이런 오해는 예수님의 재림과 휴거에만 집중하는 왜곡된 신앙과 삶으로 변질될 수 있습니다.

미래와 하늘 생활을 위해서도 지금 여기서 주님의 통치에 순종하는 것이 중요합니다. "그러므로 내가 너희에게 이르노니 하나님의 나라를 너희는 빼앗기고 그 나라의 열매 맺는 백성이 받으리라" 마 21:43

예수님의 말씀처럼 이 땅에서 열매를 맺는 사람이 되기를 간절하게 열망합니다. "무릇 내게 붙어 있어 열매를 맺지 아니하는 가지는 아버지께서 그것을 제거해 버리시고 무릇 열매를 맺는 가지는 더 열매를 맺게 하려 하여 그것을 깨끗하게 하시느니라" 요 15:2

좋은 열매를 맺는 삶, 영원한 내세 천국에 넉넉히 들어가는 삶 모두 하나님나라 즉 천국이 하늘과 땅, 현재와 미래와 영원에 걸친 나라임을 아는 데서 출발합니다.

교회보다 큰 하나님나라

'교회가 하나님나라다.' 많은 사람이 상식처럼 가지고 있는 생각입니다. 그래서 하나님나라 일을 한다고 하면 먼저 교회 일부터 떠올립니다. 교회는 하나님나라일까요? 교회가 하나님나라이고, 하나님나라가 교회라는 생각은 천국에 대한 오해와 비슷한 맥락의 문제를 가지고 있습니다.

사람들이 보통 말하는 천국은 내세 천국을 말합니다. 그러나 앞서 보았듯이 미래에 들어가는 내세 천국은 하나님나라의 일부일 뿐이며, 그 나라의 전부는 아닙니다. 하나님나라는 내세 천국보다 큽니다.

교회는 예수님께서 내 죄를 십자가에서 대신 짊어지신 것을 믿는 사람들의 공동체입니다. 그런 의미에서 교회는 하나님나라입니다. 하지만 요한복음 15:2에서 예수님께서 하신 말씀처럼 예수님께 붙어 있다가 열매를 맺지 못해 아버지께서 제거하신 사람들도 교회 안에 있습니다. 그리고 주여 주여 하고, 귀신도 쫓고, 권능을 행했지만 예수님께서 '내가 너를 모른다'고 하시는 사람들도 교회 안에 있습니다마 7장.

그래서 교회 전체가 하나님께 속해서 다스림 받는 하나님나라라고 말하기는 어렵습니다. 교회 전부가 아닌 교회 일부가 하나님나라라고 보는 것이 맞습니다.

교회는 하나님나라이지만 동시에 그 나라의 왕이신 예수님께서 사용하시는 하나님나라의 도구이기도 합니다. "또한 만물을 그분의 발 아래 복종하게 하시고, 그분을 만물 위에 교회의 머리로 주셨다. 교회는 그분의 몸이며, 만물 안에서 만물을 충만하게 하시는 분의 충만이다." 엡 1:22~23 교회는 머리요 왕이신 예수님께서 보내주신 생명을 만물에 흘려보내는 통로입니다.

하나님께서는 사람을 당신의 형상대로 지으셨습니다. 그리고 세상을 다스리

6장_예수님나라의 터 닦기 145

라는 청지기의 명을 주셨습니다. '형상'이라는 말 속에 담긴 '대리인'이라는 뜻은 믿는 사람과 교회가 세상에 대한 하나님의 대리인이요 청지기임을 더욱 확실하게 증언합니다.

교회가 하나님나라라고 제한적으로 보면 자연히 세상을 향한 교회의 사명, 즉 '세상에서의 주님의 통치권 실현'이 시야에서 사라지게 됩니다.

피조물이 썩어짐의 종 노릇 하고 탄식하고 고통받고 있습니다롬 8:21~22. 만물 안에 계시고 만물의 주인이신 예수님께서 하나님의 자녀들 곧 교회를 통해서 만물에 영광스러운 자유를 주시기를 원하십니다. "오직 그리스도는 만유시요 만유 안에 계시니라" 골 3:11

하나님은 하나님나라 시민의 집합체인 교회를 통해서 세상의 가치관, 세계관, 풍속, 문화, 교육, 정치, 경제 등에 주님 뜻이 담긴 거룩하고 선한 영향력을 흘려보내기를 원하십니다. 반대로 하나님나라를 교회 안에 가두면 세상은 하나님의 생명의 손길이 미치지 않아 어두워지고 황폐해집니다. 교회도 이런 세상 속에서 신음하고 고통받게 됩니다. 교회와 교인들의 시간, 에너지, 열정이 교회에 갇히지 않고, 삶과 사회 속에 흘러들어가야 세상은 교회를 둘러싼 건강한 환경이 될 수 있습니다. 그렇지 않으면 결국에는 교회 안도 혼탁해지게 됩니다. 고인 물은 결국 썩게 되고, 먹고 몸에 쌓아두기만 하면 비만과 성인병이 될 가능성이 큽니다.

지금까지 하나님나라가 얼마나 기쁜 소식/복음인지, 그리고 하나님나라의 넓고 큰 안목이 얼마나 유익한지 보았습니다. 또 내세 천국보다 큰 하나님나라, 교회보다 큰 하나님나라를 보았습니다. 이제 우리 안에 겨자씨처럼 작게 시작하는 하나님나라가 관계, 공동체, 사회와 땅끝까지 어떻게 세워지고 자라는지 그 과정을 구체적으로 보려고 합니다. 주님 나라의 평안과 기쁨, 사랑과 공의, 거룩함과 화평이 우리 안에 충만하고, 우리를 통해 온 세상에 충만하기를 간절히 사모하며 열망합시다. 하나님나라에 열심을 가지신 그분의 능력이 이루실 것입니다.

7장 _ 예수님나라의 시작과 자람

예수님나라의 시작

믿으면 죄를 용서받아 거듭나고 하나님의 자녀가 됩니다. 교회의 구성원이 되고 새로운 삶을 시작합니다. 동시에 하나님의 나라가 우리 안에 와서 시작됩니다. 처음에 겨자씨처럼 눈에 띄지 않을 정도로 미미해 보이지만 이 나라는 전능하신 예수님께서 왕이신 나라이며, 하늘과 땅에 걸쳐 있는 나라이며, 영원한 나라입니다. 이 나라의 시작은 다음과 같습니다.

믿는 내 안에 오신 하나님나라

주님은 자신의 죄를 직면하며 예수님의 십자가 은혜를 진심으로 받아들인 사람의 죄를 용서하셔서 너그러이 의롭다 불러 주시고 구원하십니다. 사랑의 하나님께서 베푸신 약속대로 의롭다고 하시는 칭의, 구원, 그리고 거듭남이 믿는 사람에게 은혜로 주어집니다.

거듭남重生, born again은 성령님께서 예수님을 받아들이는 사람을 예수님의 보혈로 씻어 주셔서 그의 영혼이 다시 태어나는 것입니다. 그래서 거듭나는 것은 물과 성령으로 즉, 위로부터 나서 새사람이 되는 것입니다.

그런데 예수님께서는 용서받았다, 구원받았다, 하나님 자녀가 되었다는 사람에게 아주 중요한 말씀을 하십니다. '하나님의 나라가 네 안에 왔다! 하나님나라를 받았다!' 예수님을 믿어 구원받는 것은 곧 하나님나라를 받는 것입니다.

하나님나라는 어느 한 사람 속에만 있는 것이 아니고 무수히 많은 사람 속에 있습니다. 또 땅에만 있는 것이 아니라 하늘에도 있습니다. 그래서 하나님나라가 누군가에게 왔다는 것은 곧 하늘과 땅에 걸친 하나님나라 공동체에 들어가고 속하게 되는 것이기도 합니다. 또한 그것은 곧 하나님의 통치 아래에 들어가는 것을 말합니다.

예수님을 믿게 될 때 하나님나라에 속하게 되고, 참 신자는 계속 그 나라에 속하여 살아갑니다. 즉 믿을 때, 보이지 않으나 실재하는 잔혹하고 흉악한 사탄의 나라에서 말 그대로 천지 차이 나는 전혀 새로운 나라로 옮겨집니다. 믿고 구원받으면 그와 동시에 소속이 바뀌고 나라가 바뀝니다.

> "그가 우리를 흑암의 권세에서 건져내사 그의 사랑의 아들의 나라로 옮기셨으니" 골 1:13

> "그 눈을 뜨게 하여 어둠에서 빛으로, 사탄의 권세에서 하나님께로 돌아오게 하고 죄사함과 나를 믿어 거룩하게 된 무리 가운데서 기업을 얻게 하리라 하더이다" 행 26:18

그런데 예수님의 통치 아래 들어가는 것이 괜히 불편하게 느껴질 수 있습니다. 예수님은 나의 구원자일 뿐이지, 내가 그분께 통치받고 다스림 받는다고는 안 했다고 생각할 수도 있습니다. 하지만 우리는 예수님을 나의 구원자로 모실

7장 _ 예수님나라의 시작과 자람 149

때 다 예수님을 주,주인, 왕으로 모셨습니다. "네가 만일 네 입으로 예수를 주主, Lord, Master로 시인하며 또 하나님께서 그를 죽은 자 가운데서 살리신 것을 네 마음에 믿으면 구원을 받으리라" 롬 10:9

신약성경만 보더라도 "주 예수 그리스도"라고 80회 가까이 기록하고 있고, 우리는 그 부분을 읽을 때 아무 주저함이나 거리낌 없이 받아들였습니다. 그리고 "이스라엘에게 회개함과 죄사함을 주시려고 그를 오른손으로 높이사 임금과 구주로 삼으셨느니라" 행5:31는 말씀도 받아들였습니다. 주, 왕, 주인, 인도자, 명령자, 목자 등 예수님의 많은 이름에서 구원자 예수님의 우리에 대한 통치권, 왕권, 주재권이 정당하고 마땅한 것임을 봅니다. 즉 주님께서 다스리시고 우리는 따르고 순종하는 것이 신자에게 자연스럽고 당연합니다.

성령님께서 이루시는 우리 안의 하나님나라

문제는 그 나라의 핵심인 통치입니다. 왕이신 예수님께서는 다스리시고 우리는 따르고 순종하는 것이 그 나라의 핵심인데, 이것이 만만치 않습니다. 구약 전반에 걸쳐 나타나는 하나님 백성의 반복되는 실패 사례를 보십시오. 계시록에 나오는 초기 일곱 교회가 힘겨워 하며 위태로운 모습을 보십시오.

그러면 예수님의 통치와 우리의 순종으로 실현되는 하나님나라는 신기루입니까? 그저 이상이나 꿈에 불과한 것입니까? 아니지요! 하나님께서 열심히 이루시는 핵심 목표라고 하셨습니다. 또 "만군의 여호와께서 말씀하시되 이는 힘으로 되지 아니하며 능력으로 되지 아니하고 오직 나의 영으로 되느니라" 슥4:6라고 하시며, 결국 "세상 나라가 우리 주와 그 그리스도의 나라가 되어 그가 세세토록 왕 노릇 하시리로다" 계11:15라고 하셨습니다. 하나님께서 열심을 내시기 때문에 주님 나라는 반드시 이루어집니다.

그렇다면 어떻게 내 안에, 우리 안에 이 아름답고 영광스럽고 복된 주님 나라가 이루어질 수 있을까요? 하나님나라는 사람이 물과 성령으로 거듭날 때 시작됩니다요 3장. 옛 소속이었던 사탄의 나라를 쫓아내고, 성령님을 힘입어 그 사람 안에 주님 나라를 세우십니다마 12장. 그리고 하나님의 나라는 성령 안에서 누리는 의와 평화와 기쁨롬 14:17입니다. 성령님께서 사람 안에서 그 나라를 시작하시고, 정착시키시고, 자라게 하십니다. 예수님나라가 서가는 데 원동력과 심장 같은 역할을 하십니다.

이제 가장 중요한 대목에 도달했습니다. '나라'의 핵심과 요체는 예수님의 통치와 사람의 순종입니다. 순종은 믿음의 열매이고 꽃입니다. 예수님을 믿으면 영생이 있지만, 예수님께 순종하지 않으면 영생을 보지 못하고 도리어 하나님의 진노가 그 사람 위에 머물러 있다고 분명하게 말씀하셨습니다요 3:36. 예수님께서 부활 이후 승천 직전에 전도, 선교하고 세례를 주고 주님이 말씀하신 모든 것을 가르쳐 지키게 하라고 당부하셨습니다. 사도 바울은 자신의 직분은 이방인들이 "믿어 순종하게 하는" 것이라고 로마서에서 재차 강조합니다.

'순종 안 해도 큰 문제 없다', '사람은 원래 무능해서 못한다'라는 주장도 있습니다. 그런데 왕이신 예수님께서 이 땅에 오시면서 시작된 하나님나라, 즉 주님의 통치와 신자의 순종은 절대로 불가능한 것이 아닙니다. 불가능한 일을 시작하실 삼위일체 하나님이 아니십니다. 본질적으로 불가능한 일을 시작하시고 권하실 우리 하나님도 아니십니다. 그 나라에 열심이신 하나님의 꿈이고, 예수님의 사명이고, 성령님께서 그 나라를 주관하시며 가능하게 하십니다.

그때에 나는 저들에게 새 마음을 주고, 저들 속에 새 영을 불어넣을 것이다. 또 그들의 몸에서 돌같이 딱딱한 마음을 제거하고, 그 대신에 살같이

> 부드러운 마음을 심어 주어, 저들로 내 규례에 따라 살게 하고 또 내 율법을 지켜 행하게 할 것이니, 그러면 저들은 내 백성이 되고 나는 저들의 하나님이 될 것이다. 겔 11:19~20

예수님의 십자가 보혈로 깨끗해진 우리 안에 예수의 영이신 성령님께서 오셔서, 그 나라의 왕이신 예수님을 믿게 하시고 왕의 말씀을 가르치고 나아가 왕께 순종할 수 있도록 도와주십니다! 그래서 겨자씨만큼 작았던 우리 안의 주님나라가 점점 더 커져서 나무만큼 자라도록 성령님께서 절대적인 능력으로 크게 도우십니다.

> 그때에 내가 또 너희 속에 새 영을 넣어주고, 너희에게 새 마음을 불어넣어 주겠다. 곧 내가 너희 육신에서 돌처럼 굳은 마음을 제거하고, 살처럼 부드러운 마음을 심어 주겠다. 그리고 내가 또 내 영을 너희 속에 두어, 너희로 내 모든 율례를 따르게 할 것이니, 그때에 너희가 내 모든 규례를 지켜 행할 것이다. 겔 36:26~27

예수님께서 날 때부터 맹인인 사람의 눈에 침과 진흙을 이겨 바른 뒤 실로암 못에 가서 씻으라 하셨고, 이 사람이 가서 씻었더니 보게 되었습니다 요 9:11. 바다 위로 걸어오라 하시는 예수님의 말씀대로 베드로가 발을 내딛자 주님께서 발을 붙드시고 바다 위를 걷게 하셨습니다!

요한복음 7:17에서 사람이 주님 말씀을 따르고 실천하고 행하기를 원할 때 그 말씀을 이루어 주시겠다고 약속하십니다. 하나님나라는 예수님의 통치에 우리가 진정 순종하려 할 때 세워져 가고 자랍니다. 성령님께서 그것을 가능하게 하십니다. 우리에게 기다리시는 것은 오직 '원함, 하고자 함'입니다!

진정한 회개로 자라나는 예수님나라

'고진감래苦盡甘來', '인내는 쓰고 열매는 달다.', 'No pain, no gain.' 동서양을 막론하고 많은 사람의 오랜 경험에서 나온 이런 격언들처럼 신앙에도 'No cross, no crown'이라는 말이 있습니다. 회개가 여기에 딱 맞는 경우입니다. 쓴 회개를 거쳐야 참믿음이 시작됩니다.

예수님과 침례 요한이 똑같이 "회개하라 하나님나라가 가까이 왔다"라고 외쳤습니다. 지금도 온 세상이 가장 필요로 하는 말입니다. 사람들은 하나님나라는 좋아합니다. 그러나 회개는 껄끄럽습니다. 소극적이거나 피하고 싶은 것이 우리의 속마음입니다. 그런데 하나님나라가 좋으면 회개도 좋아해야 합니다. 왜냐하면 회개는 하나님나라에 들어가기 위해 반드시 통과해야 하는 길목이기 때문입니다.

죄만큼 개개인과 인류에 해로운 것은 없습니다. 코로나바이러스가 해롭다지만 죄는 그 이상으로 훨씬 더 해롭습니다. 첫째, 이 땅 삶을 마친 후 심판을 받고 사람 안의 영혼이 생전의 죄의 대가를 전부 치러야 합니다. 죄의 삯은 사망이고 결국은 지옥행으로 귀결됩니다. 둘째, 죄는 거룩하신 하나님께 가까이 갈 수 없게 만들고, 하나님 약속을 누리지 못하게 합니다. 또 죄를 지으면 사탄이 속이고 괴롭힐 때 보호자 없는 고아처럼 고스란히 당할 수밖에 없게 됩니다.

살다 보면 '이대로는 안된다.'라는 생각을 할 수밖에 없는 때가 옵니다. 무언가 변화나 탈출구가 꼭 필요하다는 것을 절감하는 때입니다. 살면서 진짜 나를 볼 기회가 생깁니다. 어떤 일 앞에서 너무나도 무능하고 무력한 자신을 발견할 때가 있습니다. 또 어떤 때는 자신이 이렇게나 누추하고 죄투성이라는 것을 정직하게 직면할 때도 있습니다. 양심이 보여주는 자신의 부끄럽고 추한 모습이 자책감과 죄책감을 불러오기도 합니다.

죄가 주는 부끄러움과 두려움, 무능·무력한 자신에 대한 정직한 한계 인식, 새로운 삶과 영생에 대한 소망 등이 사람을 회개로 이끕니다. 회개는 탈출이자 새로운 지향입니다. 죄 짐에 눌린 자에서 십자가 예수님에 의해 죄 짐이 벗겨진 자유인으로의 전향이며, 죄의 종에서 벗어나 죄와 싸우는 의의 종을 향한 출발입니다. 사탄의 나라에서 사랑의 아들의 나라로의 이주입니다. 예수님이 왕이 되는 주권자의 교체입니다. 사탄의 병사에서 그리스도의 병사로, 사탄의 자식에서 하나님 자녀로의 신분 변화입니다. 하나님 언약의 밖에 있던 사람이 언약 안의 수혜자가 되는 전환입니다. 지옥행에서 천국행으로 갈아타는 환승입니다.

그런데 회개에 정말 심각한 문제가 있습니다. 저도 그 문제의 경험자였습니다. 이렇게 소중하고 의미 있는 회개가 보통 일회적이고, 때로는 감정적이고, 너무 모호하거나 포괄적이고, 통과 의례적이라는 것입니다. 신앙생활 초기에 일회적으로, 또는 아주 짧은 기간에 회개 과정을 지나갑니다. 그러다 보니 진정성을 가지고 성실히 실제적으로 회개하지 못하는 경우가 많습니다.

실제 회개해야 할 구체적인 죄와 허물을 회개하지 못하고, 죄 일반에 대한 얕은 감정적 반응만 드러나는 경우도 있습니다. 현실적인 죄들에 대한 회개가 아니라 포괄적으로 그리고 모호한 채로 회개 과정을 지나가기도 합니다. 이러다 보니 아쉽게도 그저 통과의례가 되어 버리기 쉽습니다.

믿음은 성실한 회개의 수로를 따라서 흘러옵니다. 회개의 용량과 진실성만큼 하늘의 은혜가 부어집니다. 회개가 뿌리가 되어 탐스러운 열매가 맺힙니다. 회개가 탄탄할수록 그 위에 세워지는 믿음의 집이 탄탄합니다. 이런 회개를 성경은 열매 맺는 회개로 부릅니다.

무엇보다 반드시 진정성이 있어야 열매 맺는 회개가 됩니다. 타인의 압박이나 분위기나 다른 외부적 요인에 의한 회개는 두고두고 문제를 일으킬 수 있는 결코 바람직하지 못한 신앙생활의 시작입니다. 회개하는 사람의 중심에 의지적 움직임이 있어야 하고, 어느 정도 이상의 능동성이나 적극성이 있는 회개여야 합니다. 분위기나 압박이 회개를 주도하면 그 회개는 여러모로 아쉬운 회개가 될 수밖에 없습니다. 진정성 있는 회개에 이를 때까지 기도하며 함께 기다리는 것이 한결 바람직한 것을 봅니다.

둘째로, 실제적 회개여야 합니다. 즉 관념적이거나 추상적이어서는 안 됩니다. 믿기 전에 악명 높은 깡패였던 김익두 목사님은 처음 믿으면서 신약성경을 100여 번 읽어가면서 과거를 뉘우치고 사람을 때린 장소마다 찾아다니며 방성대곡하며 울었다고 합니다. 그리고 사람들에게 "김익두는 죽었다"는 부고장을 돌렸습니다. 요즘은 대부분 영화 '밀양' 처럼 피해자도 모르게 회개합니다. 즉 막연한 회개에 머뭅니다. 삭개오는 예수님을 믿기 전에 속여서 남의 것을 뺏은 것을 네 배로 갚는 실제적 회개를 했습니다.

또 회개가 유익해지려면 미래지향적이어야 합니다. 과거에 대한 후회를 넘어서 현재까지 있었던 죄에서 돌이키고 떠나겠다는 의지와 결단이 있어야 합니다. "그러므로 너희가 회개하고 돌이켜 너희 죄 없이 함을 받으라 이같이 하면 새롭게 되는 날이 주 앞으로부터 이를 것이요" 행 3:19, "그들의 악한 길에서 떠나 스스로 낮추고 기도하여 내 얼굴을 찾으면 내가 하늘에서 듣고 그들의 죄를 사하고 그들의 땅을 고칠지라" 대하 7:14 세례 요한은 회개하려 요단강으로 찾아오는 사람들에게 옷이나 식량에 여유 있는 사람은 없는 사람에게 나눠주라고 요구합니다. 회개에 이어서 현재와 미래 삶에서 회개에 합당한 열매를 맺을 때 하나님께서 진정 기뻐하십니다. 그럴 때 신앙생활이 마치 궤도에 오른 것같이 힘있게 전진하고, 하나님나라가 그 사람 안에 그리고 삶 속에 성실하게 차근차근 세워져 갑니다.

마지막으로 빼놓을 수 없는 것이 바로 지속적인 회개입니다. 회개는 결코 신앙생활의 초입에 거쳐 지나가는 한 차례의 통과의례가 아니라, 주님을 얼굴과 얼굴로 뵙는 그 순간까지 지속적이어야 큰 유익을 누립니다. 죄라는 숙주를 통해 다시 그 사람에게 침투하고 탈환하려는 마귀의 시도를 막고 무력화시키는 것이 바로 지속적인 회개입니다.

이것을 위해 꼭 필요한 것이 바로 회개의 말씀입니다. 주님의 말씀이 판단의 기준이기 때문입니다. "나를 저버리고 내 말을 받지 아니하는 자를 심판할 이가 있으니 곧 내가 한 그 말이 마지막 날에 그를 심판하리라…나는 그의 명령이 영생인 줄 아노라" 요 12:48-50 예수님 말씀이 바로 심판의 기준입니다.

그런데 말씀이 심하게 오염되어 있습니다. 정확히 말하면 주님의 말씀이 사람의 계명, 전통과 섞여 있습니다. 이런 것들이 슬그머니 주님 말씀을 밀어내고 가리고 왜곡하다가 실질적으로 폐한 사례가 너무 많습니다. "사람의 계명으로 교훈을 삼아 가르치니 나를 헛되이 경배하는도다…너희가 하나님의 계명은 버리고 사람의 전통을 지키느니라" 막 7:7~8, "너희의 전통으로 하나님의 말씀을 폐하는도다" 마 15:6

이렇듯 말씀과 기준이 혼재된 상황에서는 죄에 대한 심판자 예수님의 기준이 무엇인지 제대로 아는 것이 절대적으로 필요합니다. 예수님 당시에는 성전을 장악하고 있던 사두개인들이 성전에서 거래하는 관행을 통해 유무형의 이익을 얻는 것을 죄라 여기지 않았습니다. 반면에 회당을 관장하던 바리새인들은 안식일에 병을 고치는 것을 죄로 여겼습니다. 일본 강점기에 우리나라 교회에 신사참배의 물결이 범람할 때, 너무나도 명백한 이 죄가 합리화 과정을 거치면서 죄

아닌 것으로 정당화되고 수용되었습니다. 기독교 국가였던 서구 유럽 강대국들과 미국이 흑인을 노예 삼고 하나님 형상대로 지으신 사람들을 무자비하게 대하고, 다른 나라들을 식민지로 삼아 착취하는 것이 대세가 되었던 때가 있습니다. 오랫동안 그들의 신앙에서 흑인 노예와 식민지는 죄가 아니라 거꾸로 축복으로 왜곡되었습니다.

    우리도 죄에 대한 기준을 가지고 있습니다. 그러나 성경에는 있는데 사람들이 빼버린 것도 많습니다. 우리는 누구든지 선을 행할 줄 알고도 행하지 않으면 그것이 그에게 죄가 된다약 4:17고 생각하지 않습니다. 지극히 작은 자 하나에게 베풀지 않았다고 염소로 분류되어 예수님을 떠나 마귀와 그 사자들을 위하여 예비된 영원한 불에 들어가라마 25:41는 심판을 받는다고 생각하지 않습니다. 그래서 우리는 사람의 기준이 아니라 주님의 기준에 한층 더 친숙해질 필요가 있습니다.

> 그러므로 하나님께서 그들을 부끄러운 욕심에 내버려 두셨으니, 그들의 여자들이 자연스러운 관계를 부자연스러운 관계로 바꾸었으며, 이와 같이 남자들도 여자와의 자연스러운 관계를 버리고 서로를 향하여 욕정에 불타 남자가 남자로 더불어 부끄러운 일을 하여 그들의 잘못에 상당한 보응을 그들 자신이 받았다. 또한 그들이 하나님을 인정하기 싫어하므로, 하나님께서 그들을 버림받은 마음에 내버려 두셔서 합당하지 않은 일을 하게 하셨다. 그들은 모든 불의, 추악, 탐욕, 악의로 가득 차 있으며, 시기, 살인, 분쟁, 사기, 악독으로 가득 차 있나. 그들은 수군거리는 자이고, 비방하는 자이며 하나님을 미워하는 자이고, 무례한 자이며 교만한 자이고, 자랑하는 자이며 악을 꾸미는 자이고, 부모를 거역하는 자이며, 우매한 자이

고 신의가 없는 자이며, 무정한 자이고 무자비한 자이다. 그들이 이와 같은 일을 하는 자는 사형에 해당한다는 하나님의 심판을 알면서도, 그런 일을 할 뿐 아니라 또한 그런 일을 하는 자들을 옳다고 한다.롬 1:26~32

육체의 일들은 명백하니, 곧 음행과 더러움과 방종과, 우상 숭배와 마술과 원수 맺는 것과 다툼과 시기와 분노와 당 짓는 것과 불화와 이단과, 질투와 술 취함과 방탕과 또 이와 같은 것들이다. 전에 너희에게 경고한 것같이 지금도 경고하는데, 이런 일을 행하는 자들은 하나님의 나라를 상속받지 못할 것이다.갈 5:19~21

그러나 너희는 불의를 행하며 속이고 있다. 그것도 형제들에게 이런 짓을 하고 있다. 너희는 불의한 자가 하나님나라를 상속받지 못할 것을 알지 못하느냐? 속지 마라. 음행한 자나, 우상 숭배하는 자나, 간음하는 자나, 남성 동성애자나, 동성 연애하는 자나, 도둑질하는 자나, 탐욕을 부리는 자나, 술 취하는 자나, 남을 헐뜯는 자나, 약탈하는 자는 하나님나라를 상속받지 못할 것이다.고전 6:8~10

한 사람이 두 주인을 섬기지 못할 것이니 혹 이를 미워하고 저를 사랑하거나 혹 이를 중히 여기고 저를 경히 여김이라 너희가 하나님과 재물을 겸하여 섬기지 못하느니라마 6:24

예수께서 둘러 보시고 제자들에게 이르시되 재물이 있는 자는 하나님의 나라에 들어가기가 심히 어렵도다 하시니막 10:23

구원자를 왕으로 모심

구원받을 때 예수님께서 십자가의 보혈로 우리를 사시고 우리 소유주가 되십니다. 그래서 예수님께서는 우리 왕으로 우리를 다스리실 권세를 가지고 있습니다. 예수님께서는 과거 인생의 어느 한 시점에 우리를 구원하신 뒤 방치하지 않으십니다. 친히 우리를 다스리시기를 원하시는 왕이십니다. 또한 영원한 나라에 이르기까지 우리 동행자가 되십니다.

구원자께서 우리의 실제적인 왕이십니다. 이 사실을 모르거나 간과하면 주님께는 실망이요, 그 사람에게는 재앙이 될 수 있습니다. 반대로 구원자를 왕으로 모신 사람은 그 삶에 아름다운 열매와 영광스러운 승리가 따릅니다. 영생의 나라에 들어갈 때 주님의 인정과 환영, 위로와 칭찬이 따릅니다.

창조자, 구원자, 왕이신 예수님

하나님께서는 아담과 하와 이래 사람들에게 최선을 다해 오셨습니다. 그리고 마침내 예수님께서 육신으로 이 땅에 오셨습니다. 그분은 모든 만물을 자신이 지으셨다고 말씀하셨습니다. 그 증거로 만물에게 말씀으로 명령하셔서 바다, 바람, 풍랑, 물, 나무, 심지어 사람의 사망과 생명까지도 당신 말씀 앞에 복종하게 하셨습니다. 그리고 십자가에서 피 흘리시고 죽으시고 사흘 만에 부활하셨습니다. 이 예수님을 믿는 사람들을 구원하시고, 그들을 '피로 사셨다' 행 20:28 고 말씀하셨습니다.

생명의 근원 되시는 분께서 십자가에서 흘리신 보혈로 구원받은 사람은 주님의 "얻으신 것"과 "소유된 백성" 엡1:14 이 됩니다. 고린도전서 6:19~20도 "너희는 너희 자신의 것이 아니다. 하나님께서 값을 치르고 너희를 사셨으니, 너희의 몸으로 하나님께 영광을 돌려라"라고 말합니다. 값을 치르신 예수님께서 소유주가 되시는 것은 너무도 당연하며, "소유된 백성"과 "거룩한 나라" 벧전2:9인 우리는 감사하게도 완전하신 왕 예수님의 다스림과 돌봄을 받게 됩니다.

창조주 하나님의 뜻을 존중하지 않고, 사람들이 자기 소견에 옳은 대로 행하면 끊임없는 문제에 시달립니다. 지음 받은 인간이 자기 소견에 옳은 대로 행하면 방종, 일탈, 그리고 내우외환의 고통으로 갈 수밖에 없습니다.

누가복음 15장에는 어떤 아버지와 아들의 이야기가 나옵니다. 한 아버지의 둘째 아들이 자기 보기에 근사해 보이는 미래를 선택합니다. 미리 상속받아 다른 나라에 가서 자기 꿈을 펼치고 자기 맘껏 살려고 아버지를 떠납니다. 그러나 방탕과 허비로 모든 것을 다 잃고 추락해 돼지 먹이인 쥐엄 열매조차 못 먹을 정도가 됩니다. 선하고 힘 있는 후견인 아버지를 떠나서 냉혹한 현실 속에 있던 그는 다시 아버지 슬하로 돌아오고, 조건 없이 그의 옛 신분과 지위를 회복합니다.

이 말씀처럼 예수님께서는 일탈한 사람들을 다시 사셔서 자신의 소유로 삼으셨습니다. 다시 사실 때 값으로 치르신 것은 육신으로 오신 창조주의 피와 죽으심이었습니다. 그분은 사랑, 희생과 섬김, 능력과 영광을 가지신 만왕의 왕이십니다. 높으시되 사랑과 겸손으로 돌보시는 왕 예수님께서 우리를 다스리시는 것은 가장 기쁜 소식입니다. 우리 마음과 삶에 창조자이자 구원자이신 예수님을 왕으로 영접하여 모십시다! 예수님께서 우리가 최선의 삶으로 살도록 다스리시고 영원토록 이끄실 것입니다!

왕의 통치를 가로막는 나 '자신'

꽃, 나무, 숲과 산, 강과 바다, 물고기와 새와 동물, 그리고 별과 달과 해 등 모든 세계를 지으신 창조주께서 이천 년 전 육신으로 이 땅에 오셨습니다. "만물이 그분을 통하여 창조되었으며, 창조된 것 중에 그분 없이 창조된 것은 하나도 없었다." 요 1:3 3년의 공생애 기간에 사람들의 병, 귀신, 고통, 슬픔을 정복하시고 풍랑과 바다와 나무 등 만물을 말씀으로 굴복시키셔서 당신이 하나님의 아들이심을 증거하셨습니다. 그리고 인간이 욕심과 죄로 하나님과의 아름다운 관계에서 일탈했지만, 비할 바 없는 사랑으로 십자가에서 피 흘리시고 죽으셔서 사람들을 사시고 되찾으셨습니다. 구원하셔서 당신의 소유로 삼으시고 우리들의 주인과 왕이 되셨습니다.

그런데 이에 어울리지 않는 모습을 교회와 신자들의 삶 속에서 어렵지 않게 목격할 수 있습니다. 실제로는 예수님께서 실질적 왕이 아닌 모습이 곳곳에서 발견됩니다. 우리 속에서 왕권 교체가 이뤄지지 않은 채, 두 왕이 함께 경합하고 충돌하고 있는 모습입니다. 새 왕의 주권이 옛 왕 때문에 원활하게 행사되지 않습니다. 새 왕이 오셨습니다만, 많은 신자가 그분의 왕권을 실질적으로 인정하지 않고 왕으로 대우하지 않습니다. 고난의 십자가 보혈로 값을 치르시고 획득하신 소유권, 주권과 왕권에 대한 훼방과 찬탈이 벌어지고 있습니다.

새 주권자가 오셨음에도 여전히 왕권을 행사하고 있는 이전 왕은 바로 '나'입니다. 우리는 우리 자신이 새 왕이신 예수님의 왕권을 가로막고 있다는 것을 눈치채지 못합니다.

첫 번째 이유는 죄사함과 구원을 이루신 구원자가 나에 대한 주권을 가지고 계신다는 그 신실을 모르기 때문입니다. 구원을 죄사함으로 협소히게 이해하기 때문인데, 구원을 죄사함으로 가두는 것은 너무 사람 중심입니다.

또 하나의 이유는 관성 때문입니다. 관성의 힘은 대단합니다. 외부에서 새 힘이 가해져도 그전에 가던 방향대로 가게 됩니다. 새 왕 예수님 영접 이전에 내가 주권자였던 시절의 관성 때문에 자신도 모르게 새 왕의 주권 행사를 가로막고 무시하는 경우가 많습니다.

신자 자신이 주권자의 자리에서 물러나지 않는 또다른 이유는 자기 자신에 대한 집착과 사랑 때문일 것입니다. "사람들이 자기를 사랑하며, 돈을 사랑하며, 자랑하며, 교만하며, 하나님을 모독하며, 부모를 거역하며, 감사하지 않으며, 거룩하지 않으며" 딤후 3:2 이 말씀은 자기를 사랑하다 보면 자연히 하나님과 부모와 타인과 충돌할 것이며, 이것은 결국 자신의 고통으로 돌아온다고 1절에서 가르쳐 주십니다.

자기를 부인하고 자기 십자가를 지지 않으면 주님을 따를 수 없습니다. 사람이 자신에 대한 주인의식과 주권을 십자가에 못 박고 부인하지 않으면 왕으로 오신 주님과 함께하며 동행할 수 없습니다. 예수님께서 귀신을 쫓아내실 때 바리새인들이 사탄의 힘을 빌려 귀신을 쫓아낸다고 비난하자, 스스로 분쟁하는 나라는 서지 못한다고 말씀하셨습니다. 사탄의 나라에 대한 언급이지만, 하나님나라에도 똑같이 적용됩니다. 옛 주권자 '자기'와 새 주권자 '예수님'이 충돌하면 절대 그 사람 안의 나라가 온전히 서지 못합니다. '자기' 뒤에서 그 사람을 교묘하게 움직이는 사탄이 실질적 주권자가 되는 것입니다. 그래서 마땅히 이루어져야 할 예수님으로의 주권 이양이 오리무중이 되거나, 실질적으로 좌절됩니다.

한 사람이 두 주인을 섬길 수 없다고 하신 예수님께서 옛 주권자였던 우리의 주권 절제와 포기를 기다리십니다. 예수님의 주권을 확실하게 인정하고 적극적으로 환영해야 신자 안의 주님 나라가 순조롭게 뿌리내리고 자라갑니다. 겨자씨에서 큰 나무를 향하여 자라가는 것입니다. 저는 신앙생활 초기에 내 일을 내 방식과 내 힘으로 하다가 어려운 일을 만나면 기도해서 해결 받는 것을 신앙생활이라 생각했습니다. 나 자신에 대한 소유권과 주권의 소재를 분명하게 인식하지 않았고, 당연히 나 자신에 대한 주권 포기도 거의 없었습니다.

마귀는 하와에게 하나님처럼 될 수 있다는 이기심과 자기애自愛를 주입하고, 자신에 대한 주권 행사를 부추겼습니다. 그리고 하와는 그 유혹에 넘어갔습니다. 인간 중심적 인본주의, 이것의 연장이라 볼 수 있는 뉴에이지 등이 우리가 주권을 주님께 넘기는 것을 낯설게 느끼도록 합니다. 현대 사회 속에 광범위하며 뿌리 깊게 자리 잡은 '자기 결정권'이 새 왕에 대한 우리의 주권 이양을 머뭇거리게 하고 있습니다. 시간이 지나가면서 주권 이양은 흐지부지되고 만 경우가 많습니다.

주님께서는 마귀의 거짓말과 부추김에서 비롯된 자기 사랑, 세상 풍조, 근심 걱정, 과거의 관성과 관행 등에 여전히 붙잡혀 자신도 모르게 새 왕의 왕권 행사를 가로막고 있는 우리에게 이렇게 말씀하십니다. "심지도 거두지도 않고 창고도 없는 까마귀도 내가 먹인다. 실도 만들지 않고 짜지도 않는 백합화에게 각종 욕심과 힘으로 치장한 솔로몬보다 더 영광스러운 옷을 입히지 않느냐? 나의 소유된 너희를 향한 나의 사랑은 죽음도 불사한 십자가 사랑이 아니냐! 더하여 너희 영혼의 아버지이신 하나님께서는 독생자인 나를 너희를 위해 십자가 죽음에 내주신 분이 아니시냐!"

"또 무리에게 이르시되 아무든지 나를 따라오려거든 자기를 부인하고 날마다 제 십자가를 지고 나를 따를 것이니라" 눅 9:23 이 땅에서 예수님과 동행하다가 저 영원한 나라에 들어가기를 사모하는 우리는 '주님께서는 나를 보혈로 사신 나의 소유자이시며 나의 왕이십니다'라고 진심과 진정으로 고백해야 합니다. 바울이 "형제들아…나는 날마다 죽노라" 고전 15:31 고 고백하며 선언했듯이 날마다 예수님의 주인 되심을 고백합니다. "그리스도 예수께 속한 자들은 육체와 함께 그 정욕과 욕심을 십자가에 못 박았다." 갈 5:24 이 길이 행복의 길이며, 승리의 길이고, 영원히 사는 길입니다! 예수님께서 진정 왕이 되시면 얼마나 아름다운 인생이 될까, 얼마나 소중한 열매를 맺는 삶이 될까, 사모하는 마음으로 그날을 바랍니다.

하나님나라를 이루시는 전능과 열심

우리 하나님께는 꿈이 있습니다. 하나님의 주권을 벗어나 죄에 오염된 인생들을 독생자의 십자가 피로 씻으사 다시 사시고, 당신의 이상을 열심과 능력으로 하나하나 실현해 나가십니다. "그러므로 하늘에 계신 너희 아버지의 온전하심과 같이 너희도 온전하라" 마 5:48, "오직 너희를 부르신 거룩한 이처럼 너희도 모든 행실에 거룩한 자가 되라" 벧전 1:15, "자녀들아, 아무도 너희를 미혹하지 못하게 하여라. 의를 행하는 자마다 그분께서 의로우신 것같이 의롭고" 요일 3:7, "우리가 다…온전한 사람을 이루어 그리스도의 장성한 분량이 충만한 데까지 이르리니" 엡 4:13

위와 같은 말씀들이 우리 현실과는 너무 거리가 먼 나머지 수사修辭나 덕담 정도로 해석하고 싶어집니다. 그러나 하나님께서는 이상적이시기도 하시지만, 이상을 이루실 능력과 열심도 있는 분이십니다. 그래서 이것은 수사나 덕담이나 과장된 표현이 아닌 하나님의 실질적인 목표입니다.

성경을 읽다 보면 정말 난감하거나 당혹스러운 말씀들이 종종 나옵니다. "예수께서 둘러보시며 제자들에게 말씀하시기를 재산을 가진 자들은 하나님나라에 들어가기가 매우 어렵다" 막 10:23, "자기의 생명을 사랑하는 자는 잃어버릴 것이요 이 세상에서 자기의 생명을 미워하는 자는 영생하도록 보전하리라" 요 12:25, "무릇 내게 오는 자가 자기 부모와 처자와 형제와 자매와 더욱이 자기 목숨까지 미워하지 아니하면 능히 내 제자가 되지 못하고" 눅 14:26

이런 말씀이 사람들의 상식, 또는 우리의 현실이나 본능과 너무 다르기 때문에 처음에는 조금 마음에 걸립니다. 그러나 얼마 안 가 위와 같은 말씀을 찾지 않거나 보더라도 그대로 패스해 버립니다. 아니면 교리나 문화, 시대적 차이를 구실로 무시하거나 무력화시켜 버립니다. 문제는 우리가 이런저런 이유로 합리화할지라도 성경에는 앞의 '이상적' 말씀들이 신앙의 기준으로 그리고 하나님 판단의 기준으로 그대로 있다는 사실입니다.

예수님께서 "그러므로 내가 너희에게 이르노니 하나님의 나라를 너희는 빼앗기고 그 나라의 열매 맺는 백성이 받으리라" 마 21:43 고 말씀하셔도, 바울이 재차 "불의한 자가 하나님의 나라를 유업상속으로 받지 못하니 미혹을 받지 말고 속지 말라" 고전 6:9 며 간곡히 말해도 현실에서 이 말씀들은 힘을 발휘하지 못하는 실정입니다. 거룩하신 하나님 중심이 아니라 불순종의 본능을 가진 사람 중심인 은혜 일변도의 느슨한 교리를 방패 삼아 주님의 말씀과 바울의 당부조차 가볍게 대하고 지나쳐 버립니다. 또 세상의 풍조와 대세, 그리고 주변의 평균적 신앙 수준을 핑계 삼아 평안을 누립니다. 그러나 사람이 만든 이런 방패 뒤의 평안은 하나님께서 주시는 것이 아니라 위장된 평안입니다. "그들이 내 백성의 상처를 가볍게 여기면서 말하기를 평강하다 평강하다 하나 평강이 없도다" 렘 6:14

예수님께서는 하나님나라가 하나님의 아주 오래된 꿈과 계획이며 하나님의 열심이 이를 이루실 것이라고 말씀하셨습니다. "한 아기가 우리를 위해 태어났고, 한 아들을 우리에게 주셨는데 그 어깨 위에 통치권이 있으며, 그 이름은 위대한 상담자라, 선능하신 하나님이라, 영존하시는 아버지라, 평강의 왕이라 불릴 것이다. 그의 통치력은 확대되고 평화는 끝이 없을 것이며, 다윗의 보좌에 앉아서 그 나라를 굳게 세우고 지금부터 영원까지 공평과 정의로 그것을 보존할 것이니, 만군의 여호와의 열심이 이 일을 이루실 것이다." 사 9:6~7

예수님께서는 누가복음 13장에서 하나님나라가 겨자씨 한 알처럼 작게 시작하지만, 점점 자라서 나중에는 새들이 깃드는 큰 나무가 될 것이라고 하셨습니다. 또 누룩으로 가루 서 말을 전부 다 부풀게 하는 것이 바로 하나님나라라 하셨습니다. 농부 하나님께서 하나님나라가 점점 더 열매 맺고 성장할 수 있도록 가지치기를 하시는 등 전적으로 도우신다고 약속하셨습니다 요 15:2.

불의한 자는 하나님나라를 상속받지 못한다, 하나님과 재물을 겸하여 섬길 수 없다, 자기 목숨과 가족들도 미워해야 한다, 이런 말씀들을 선뜻 받아들이고 적극적으로 환영하며 바로 따를 수 있는 사람은 극히 드물 것입니다. 무척 어렵습니다. 그래서 예수님께서 이렇게 말씀하십니다. "어떤 사람이 여짜오되 주여 구원을 받는 자가 적으니이까 그들에게 이르시되 좁은 문으로 들어가기를 힘쓰라 내가 너희에게 이르노니 들어가기를 구하여도 못하는 자가 많으리라" 눅 13:23~24.

스피드 스케이팅이나 중장거리 달리기 경주에는 과정이 있습니다. 하나님나라도 마찬가지입니다. 처음 믿는 순간부터 시작되어 점차 완성되어 가는 긴 과정입니다. 겨자씨 한 알에서 나무로 자라는 것도 과정이고, 누룩 때문에 가루가 점점 부풀다가 전체가 다 부푸는 것도 과정입니다. 그 과정에서 앞뒤가 바뀌기도 하고, 크고 작은 것까지도 바뀝니다. "그리고 사람들이 동서남북 사방에서 와서 하나님의 나라 잔치에 참석할 것이다. 그러나 지금은 뒤떨어져도 나중에 앞서고 지금 앞섰다가도 나중에 뒤떨어질 사람이 있을 것이다." 눅 13:29~30.

사람은 죄사함과 구원만 원할지도 모릅니다. 그러나 왕이신 예수님께서는 우리의 재물 문제, 자신의 생명 문제, 가족 문제와 같은 인생의 핵심 문제도 다스리시기 원하십니다. 이런 핵심 사안들은 우리 뜻과 소원대로 하고, 다른 종교적인 것들만 주님 주권 아래 두고 싶을 수도 있습니다. 그러나 만왕의 왕이시며 우리를 피 값 주고 사신 주님께서는 그런 형식적, 제한적, 명목적인 왕 이상의 역할을 하시려고 하십니다. 우리 삶의 한 부분만이 아니라 삶과 인생 전체의 주관자가 되시고 싶어 하십니다. 그리고 주님께 전적인 다스림 받는 우리를 통해서 고통 받으며 신음하며 썩어질 것의 종살이하는 피조물들에게 영광스러운 자유를 주시기를 원하십니다롬 8:21~22. 주님의 다스림을 받는 우리를 통해서 피조 세계를 회복하시기를 원하시는 것입니다.

재물 문제와 관련해 예수님의 이상적인 요구를 듣고 그 자리에서 부응하지 못한 청년이 떠난 뒤 이런 일이 벌어졌습니다. "예수께서 둘러보시며 제자들에게 말씀하시기를 '재산을 가진 자들은 하나님나라에 들어가기가 매우 어렵다.' 하시니, 제자들이 그분의 말씀에 놀랐다. 예수께서 그들에게 다시 대답하여 말씀하기를 '얘들아, 하나님나라에 들어가기가 얼마나 어려운지, 낙타가 바늘귀로 들어가는 것이 부자가 하나님나라에 들어가는 것보다 더 쉽다.' 라고 하셨으므로, 제자들이 더욱 놀라 서로 말하였다. '그렇다면 누가 구원받을 수 있겠는가?' 예수께서 그들을 바라보시며 말씀하시기를 '사람들에게는 불가능하나 하나님께는 그렇지 않으니, 하나님께는 모든 것이 가능하다.' 라고 하셨다." 막 10:23~27

사람에게는 불가능하지만 모든 것이 가능하신 농부 하나님께서 가지치기하시고, 참 포도나무 예수님께서 진액을 가지로 보내주시고, 창조 때에 수면 위에서 일하신창 1:2 능력의 성령님께서 최상의 열매를 맺게 하십니다. 삼위일체 하나님께서 이처럼 합력하여 하나님나라를 이루어 가십니다. 하루아침에 이런 일들이 이뤄지지 않습니다. 과정과 시간이 필요합니다. 전능으로 우리를 도우시며 열심 있으신 하나님께서 우리에게 권면하십니다. 오늘 말씀을 의지하고 행하라, 내일 그 말씀의 주인인 하나님의 능력과 역사를 경험할 것이다요7:17, 15:7.

교제, 돌봄, 좋은 열매가 있는 나라

예수님께서 다스리시는 하나님나라에는 주님께서 함께 하시는 임재, 마음과 뜻과 사랑을 나누는 교제, 그 어떤 것과도 비교할 수 없는 왕의 돌보심, 그리고 아름답고 좋은 열매가 있습니다. 그래서 하나님의 나라를 복음이라고 하십니다.

우리와 교제하시는 사랑의 왕

제자들은 6시간 동안 어찌할 바 몰라 하며 예수님이 십자가에서 참혹하게 죽으시는 것을 목격했습니다. 너무도 큰 충격이었습니다. 부활하신 뒤 한번 뵈었지만, 그날 전후 자신들의 부끄러운 모습 때문에 아직 마음을 온전히 추스르지 못하고 베드로, 도마 등 일곱 제자가 디베랴 바다로 물고기를 잡으러 갔습니다. 3년을 예수님께 올인했는데, 모든 수고가 수포가 되어버린 것 같았습니다.

그런데 웬일인지 이 베테랑 어부 출신 제자들이 밤새 아무것도 못 잡았습니다. 마음이 더 무거워졌습니다. 밤이 지나고 새벽녘에 예수님께서 바닷가로 제자들을 찾아오셨습니다. 제자들이 그분이신 줄 알아보지 못할 때 예수님께서 "얘들아 너희에게 고기가 있느냐"고 물으셨습니다. 없다는 말에 "그물을 배 오른편에 던져라 그러면 얻을 것이다"고 하셨습니다. 말씀대로 했더니 153 마리를 잡았습니다.

그제야 제자들이 예수님이신 줄 알아보고 육지로 올라왔습니다. 예수님께서는 이미 숯불 위에 생선과 떡을 굽고 계셨습니다. "지금 잡은 생선을 좀 가져오라"고 시키셨습니다. 또 "와서 조반을 먹어라" 권하시고 친히 떡과 생선도 가져다주셨습니다. 제자들이 주님 가까이 올 수 있도록 말도 붙이시고 권유도 하셨습니다.

조반 후 베드로에게 "요한의 아들 시몬아 네가 나를 사랑하느냐" 질문하시고 대화를 나누시면서 베드로의 가슴 속 깊은 곳에 있던 수치감, 낭패감, 무력감 등이 빠져나갈 수 있도록 길을 열어 주셨습니다. 대화의 마지막에는 베드로가 걸어갈 길을 알리셨습니다.

이 사건 앞에는 엠마오로 가던 낙심한 두 제자를 찾아가셔서 함께 걸으시던 이야기가 나옵니다. 거기서 대화를 통해 십자가는 패배가 아니라 예언되었던 말씀의 성취요 승리임을 가르쳐 주셨습니다. 그리고 낙심을 기쁨으로 소생시키시고, 함께 음식을 잡수시고 떡을 떼고 나누어 주시면서 어찌할 바 모르던 제자들을 용기 백배하게 하셨습니다. 주님과의 몇 시간 교제가 엠마오로 가던 두 제자를 전혀 다른 사람으로 만들었습니다.

보통 왕과 백성들 사이에는 요즘 말로 하면 경호원들, 관료들, 신분 격차로 인한 거리감 등 굉장히 많은 장벽이 있습니다. 개인적 또는 인격적 만남이나 교제는 꿈도 못 꾸고, 먼발치에서 보거나 왕궁의 발코니에서 손만 흔들어도 백성들은 감격스러워 합니다.

그런데 "사랑의 아들의 나라"의 왕이신 예수님은 전혀 다르십니다. "그가 우리를 흑암의 권세에서 건져내사 그의 사랑의 아들의 나라로 옮기셨으니" 골 1:13, "너희를 불러 그분의 아들 예수 그리스도 우리 주님과 더불어 교제하게 하시는 하나님은 신실하시다." 고전 1:9

노아와 에녹도, 아브라함도, 그리고 다윗도 높으신 주님을 만나 서로 마음을 나누는 아름다운 교제를 하며 인생길을 걸었습니다. 육신으로 이 땅에 오신 예수님은 무수히 많은 사람과 만나시고 대화하시고 마음을 나누십니다. 아들이 귀신들려 갖은 고통을 겪는 아버지와 만나 대화하시고 그의 부족한 믿음도 채워 주신 뒤, 주님만 주실 수 있는 자유와 기쁨을 주셨습니다. 사마리아의 우물가에서 여인과 대화하셨고, 두로 지방에서 만난 헬라 여인이 딸 때문에 마음 아파하는 것을 읽으시고 그 마음과 가정에 자유와 기쁨을 부으셨습니다.

하나님께서는 우리를 사랑의 예수님과 일대일로 만나게 하시고, 인격적으로 교제해 주십니다. 거칠고 힘든 인생길을 걸어가는 자녀들에게 꼭 필요하기 때문입니다. 이것이 없는 신앙은 어떻게 보면 윤활유 없는 기계처럼 빡빡하고 고단할 수밖에 없습니다.

나무와 가지의 접붙임, 내가 네 안에 네가 내 안에, 주님께서 거하시는 성전인 신자와 같은 성경의 표현들은 예수님께서 우리와 멀리 계시고, 주님과 우리 사이에 천지 차이의 격차가 있어 도무지 만날 수 없는 그런 분이 아니라, 아주 가까이 지내야 할 분이심을 말해줍니다. 성경은 예수님께서 우리와 형제 관계, 친구 사이, 머리와 몸 사이, 신랑과 신부 같은 밀접한 관계임을 여러모로 강조합니다.

예수님께서 왕으로 다스리시는 하나님나라에는 주님의 임재와 통치, 주님과의 교제가 있습니다. 우리 마음이 갈보리 언덕의 십자가 아래로 가서 예수님과 만나 서로의 마음을 나눌 때, 주님의 뜨거운 피의 사랑이 우리 마음으로 흘러들어올 것입니다. 하늘 아버지의 우편 보좌에 계신 왕 되신 예수님 앞으로 나아가 엎드려 나의 고민, 나의 걱정, 나의 소망과 꿈을 아뢰면 왕의 권세와 영광이 우리 마음을 새롭게 할 것입니다. 그리고 고단하고 분주한 우리 삶의 현장에서 주님을 만나면 왕의 말씀과 약속이 우리 삶에 승리와 평안을 명하실 것입니다.

사랑과 감사를 나누는 교제, 말씀을 나누는 교제, 기도 중에 나누는 교제, 주님 나라의 일을 나누는 동역자로서의 교제 등 예수님께서는 우리와의 교제에 항상 준비되어 있는 분이십니다!

영·혼·육의 돌봄이 있는 복지국가

"그런즉 너희는 먼저 그의 나라와 그의 의를 구하라 그리하면 이 모든 것을 너희에게 더하시리라" 마 6:33 '이 모든 것'은 먹을 것, 마실 것, 입을 것을 포함한 사람의 경제생활입니다. 우리 영혼에 임재하시고 교제하시는 영의 아버지 하나님께서는 결코 우리 현실생활을 경시하시거나 초월적으로 대하시는 분이 아니십니다. 우리 영·혼·육의 안녕과 복지에 큰 관심을 가지고 계신 아버지이십니다. "사랑하는 자여 네 영혼이 잘됨 같이 네가 범사에 잘되고 강건하기를 내가 간구하노라" 요삼 1:2

예수님께서는 광야 시험에서 승리하신 뒤 나사렛 회당에서 이사야 61장 말씀을 인용하시며, 가난한 자, 포로 된 자, 눈먼 자, 눌린 자에게 회복과 자유를 주실 것이라는 하나님나라의 복음기쁜 소식이 지금 눈앞에 현실로 임했다눅 4:17~21고 주저하지 않고 선포하셨습니다.

하나님께서 자기 백성의 현실 생활에 관심을 가지신 것은 이스라엘의 뿌리인 아브라함까지 거슬러 올라갑니다. "아브라함은 반드시 크고 강한 민족이 되고, 땅의 모든 민족들이 그로 말미암아 복을 받을 것이다. 내가 그를 선택한 것은 그가 그의 자식과 그 가족들에게 명령하여 여호와의 도를 지켜 공의와 정의를 행하게 하고, 나 여호와가 아브라함에게 대하여 말한 것을 그에게 이루려 하는 것이다." 창 18:18~19 아브라함은 자녀들과 후손들에게 공의와 정의를 명하는 여호와의 말씀을 가르쳐 행하게 하고, 하나님께서는 아브라함의 후손 이스라엘을 강하고 복된 하나님나라의 본보기 사례로 만드시려는 것입니다.

그리고 때가 차면 예수님께서 이스라엘이라는 인종과 국가의 울타리를 넘어서 정의와 공의의 나라를 세우실 것을 예고하십니다. "이는 한 아기가 우리에게 났고 한 아들을 우리에게 주신 바 되었는데 그의 어깨에는 정사를 메었고 그의 이름은 기묘자라, 모사라, 전능하신 하나님이라, 영존하시는 아버지라, 평강의 왕이라 할 것임이라 그 정사와 평강의 더함이 무궁하며 또 다윗의 왕좌와 그의 나라에 군림하여 그 나라를 굳게 세우고 지금 이후로 영원히 정의와 공의로 그 것을 보존하실 것이라 만군의 여호와의 열심이 이를 이루시리라" 사 9:6~7

이 언약에 따라 예수님께서 이 땅에 오셨는데, 그분의 삶은 마구간에서 십자 가에 이르기까지 가난했습니다. "너희가 우리 주 예수 그리스도의 은혜를 알고 있듯이, 그분은 부유하신 분으로서 너희를 위하여 가난하게 되셨으니, 이는 그 분의 가난함을 인하여 너희가 부유하게 되도록 하려는 것이다." 고후 8:9 당신께 서 가난하게 사셔서 당신 나라 백성들의 경제생활을 맡으시겠다고 약속하십니 다 마 6:33. 물론 선행 조건이 있습니다. 하나님의 나라와 의를 구하고 추구하는 우리의 믿음의 삶입니다! 이 부분은 나중에 공의를 다룰 때 자세히 언급하겠습 니다. 주님께서는 공의와 정의와 구제 등을 통해 주님 나라의 경제생활을 지켜 주십니다.

경제문제와 함께 삶의 행복에 꼭 필요한 것은 건강입니다. "주께서 네 모든 죄악을 용서하시고 네 모든 질병을 고치시며" 시 103:3, "그가 채찍에 맞으므로 우 리는 나음을 받았도다" 사 53:5, "친히 나무에 달려 그 몸으로 우리 죄를 담당하셨 으니 이는 우리로 죄에 대하여 죽고 의에 대하여 살게 하려 하심이라 그가 채찍 에 맞음으로 너희는 나음을 얻었나니" 벧전 2:24 이렇게 예수님께서 채찍에 맞으 셨고, 우리는 채찍 맞으신 공로를 의지해서 기도로 건강을 구하라고 말씀하십니 다. "믿음의 간구는 병든 자를 구할 것이니, 주께서 그를 일으키실 것이다. 비록 죄를 범하였을지라도 용서해 주실 것이다." 약 5:15

또 하나님의 나라는 성령을 통해서 누리는 정의와 평화와 기쁨입니다 롬 14:17. 예수님께서 다스리시는 하나님나라에는 평안, 평화, 기쁨 같은 정서적 행복이 있습니다.

하나님나라에 속한 사람들은 왕이신 예수님의 피와 말씀으로 사탄 마귀의 공격을 이기고 승리할 수 있습니다. "이제 구원과 능력과 우리 하나님나라와 또 그분의 그리스도의 권세가 이루어졌으니, 이는 우리 형제들을 참소하던 자, 곧 우리 하나님 앞에서 밤낮으로 그들을 참소하던 자가 쫓겨났기 때문이다. 그들이 어린 양의 피와 자신들이 증언한 말씀으로 그를 이겼으며, 죽기까지 자신들의 목숨을 아끼지 않았다." 계 12:10~11 하나님나라에는 영적 싸움의 승리가 있고, 우리에게 승리에 따른 행복을 누리게 하십니다.

하나님나라에는 주님의 임재와 통치, 주님과의 교제가 있습니다. 그리고 그 나라는 왕께서 그의 나라와 의를 구하는 사람의 영·혼·육을 돌보시는 복지국가입니다! "도둑이 오는 것은 도둑질하고 죽이고 멸망시키려는 것뿐이요 내가 온 것은 양으로 생명을 얻게 하고 더 풍성히 얻게 하려는 것이라" 요 10:10

필연적이고 필수적인 좋은 열매

미국에서 태어나면 자동으로 미국 시민권을 부여받고 미국에 속하게 됩니다. 예수님을 믿으면 죄를 용서받고 구원받습니다. 이때 영혼이 거듭나면서 왕과 그분의 나라가 그 사람 속에 옵니다. 미국에서 태어나면 시민권을 추가로 선택하지 않더라도 자동으로 시민권자가 되듯이, 믿어 영혼이 거듭나면 자동으로 예수님께서 왕으로 다스리시는 하나님나라 시민이 됩니다.

하나님나라가 내 안에 들어오면서 간악한 사탄의 나라가 쫓겨나갑니다. 얼마나 큰 사건입니까! 또 그 나라에 속한 시민만이 누릴 수 있는 하나님나라의 복된 언약의 수혜자격이 주어집니다. 임재, 통치, 교제, 돌봄의 혜택이 그 나라 안에 있을 때 주어집니다. 또 이 땅에 사는 동안에 주님 나라에 속해 살면, 육신의 장막을 벗은 뒤에 하늘과 땅에 걸쳐 있는 그 나라의 하늘 영역으로 영혼이 이주합니다.

그런데 하나님나라에 속하게 되면, 마냥 반가운 일만 있는 것은 아닙니다. "그러므로 내가 너희에게 이르노니 하나님의 나라를 너희는 빼앗기고 그 나라의 열매 맺는 백성이 받으리라." 마 21:43 구원받은 사람 속에 하나님나라가 오면서 그 사람은 왕이신 예수님에게 접붙여진 가지가 됩니다. 그리고 시간이 지나 결실의 때가 되었을 때, 열매가 있느냐 없느냐에 따라 천지 차이 나는 결과를 맞게 됩니다. "무릇 내게 붙어 있어 열매를 맺지 아니하는 가지는 아버지께서 그것을 제거해 버리시고 무릇 열매를 맺는 가지는 더 열매를 맺게 하려 하여 그것을 깨끗하게 하시느니라" 요 15:2

히브리서 6장에서도 농부는 기대하던 결실을 요구합니다. "그러므로 우리가 그리스도의 도의 초보를 버리고 죽은 행실을 회개함과 하나님께 대한 신앙과 세례들과 안수와 죽은 자의 부활과 영원한 심판에 관한 교훈의 터를 다시 닦지 말고 완전한 데로 나아갈지니라… 땅이 그 위에 자주 내리는 비를 흡수하여 밭 가는 자들이 쓰기에 합당한 채소를 내면 하나님께 복을 받고 만일 가시와 엉겅퀴를 내면 버림을 당하고 저주함에 가까워 그 마지막은 불사름이 되리라" 히 6:1

농부 하나님께서는 열매로 그 사람 믿음의 진위眞僞와 함량을 판단하시겠다고 공개 선언하셨습니다. "그들의 열매로 그들을 알지니 가시나무에서 포도를, 또는 엉겅퀴에서 무화과를 따겠느냐. 이와 같이 좋은 나무마다 아름다운 열매를 맺고 못된 나무가 나쁜 열매를 맺나니 좋은 나무가 나쁜 열매를 맺을 수 없고 못된 나무가 아름다운 열매를 맺을 수 없느니라. 아름다운 열매를 맺지 아니하는 나무마다 찍혀 불에 던져지느니라. 이러므로 그들의 열매로 그들을 알리라" 마 7:16~20

좋은 나무는 '모두' 그 나무에 걸맞은 좋은 열매를 '절로' 즉 필연적으로 맺는다고 말씀하십니다. 결과가 반드시 그럴 수밖에 없다는 것입니다. 좋은 열매가 필연적이라는 말은 필수적이라는 말로 이어집니다. 좋은 열매는 필연적이고 꼭 있어야 한다고 예수님께서 많은 곳에서 반복해서 말씀하십니다. 마태복음 3:10, 21:19, 43, 마가복음 11:25, 누가복음 3:8~9, 13:7, 9, 요한복음 15:2 등입니다.

열매를 맺으라는 말씀은 부담스럽게 들릴 수 있습니다. 그러나 사실은 영광스럽고 자랑스럽고 감사해야 할 일입니다. 우리는 사랑하는 사람이 변화되고 발전하기를 소망하고, 그렇게 되도록 힘을 다해 협조하고 후원합니다. 또 그렇게 되었을 때 함께 기뻐합니다. 열매는 접붙여진 가지가 나무와 같은 성질로 바뀌어서 나온 결과물입니다. 가장 좋은 '극상품' 포도나무와 접붙임 되어 극상품 포도를 맺는 것은 영광스러운 일입니다.

"제사하는 처음 익은 곡식 가루가 거룩한즉 떡덩이도 그러하고 뿌리가 거룩한즉 가지도 그러하니라 또한 가지 얼마가 꺾이었는데 돌감람나무인 네가 그들 중에 접붙임이 되어 참감람나무 뿌리의 진액을 함께 받는 자가 되었은즉" 롬 11:16~17 진액이 뿌리와 나무에서 가지로 흘러들어오듯이 예수님의 보혈, 말씀, 사랑, 거룩하심, 온전하신 뜻이 우리 안에 흘러들어옵니다. 아버지께서는 열심히 가지치기하셔서 열매 맺기에 가장 적합하도록 우리를 가꾸시며 돌보십니다. 능력의 성령님께서 나무와 가지 사이에서 최선으로 일하십니다. 삼위일체 하나님께서 최선을 다하시기 때문에 좋은 열매를 맺을 수 있고, 그래서 아름다운 열매는 필연적이고 하십니다.

예수님께서는 믿는 우리에게 "나를 따르라, 내 안에 거하라, 내게 배우라"고 하십니다. 이렇게 주님과 함께하니 주님을 닮는 것 또한 당연합니다. 사람끼리도 영향을 주고받는데 어떻게 전능하신 주님과 함께 있으면서 그 선하신 영향을 받지 않을 수 있겠습니까? 예수님과 함께 하지 않고, 결과적으로 예수님께 영향을 받지 않아 좋은 열매가 없는 사람에게는 "내가 너를 모른다, 네가 어디에서

왔는지 모른다"고 하십니다.

우리를 좋은 나무에 접붙이시고 아름다운 열매를 찾으시는 하나님께서 이렇게 격려하십니다! "예수께서 그들을 보시며 이르시되 사람으로는 할 수 없으나 하나님으로서는 다 하실 수 있느니라" 마 19:26, "만군의 여호와께서 말씀하시되 이는 힘으로 되지 아니하며 능력으로 되지 아니하고 오직 나의 영으로 되느니라" 슥 4:6, "또 새 영을 너희 속에 두고 새 마음을 너희에게 주되 너희 육신에서 굳은 마음을 제거하고 부드러운 마음을 줄 것이며 또 내 영을 너희 속에 두어 너희로 내 율례를 행하게 하리니 너희가 내 규례를 지켜 행할지라" 겔 36:26~27

예수님나라 성패의 관건

사회 구원을 신앙의 전면에 내세운 사회복음이나 해방신학이 현실 신앙의 세계에서 큰 영향력을 가지지 못했습니다. 반대로 기복과 형통을 주로 구하는 신앙 유형도 여러모로 부작용을 낳으며, 신앙의 세계를 건강하게 이끌고 가지 못했습니다. 하나님의 뜻이 현실에서 아름답고 풍성한 결실로 나타나기 위해서는 언제나 하나님나라와 그의 의를 먼저 구해야 합니다. 그래야 좋은 열매를 맺고, 평안과 기쁨이 있고, 삶의 고난과 마귀와의 싸움에서 승리할 수 있고, 영생의 나라에 넉넉히 들어가게 됩니다.

이를 위해 절대 잊지 말아야 할 전제가 있습니다. 예수님 안에 거해야 한다는 것입니다. 이것이 잘 되면 삶과 주변에서 주님 나라가 왕성해지고, 절로 좋은 열매를 많이 맺습니다. 예수님 안에 거할 때 사회복음이나 해방신학도 제대로 힘을 발휘할 수 있을 것입니다. 하나님의 나라가 개인에게, 교회에, 사회 속에 뿌리내리고 승승장구하기 위해서는 예수님 안에 거하는 것이 반드시 필요합니다.

예수님 안에 거하겠다는 결단

이른 아침에 아이들이 자는 모습을 보고 교회로 오는 경우가 많습니다. 큰 아이는 침대 머리맡에서 발치까지 꽉 찬 모습입니다. 작은 아이도 깨어 놀 때는 잘 모르겠는데, 누워 잘 때 보면 쑥 자란 모습이 보입니다.

가끔은 교회로 걸어올 때 집을 나와 야트막한 산을 넘기도 합니다. 아파트 단지 안에 있는 나무들도 제법 자라서 키가 큽니다. 아마 15년 전에는 작은 묘목이었던 나무들도 있었을 텐데, 지금은 어떤 나무는 2층을 넘어 3층 높이로 자라기도 했습니다. 산은 나무들로 녹음이 무성하고 거목들도 제법 보입니다. 생명 있는 것들은 종을 불문하고 다 자라는 것을 봅니다.

내 죄를 십자가에서 대신 짊어지신 예수님을 진실한 마음으로 믿으면, 죄를 용서받아 구원받고 영혼이 거듭나며 하나님나라가 그 안에 임합니다. 그분의 나라는 처음에는 땅 위의 모든 씨보다 작은 겨자씨와 같습니다. 하지만 세월이 흐르면 새들이 와서 그 그늘에 깃들일 만큼 크게 자란다고 말씀하십니다. 또 가루 서 말 속에서 존재조차 찾기 힘들 정도로 작은 누룩이었지만, 결국에는 가루 서 말 전체를 다 부풀어 오르게 하는 것이 바로 하나님나라라고 하셨습니다. 농부 아버지께서 주관하시는 하나님나라는 아주 작은 씨에서 싹으로, 싹에서 이삭으로, 이삭에서 알찬 낟알로, 추수 때에는 마침내 잘 익은 결실로 자랍니다.

참포도나무이신 예수님께서 좋은 열매를 맺는 유일한 길을 말씀하셨습니다. "내 안에 거하라 그러면 나도 너희 안에 거하리라 나는 포도나무요 너희는 가지라 그가 내 안에, 내가 그 안에 거하면 사람이 열매를 많이 맺나니, 나를 떠나서는 너희가 아무것도 할 수 없음이라" 요 15:4~5 당신 안에 거하라는 예수님의 사랑의 권면에 사람이 의지적 반응을 하면, 예수님께서 그 사람 안에 거하신다고 말씀하십니다.

'안에'는 '관하여'가 아닙니다. 내가 주님 안에 주님께서 내 안에라는 말이 처음에는 도무지 이해가 안 되었습니다. 원 두 개를 그려 가면서 이리저리 궁리해 봤습니다. 답이 없었습니다. 그러다 보게 된 것이 "붙어 있어" 요 15:2, 4와 "돌감람나무인 네가 그들 중에 접붙임이 되어 참감람나무 뿌리의 진액을 함께 받는 자가 되었은즉" 롬 11:17과 같은 말씀이었습니다. 예수님께 붙어 있고, 연결되고, 통하고, 마침내 일체가 되는 것을 말합니다. 이 과정에서 나무의 생명과 특성이 가지를 완전하게 동화시켜 갑니다.

'거하다'는 단절과 분리가 없는 지속적인 결합 상태입니다. 일시적인 만남이나 방문이나 조우가 아니라, 항상 함께 사는 것입니다. "그리스도께서 우리를 위하여 죽으셨으니, 이는 우리가 깨어 있든지 자든지 그분과 함께 살게 하려는 것이다/He died for us so that, whether we are awake or asleep, we may live together with him." 살전 5:10

예수님은 그분 안에 거하겠다는 우리의 의사, 의지, 소망과 결단을 기다리고 계십니다. 왜냐하면, 예수님께서는 항상 우리를 향하여 계시고, 우리와 접붙여 더욱 온전히 하나 되기를 아주 오래 열망하셨기 때문입니다. 좋은 열매를 맺는 이 모든 아름다운 과정은, 가지가 "내 안에 거하라!"고 하는 나무의 사랑의 권면과 호소에 얼마나 충실하게 반응하는지에 달려있습니다. 어찌 보면 신앙생활에서 가장 중요한 부분입니다. 사망 권세를 이기신 예수님, 생명이시며 모든 창조의 근원이신 예수님과 동행하는 생명 넘치는 나날이 우리를 기다립니다.

"뿌리 깊은 나무는 바람에 아니 흔들리므로 그 꽃이 아름답고 그 열매 성하도다!" 용비어천가의 한 구절입니다. 하나님께서 주신 자연을 통해 사람들이 지혜를 발견하고, 그 지혜가 기록된 것입니다. 우리 신앙은 예수님 안에 뿌리를 내려야 하며, 예수님이라는 터 위에 세워져야 합니다. 예수님 안에 거하는 믿음과 삶은 흔들리지 않습니다. 이 세상 임금 마귀는 중심 되신 예수님 안에 거하려는 우리를 갖가지 원심력으로 이탈시키려 합니다. 내 안에 거하라 나도 네 안에 거하리라, 많은 열매를 맺을 것이다! 이 아름다운 약속을 사랑하며 고수하고, 이제 우리 삶 속에 이루는 구체적인 길을 함께 찾아가 보려 합니다.

따라야만 알게 되는 예수님

나무와 가지가 접붙임에 성공하려면 꼭 필요한 조건들이 있습니다. 가장 먼저 필요한 조건은 아직 이질적인 둘 사이의 친화성을 높이기 위한 조치들입니다. 접붙이는 표면의 이물질은 절대 안 됩니다. 그리고 나무와 가지가 가능한 한 밀접하게 밀착되어 있도록 결속 테이프로 꽁꽁 묶습니다. 그러면 시간이 흐르면서 물과 무기양분이 이동하는 통로인 물관이 생기고, 양분을 운반하는 통로인 체관이 형성됩니다. 이런 과정 속에 양쪽에서 세포 활동이 활발해지면서 접합되고, 소통이 시작되고, 마침내 이질적이었던 양쪽의 결합이 시작됩니다.

내 안에 거하라 나도 너희 안에 거하리라! 이 접붙임 과정의 시작인 "내 안에 거하라"와 가장 가까운 표현은 "나를 따르라 follow Me!"인 것 같습니다. 예수님을 따르는 것은 참으로 많은 유익을 줍니다. 유익함의 종류와 내용은 이루 말할 수 없을 정도입니다. 유익함의 효과는 영원에까지 이릅니다. 동행하면서 주님과 친숙해지고, 익숙해지고, 배우고 닮고 동화되어 갑니다. 즉 가지와 나무가 점점 밀접하고 깊은 상호관계가 되는 것처럼, 주님을 따르면 이루 말할 수 없는 선물들이 따릅니다.

우리 인생은 시기마다 얻는 것이 있습니다. 어린이, 청소년, 청년, 중장년, 노년의 각 시기마다 소중한 사람들을 만납니다. 가족을 포함해서 친구, 동료, 동역자 등을 만납니다. 만나는 시기와 모습은 다를지라도 공통적인 것은 가장 많은 시간을 같이 공유한 사람과 가장 길고 깊은 관계를 유지한다는 것입니다.

신앙도 마찬가지입니다. 예수님과 양질의 시간을 얼마나 많이 보내느냐에 따라 그 사람의 신앙의 질과 깊이가 결정됩니다. 나아가 인생의 안정성과 행복감과 실제적인 승리도 좌우됩니다. 그런데 이것은 1:1로 비례하는 것이 아닙니다. 있는 자는 더 있게 하고, 없는 자는 그 있는 것마저 빼앗긴다고 성경이 가르쳐줍니다. 30배, 60배, 100배라는 표현에 나와 있듯이 예수님과 양질의 시간을 보내는 것에 따라 비례 이상의 가중 보상을 베푸십니다.

예수님을 따를 때 가장 먼저 주시는 선물은 예수님을 아는 것입니다. 이것은 단순히 예수님에 관해 아는 것이 아닙니다. 귀신들과 마귀도 예수님에 관해 알았습니다. 이스라엘 종교지도자도 예수님에 관해 알았지만, 기득권과 시기심 때문에 예수님을 핍박하고 반대한 사람들이 많았습니다. 신학을 연구하는 사람 중에도 살아 계신 예수님을 왜곡하고 축소하고 가리는 데 힘을 쏟는 경우도 있습니다. 예수님을 인격적으로 아는 것이 아니라, 예수님에 관해서만 파다가 점점 쌓이는 주변 지식에 파묻히고 미로로 들어가 버린 것입니다.

이스라엘이 신앙, 풍속, 공동체, 경제, 외교, 안보 모든 면에서 실패의 세월을 보낼 때, 하나님의 해결책이 호세아 선지자를 통해 옵니다 "우리가 여호와를 알자. 힘써 여호와를 알자. 그분의 나오심은 새벽 빛같이 확실하시니, 그분께서 비와 같이 땅을 적시는 늦은 비와 같이 우리에게 오신다….나는 인애를 원하고 제사를 원치 아니하며 번제보다 하나님 알기를 원한다." 호 6:3~6

호세아 4장 맨 앞에서 이스라엘이 겪고 있는 고통, 저주, 속임, 살인, 간음, 폭력 등의 원인은 이스라엘이 하나님을 모르는 것 때문이라 말씀하셨고, 6장에서는 위와 같이 하나님을 알고 또 힘써서 끊임 없이 최선을 다해 주님을 알라고 강력하게 권면하십니다. 하나님을 아는 것은 그분이 누구이신지를 알아가며, 친밀해지고, 그분을 합당하게 수용하는 것을 말합니다. 우리가 이 땅에서 항상 하나님 알기를 힘써도 실제 하나님의 크기, 능력, 사랑, 위엄 등의 억만분의 일도 알지 못한다는 것이 피조물인 우리의 정직한 고백입니다. 하늘에 가서 얼굴과 얼굴을 마주한 뒤, 그분의 실제를 날마다 확인해가면서 우리는 한참 경이로움 속에 있을 것입니다. 그래서 우리는 하나님 아는 것을 위해 더욱 더 매진해야 합니다.

나무와 가지 사이의 이물질을 제거하고 이질적이었던 둘이 완전 밀착할 수 있도록 결합 테이프로 꽁꽁 묶듯이, 주님과의 접붙임에 해로운 죄를 회개하고 씻어내면서 주님을 따르면 주님을 점점 더 알게 됩니다. 아버지와 예수님을 아는 것이 영생이라고 예수님께서 말씀하십니다요 17:3. 바울은 예수님과 그분께서 십자가에 못박히신 것만을고전 2:2 전하려고 고린도로 갑니다. 바울도 빌립도 예수님께서 왕이신 그분의 나라와 예수님만을 전합니다. 사도 바울은 예수님을 아는 것이 가장 존귀하기 때문에 모든 것을 버리고 "쓰레기"로 여깁니다빌 3:7~8.

예수님 안에 거하면서, 즉 주님을 따르면서 그분을 알아가는 것이 왜 이리 중요할까요? 주님을 따라가면서 알아가고, 그분을 알아가면서 배워갑니다. 배워가면서 닮아갑니다. 닮아가면서 주님을 따라 하고, 결국 주님이 하시는 것을 함께 합니다. 이런 과정 속에 싹이 이삭이 되고, 열매가 되고, 마침내 익은 결실이 될 수 있습니다. 열매를 맺고, 더 맺고, 많은 열매를 맺습니다. 내 안에 거하라 나도 너희 안에 거하리라, 그러면 절로 많은 열매를 맺으리라! 이 말씀이 우리에게 장차 하실 주님의 칭찬이 되기를 기도합니다! 이 말씀이 실현되어 가는 것은 다름 아닌 주님 나라가 실현되어 가는 것입니다. 주님 뜻이 이루어지는 것입니다. 이 모든 것이 예수님을 알고 따르는 것에 달려 있습니다.

예수님의 공로를 닻으로 삼아 주님 닮아가기

사도 바울은 예수님을 아는 것이 가장 고상하고 존귀하며, 고귀하고 지고한 가치가 있다고 조금의 주저함도 없이 고백합니다빌 3:7~8. 이를 위해 다른 모든 것을 배설물, 오물, 쓰레기로 여기며 버렸다고 담대하게 고백합니다. 바울의 이 말에 동의하더라도 바울처럼 모든 것을 버리는 것이 두렵기도 합니다. 그렇지만 "영생은…예수 그리스도를 아는 것"요 17:3이라는 주님 말씀을 들으면 예수님을 알기 위해 주님을 따르는 삶이 얼마나 소중하고 가치 있는지 다시 확인하게 됩니다. "그 아들을 모시고 있는 사람은 생명을 가지고 있고, 하나님의 아들을 모시고 있지 않은 사람은 생명을 가지고 있지 않습니다."요일 5:12

"그리고 우리의 믿음의 근원이시며 완성자이신 예수만을 바라봅시다fix eyes on Jesus" 히 12:2, "우리가 믿는 도리의 사도이시며 대제사장이신 예수를 깊이 생각하라fix thoughts on Jesus" 히 3:1 이 두 말씀은 예수님을 아는 것에 어느 정도로 중점을 두어야 하는지를 확실하게 정해주십니다. "오직 우리 주 곧 구주 예수 그리스도의 은혜와 그를 아는 지식에서 자라 가라 영광이 이제와 영원한 날까지 그에게 있을지어다."벧후 3:18

십자가의 예수님, 예수님의 십자가가 우리가 주님을 아는 것에 있어 가장 우선이며, 이 땅을 떠날 때까지 항상 서있어야 할 믿음의 반석임을 바울은 확고부동하게 증언합니다. "나는 너희 가운데서 예수 그리스도, 곧 십자가에 못 박히신 그분 외에는 아무것도 알지 않기로 작정하였다."고전 2:2

예수님을 따르면서 알아갈수록 우리 마음은 든든한 믿음으로 채워지고, 우리가 어떻게 살아가야 할지를 더욱 확신하게 됩니다. 우리의 가장 귀한 자산과 삶의 기초가 무엇인지를 알게 됩니다. 그것은 바로 예수님의 공로work입니다.

십자가에서 베푸신 보혈의 공로! 우리의 약함과 병을 담당하시려고 십자가 직전에 채찍에 맞으신 공로! "너희가 우리 주 예수 그리스도의 은혜를 알고 있듯이, 그분은 부유하신 분으로서 너희를 위하여 가난하게 되셨으니, 이는 그분의 가난함을 인하여 너희가 부유하게 되도록 하려는 것이다!" 고후 8:9 우리의 죄와 질병만이 아니라 가난까지 담당하신 예수님의 공로가 얼마나 소중한 것인지는 아래 말씀에 낱낱이 나옵니다.

> 그는 실로 우리의 고통을 지고 우리의 슬픔을 당하였거늘 우리는 생각하기를 그는 징벌을 받아 하나님께 맞으며 고난을 당한다 하였노라 그가 찔림은 우리의 허물 때문이요 그가 상함은 우리의 죄악 때문이라 그가 징계를 받으므로 우리는 평화를 누리고 그가 채찍에 맞으므로 우리는 나음을 받았도다 우리는 다 양 같아서 그릇 행하여 각기 제 길로 갔거늘 여호와께서는 우리 모두의 죄악을 그에게 담당시키셨도다 사 53:4~6

무한한 능력의 소유자이심에도 십자가에서 피 흘리시고 죽으신 유일무이한 구원자 예수님! 부활하셔서 사망을 정복하시고 사망 권세자를 심판하신 예수님! 그리고 보좌에 오르신 하늘과 땅의 왕 예수님! 예수의 영이시자 진리의 영이신 성령님을 믿는 자 안에 보내주시는 예수님! 하늘에서 우리 위해 간구하시는 중보의 예수님!

예수님이 누구이신지를 풍성하게 알수록 그 영혼은 평안과 담대함과 승리의 기대감 속에 살게 됩니다. 예수님의 공로가 얼마나 소중한 것인지를 알수록 그 사람은 예수님 안에 거하려 몸부림을 칩니다. 어떠한 유혹과 원심력이나 방해가 올지라도 기둥 같은 예수님을 붙들고 주님에게서 멀어지지 않습니다. 바람이 불고 풍랑이 몰아쳐도 예수님이 그 사람의 영혼의 닻이 되심을 경험하게 됩니다.

예수님을 따라가면서 우리는 주님을 닮아갑니다. 이렇게 세상이 우리를 보고 우리 안의 예수님을 볼 수 있어야 합니다. 소양蘇羊, 야소耶蘇 즉 예수의 양이라고 자신을 부른 주기철 목사님은 예수님을 따르기 위해 죽음을 선택하고 순교합니다. 예수님이 주인이신 것을 철두철미하게 자인했기에 그리할 수 있었을 것입니다. 아들 둘을 죽인 아들의 친구를 양자로 입양하는 등 주님 닮은 삶을 살아간 손양원 목사님의 꿈과 지향은 '예수 중독자'였습니다. 세상과 세상 뒤에 숨은 마귀의 위협과 간계를 이기신 두 분 목사님처럼 나무에 충실하게 접붙임 된 가지가 되기를 열망합니다. 그래서 주님 나라가 영혼과 삶에 아름답고 영광스럽게 꽃 피고 열매 맺기를 갈망합니다.

예수 중독자 손양원, 1902~1950

나 예수 중독자 되어야 하겠다.
술 중독자는 술로만 살다가
술로 인해 죽게 되는 것이고
아편 중독자는 아편으로 살다가
아편으로 인해 죽게 되나니
우리도 예수의 중독자 되어
예수로 살다가 예수로 죽자.
우리의 전 생활과 생명을
주님 위해 살면 주같이 부활된다.
주의 종이니 주만 위해
일하는 자 되고 내 일 되지 않게 하자.

8장 _ 하나님나라의 열매

열매 맺는 백성이 받는 하나님나라

사람은 구원과 내세 천국과 현실의 복을 소망합니다. 우리 주님께서도 주시기를 원하십니다. 그러나 먼저 우리가 열매 맺는 삶을 구하기를 바라십니다. 주님 나라와 그 의를 구하면서 살아갈 때 열매를 맺게 해주십니다. 열매는 하나님의 핵심 관심사입니다. 열매가 없으면 하나님의 뜻과 소망도, 예수님의 성육신과 십자가 희생도 아쉽고 아까운 것이 됩니다. 반대로 열매를 맺기를 소망하면 삼위일체 하나님께서 합력하셔서 좋은 열매를 많이 맺게 해주십니다.

사랑의 DNA를 가진 하나님나라

복된 고백, 자유롭게 하는 외침과 함께 시작하고 싶습니다. "예수님은 나의 주님이시고 나는 주님의 것입니다! 내가 나의 주인이 아니고, 사랑과 전능의 예수님께서 나의 주관자이십니다! 언제나 동행하시고, 모든 일에 주님 뜻 이루소서!"

하나님의 나라는 사랑의 나라입니다. 그 나라에서 일어나는 모든 일의 근본 동기는 사랑입니다. 하나님은 사랑이시고, 십자가도 사랑입니다. 그 나라의

DNA는 사랑입니다. 이처럼 사랑은 하나님나라의 핵심적인 국시와 가치 중의 하나입니다.

그래서 하나님 사랑 이웃 사랑은 그 어떤 제사보다 나은 최고의 제사라고 예수님께서 말씀하셨습니다막 12:33. 이 두 사랑은 모든 율법의 압축이요 핵심이라고 하셨고, 이웃을 자신처럼 사랑하는 것은 율법의 완성이라 하셨습니다.

또 하나님나라의 시작인 믿음을 다른 각도에서 보면 사랑이라고 가르쳐 주십니다. "거짓이 없는 믿음에서 나오는 사랑" 딤전 1:5이고, "사랑으로 실천되는 믿음" 갈5:6입니다.

믿음은 사랑을 낳고, 믿음 생활은 사랑의 생활을 포함하고 있습니다. 그래서 이웃과 타인에 대한 사랑은 믿음에서 빼놓을 수 없는 필수적인 요소입니다. 형제를 사랑함으로 사망에서 옮겨 생명으로 들어간 줄을 알 수 있다고 말씀하십니다요일 3:22. 이 사랑에는 경제적 약자에 대한 물질적 도움과 배려가 포함됩니다요일 3:17.

하나님께서는 당신을 사랑하는 것은 그 사람을 부르신 뜻을 이루는 것이며롬 8:28, 사랑은 율법의 완성롬 13:10이라고 보십니다. 이 사랑은 이웃에게 악을 행하지 않는 것을 포함합니다. 서로 사랑하면 무엇이든지 구하는 것을 하나님께 받는다는 놀라운 축복을 약속하십니다요일 3:22.

반대로 사랑이 없으면 아무것도 아니라고 하십니다고전 13:2. 예수님의 동생 야고보 사도는 이렇게 경고합니다. "나의 형제들아, 만일 누가 믿음이 있다고 말하면서 행위가 없으면 무슨 유익이 있겠느냐? 그 믿음이 자기를 구원하겠느냐?" 약 2:14 여기서 행위는 경제적 약자에 대한 사랑과 배려를 말합니다약 2:15~16. 우리 신앙은 일반적으로 개인주의적이며 물질주의적인 사회에 동화되어 있습니다. 그러나 "그 믿음이 자기를 구원하겠느냐"는 말씀은 값싼 은혜와 쉬운 믿음을 선호하는 우리에게 믿음과 구원에 대하여 진지하게 고민하라고 이야기합니다.

하나님의 나라는 왜 사랑의 나라일까요? 무엇보다 하나님은 사랑이시기 때문입니다. 자존自存하시는 하나님은 사람을 포함한 모든 것의 시작이시며 근원이십니다. 그런데 바로 그분이 사랑이십니다! 크기를 측량할 수 없는 사랑의 소유자이십니다. 그분의 뜻과 계획과 말씀과 행하시는 모든 것이 전부 다 사랑에서 비롯됩니다.

사람의 시작부터 구원까지, 모든 과정은 하나님의 사랑에서 비롯되었습니다. 아담과 하와를 만드실 때 하나님의 형상을 따라 하나님의 모양대로 지으셨습니다. 창조하신 만물 가운데 유일하게 사람만 주님 형상과 모양대로 만드신 것입니다. 사람이라는 존재 자체가 이미 하나님 사랑의 결정적인 증거입니다. 형상과 모양을 같게 하셔서 사람들을 사랑으로 대하시고, 영적 존재로서 하나님과 교통하고 사랑하고 동행하도록 하셨습니다. 나의 기쁨 헵시바 나와 결혼한 뿔라라 부르시며사 62:4 아름다운 교제를 베푸셨습니다.

그리고 사람에게 특별한 지위를 부여하셨습니다. '형상'이라는 말에는 대리인이라는 뜻도 있습니다. 하나님 형상대로 사람을 지으신 다음에 만물을 다스리는 청지기의 지위를 부여하셨습니다창 1:28. 참으로 영광스러운 일입니다. 비록 한국적 복음주의는 이 영광스러운 청지기 직분을 순수복음이라는 협소한 범주 밖으로 밀어내고 자진 반납했지만, 하나님께서는 우리에게 지금도 이 직분을 맡기셨습니다.

그런데 사람이 육신과 마귀의 속삭임이 문제를 일으켰습니다. 에덴동산에서 하나님과 함께 살며 만물을 다스리는 특권을 주시고 다 베푸셨는데 첫 사람은 더 가지려다 선악과를 먹고 맙니다. 하지만 그들이 에덴동산에서 나갈 때, 하나님께서는 사랑으로 아담과 하와에게 짐승의 가죽옷을 지어 입히십니다. 그때 흘린 짐승의 피로 은혜를 베푸시고 다시 기회를 주셨습니다. 날마다 새 기회를 주시는 그 사랑에 우리는 그저 감사할 수밖에 없습니다.

하나님께서는 인생들의 죄의 짐을 벗기시려고 독생자를 어린 양 제물로 보내셨습니다. 육신으로 오신 하나님의 아들께서는 겟세마네에서 통곡하시며 땀이 핏방울같이 땅에 떨어지도록 기도하시고, 수치와 고통과 사망의 십자가에 오르셨습니다. 그리고 마침내 우리를 구원자의 피로 사셔서 사랑의 아들의 나라로 옮기셨습니다골 1:13. "내가 왕이다" 요 18:37하신 분이 그 나라의 왕이 되셨습니다. 사람의 타락은 하나님의 사랑을 배신한 욕심과 죄에서 출발한 것이기에, 예수님께서 왕이신 새 나라에서는 거듭난 사람을 사랑으로 충만한 "새사람" 엡 2:15으로 만드시기를 원하십니다.

하나님과 이웃에 대한 사랑은 우리를 향한 그분의 놀라운 사랑에서부터 흘러 들어옵니다. 하나님 사랑에서 거룩에 대한 열망이 나오고, 이웃 사랑에서 공의와 화평이 자라갈 것입니다. 참포도나무 예수님께서 당신의 진액인 사랑의 보혈과 말씀을 우리에게 보내주시며, 우리가 사랑의 싹-이삭-열매로 자라기를 원하십니다. 거듭난 우리가 맺을 좋은 열매는 하나님의 영광을 드러낼 것입니다. 성령님, 하나님 뜻대로 아들의 피와 말씀을 통해 우리 체질을 바꾸시고, 그 나라의 영광스러운 아름다운 열매를 맺게 도우소서!

우리의 체질을 바꾸시는 참 사랑의 공급자

참 믿음은 사랑을 낳습니다. 사랑은 믿음의 자연스러운 결과물이며 필연적인 파생물입니다. 성경의 표현대로 거짓 없는 참 믿음에서 사랑이 나오고, 믿음은 사랑으로 실천되기 때문입니다. 그래서 사랑은 믿음의 열매이자 목표입니다.

그런데 사랑만큼 어려운 것도 없습니다. 사랑의 걸림돌인 이기심과 욕심, 무관심이 사랑을 가로막습니다. 더하여 죄의 본성은 다른 사람에게 해를 끼치도록 부추깁니다. 히브리 말로 사탄, 헬라 말로 디아볼로스인 마귀는 이간자라는 뜻입니다. 시기심, 물욕, 권력/힘 추구, 명예와 인정 욕구 등을 자극해서 사람들을 나누고 멀어지고 싸우게 만듭니다. 교활한 마귀의 존재와 활동은 사랑을 크게 방해합니다.

사랑이 사람에게 자연스러운 것이 아니고, 사람의 악한 본성과 부딪치기 때문에 쉽지 않습니다. 그래서 사랑을 성령의 열매, 하나님나라의 열매, 신의 성품이라고 하셨나 봅니다. 그런데 예수님은 참포도나무이신 그분의 진액이 구원받은 사람 안에 흘러 들어가고 충만해져서 이기심과 죄성을 이겨내고, 사랑의 열매를 맺게 하겠다고 격려하고 약속하셨습니다. 그래서 우리는 믿음을 가지고 사랑의 열매를 기대하고 도전합니다.

성경은 믿음에서 사랑의 열매에 이르는 다음의 과정을 통해 열매를 맺을 수 있다고 약속합니다. '믿음으로 하나님과 사랑을 알아 감→하나님 사랑을 받음→하나님을 사랑함→하나님께 받고 배운 사랑으로 타인을 사랑함→사랑의 열매를 맺음'의 과정입니다.

이 과정에서 가장 중요한 것은 하나님의 사랑과 은혜를 제대로, 가능한 한 많이 알고 누리는 것입니다. 동시에 하나님의 사랑과 은혜가 우리에게 얼마나 절실히 필요한지를 아는 것입니다. 예수님 없는 삶이 얼마나 무력하고 부끄럽고 절망적인지를 온전히 깨달을 때, 비로소 하나님의 은혜와 사랑을 받을 겸손한 그릇으로 준비됩니다.

하나님의 아들로서 이 땅에 오신 예수님께서 베푸신 사랑과 은혜의 측량할 수 없는 크기를 알 때, 그분에게 성큼 다가가게 됩니다. 예수님께서는 자기 욕심에 끌려 죄인이 된 사람들의 죄와 벌, 질병과 가난, 고통과 슬픔을 자신의 육신으로 대신 담당하셨습니다. 그분의 사랑과 은혜와 행하신 공로를 제대로 알면서 신앙생활을 시작해야 합니다. 이사야 53:4~6은 신앙생활 처음부터 끝까지 우리 영혼이 항상 직시해야 할 모든 사람의 참상과 예수님의 사랑의 실체입니다.

> 그는 실로 우리의 고통을 지고 우리의 슬픔을 당하였거늘 우리는 생각하기를 그는 징벌을 받아 하나님께 맞으며 고난을 당한다 하였노라 그가 찔림은 우리의 허물 때문이요 그가 상함은 우리의 죄악 때문이라 그가 징계를 받으므로 우리는 평화를 누리고 그가 채찍에 맞으므로 우리는 나음을 받았도다 우리는 다 양 같아서 그릇 행하여 각기 제 길로 갔거늘 여호와께서는 우리 모두의 죄악을 그에게 담당시키셨도다 사 53:4~6

예수님께서 육신으로 마구간으로 오신 것, 요한에게 겸손하게 침례 받으신 것, 머리 둘 곳도 없이 사신 것, 병과 귀신을 쫓으실 때 늘 시비를 거는 종교 지도자들의 몰지각을 참으시면서까지 사람들에게 다른 그 누구도 줄 수 없는 자유를 주신 것, 겟세마네에서 심한 통곡과 땀을 핏방울 같이 쏟으시며 기도하시고 십자가에 오르신 것, 침과 손바닥과 주먹이 주님 얼굴에 쏟아진 것, 머리에 가시 면류관으로 큰 상처를 얻으시고 피가 얼굴과 몸을 적신 것, 가장 잔혹한 형벌이라는 십자가에 매달리셔서 6시간 동안 죽어가는 과정을 다 감당하신 것, 십자가에서 죄인들을 용서하는 기도를 드리신 것, 창이 옆구리를 찌른 것…. 이렇게 우리 마음에 부어진 주님의 사랑이 우리를 격려합니다.

진정 감사합니다. 주님께 고백합니다.

사랑합니다. 주님께 찬송을 드립니다.

주님이 싫어하시는 죄를 이기고 싶습니다.

사랑의 말씀에 순복하기를 원합니다….

이렇게 주님을 사랑하는 사람에게 당신의 능하심과 선하심을 보여주십니다. "하나님을 사랑하는 사람들, 곧 하나님의 뜻대로 부르심을 받은 사람들에게는, 모든 일이 서로 협력해서 선을 이룬다는 것을 우리는 압니다." 롬 8:28

그 사랑의 축복을 경험하면서 우리는 회복을 향해 전진합니다. 타인은 무관심, 시기심, 정복과 승리의 대상이 아니라 주님께 받은 사랑의 실천 대상이 됩니다. 주님으로부터 일만 달란트의 사랑과 은혜를 받았기에, 받은 것의 수천만분의 일도 안되는 백 데나리온의 사랑을 타인에게 베풉니다. 특히 작은 자에게 자연스럽게 다가가 손을 내밀고 입을 엽니다.

타인을 보는 눈도 바뀌어 갑니다. 주님께서 그 사람을 보시는 눈과 안목이 점점 내 것이 됩니다. 모든 사람이 본래 하나님의 형상과 모양을 따라 지어진 참으로 존귀한 존재임을 알게 되고, 그 시선을 받아들여 타인을 봅니다. 자랑, 교만, 차별, 무관심, 가해加害가 멈춥니다. 대신에 주님께서 바꾸어 주신 사랑의 눈, 사랑의 손, 사랑의 입술이 되며 새사람으로 조금씩 변해갑니다.

참포도나무이신 예수님의 사랑의 피, 구원자이시자 왕이신 그분의 사랑의 말씀은 우리를 격려합니다. 불가능이 없다고 하시며 우리의 체질을 바꾸어 갑니다! 사랑의 열매가 싹에서 이삭으로, 그리고 결실로 자라갑니다. 예수님의 사랑의 진액을 항상 넉넉히 받아들입시다! 주님께서 우리의 체질을 바꾸어 주시고, 사랑의 열매를 맺게 하실 것입니다!

사랑해야만 알게 되는 분, 하나님

사랑은 받는 것도 행복이고 주는 것도 행복이지요. 나이가 웬만큼 먹거나 어린 아이의 마음에서 벗어나 성숙해지면서 누구나 경험하고 확인하는 사실입니다. 그래서 사랑하라는 주님 계명은 행복한 계명입니다. 게다가 사랑의 계명에 순종하면 여러 배의 다양한 축복으로 갚아 주십니다.

거짓 없는 참믿음은 사랑의 열매를 맺는다고 말씀하십니다 딤전 1:5. 또 예수님께서는 오직 "사랑으로 실천되는 믿음만" 갈5:6 유효한 믿음으로 인정하십니다. 바울은 "믿음을 겸한 사랑", 즉 "믿음과 섞인 사랑"을 권유합니다 엡 6:23. 성경 곳곳에 믿음과 사랑은 함께 등장하며, 수레의 양 바퀴와 같이 동시에 움직입니다.

성경에서 말하는 사랑의 대상은 하나님과 타인입니다. 하나님께는 마음과 목숨과 뜻과 힘을 다해서 사랑하고, 타인은 자신처럼 사랑하라 하십니다. 둘 다 최선의 사랑을 명하십니다.

또한 사랑에는 두 방향의 사랑이 있습니다. 긍정적인 것을 실천하는 사랑이 있고, 반대로 부정적인 것을 하지 않는 방식의 사랑이 있습니다. 오래 참고, 진리와 함께 기뻐하고, 모든 것을 참으며, 모든 것을 믿으며, 모든 것을 바라며, 모든 것을 견디고, 서로 우애하고 존경하고, 서로 용납하고, 섬기는 것이 긍정적인 내용의 사랑입니다.

시기하지 않고, 자랑하지 않고, 교만하지 않고, 무례히 행하지 않고, 자기의 유익을 구하지 않고, 성내지 않고, 악한 것을 생각하지 않고, 불의를 기뻐하지 않고, 살인하지 않고, 도둑질하지 않고, 탐내지 않는 것 등이 타인에게 부정적이고 해가 되는 것을 하지 않는 사랑입니다. 이처럼 우리는 "악을 미워하고 선에 속하는" 롬 12:9 두 가지 방향으로 사랑할 수 있습니다.

따라서 사랑에서 선과 악, 의와 불의를 분별하는 것이 중요합니다. "사랑은 불의를 기뻐하지 않고 진리와 함께 기뻐하는" 고전 13:9 것이기에, 사랑을 실천하기 위해서는 분별력이 꼭 필요합니다. "주께서 의를 사랑하시고 불법악을 미워" 히 1:9하시기 때문에 우리의 사랑도 주님과 같은 성경적 기준과 분별력을 요합니다.

그러나 우리가 행한 사랑은 이 점에서 부족했고, 많은 오류를 낳았습니다. 성경적 기준에 따라 주님과 같은 방향으로 선과 의를 사랑하고 악과 불의를 미워해야 하는데, 무엇이 선악인지를 분별하지 못했습니다. 결과적으로 불의의 편에 섬으로써 선과 사랑을 배신한 경우가 무척 많았습니다.

세상 사람들이 교회를 보는 눈은 어떤 면에서 정확합니다. 교회와 교단끼리, 심지어 교회 안에서도 서로 사랑한다고 보지 않습니다. 이런 모습이 각 종교에 대한 사회의 신뢰도 조사에 그대로 반영될 수밖에 없습니다. 기독교의 신뢰도는 벌써 20년 가까이 천주교, 불교 다음 순서였고, 그 차이가 점점 더 벌어지고 있습니다. 여러 가지 이유가 있겠습니다만, 교회들과 크리스천들이 사랑 없는 모습을 자주 많이 보였기 때문일 것입니다.

왜 이렇게 되었을까요? 그리고 어떻게 하면 변화할 수 있을까요? 많은 크리스천이 사랑은 신앙의 옵션이라고 말합니다. 사랑은 해도 그만 안 해도 그만이라고 생각합니다. 자신의 내세 천국 입성, 크리스천이 정체성과 사랑 여부가 전혀 상관없다고 여깁니다.

그러나 이것은 큰 오해입니다. 사랑은 크리스천 정체성의 핵심 요소입니다. 요한일서는 사랑은 하나님 자녀의 필수적 특성이라고 말합니다. 야고보 사도는 경제적 약자에게 실질적 사랑을 베풀지 않는 "그 믿음이 능히 자기를 구원하겠느냐?" 고약 2:14 말합니다.

이러므로 하나님의 자녀들과 마귀의 자녀들이 드러나나니 무릇 의를 행하지 아니하는 자나 또는 그 형제를 사랑하지 아니하는 자는 하나님께 속하지 아니하니라 요일 3:10

우리는 형제를 사랑함으로 사망에서 옮겨 생명으로 들어간 줄을 알거니와 사랑하지 아니하는 자는 사망에 머물러 있느니라 요일 3:14

사랑하는 자들아 우리가 서로 사랑하자 사랑은 하나님께 속한 것이니 사랑하는 자마다 하나님으로부터 나서 하나님을 알고 사랑하지 아니하는 자는 하나님을 알지 못하나니 이는 하나님은 사랑이심이라 요일 4:7~8

사랑 안에 거하는 자는 하나님 안에 거하고 하나님도 그의 안에 거하시느니라 이로써 사랑이 우리에게 온전히 이루어진 것은 우리로 심판 날에 담대함을 가지게 하려 함이니 주께서 그러하심과 같이 우리도 이 세상에서 그러하니라 요일 4:16~17

우리는 사랑의 빚을 진 사람이며, 사랑의 의무를 진 사람입니다. 사랑은 예수님께서 참된 믿음의 증거와 결과로 찾으시는 열매이며 계명입니다. 만 달란트의 무한 사랑을 베푸신 분과 맺은 언약 속에 있는 백 데나리온의 약속입니다.

"너희 모든 일을 사랑으로 행하라!" 고전 16:14, "너희 안에서 행하시는 이는 하나님이시니 자기의 기쁘신 뜻을 위하여 너희에게 소원을 두고 행하게 하시나니" 빌 2:13 하나님께서는 우리에게 하나님과 타인을 사랑하려는 소원을 넣어주셨습니다. 그리고 비교할 수 없는 큰 능력으로 도우려고 기다리십니다. "예수님께서 그들을 보시며 말씀하셨습니다. 사람은 할 수 없지만, 하나님께서는 모든 것을 하실 수 있다." 마 19:26

능히 사랑의 열매를 맺게 하실 능력의 하나님

> 그러므로 내가 너희에게 이르노니 하나님의 나라를 너희는 빼앗기고 그 나라의 열매 맺는 백성이 받으리라 마 21:43

> 무릇 내게 붙어 있어 열매를 맺지 아니하는 가지는 아버지께서 그것을 제거해 버리시고 무릇 열매를 맺는 가지는 더 열매를 맺게 하려 하여 그것을 깨끗하게 하시느니라 요 15:2

사랑은 하나님나라의 열매, 성령의 열매, 신의 성품 중의 하나로 매우 소중한 것입니다. 우리는 앞에서 이 열매를 맺어도 그만 안 맺어도 그만이라는 생각, 하나님과의 관계나 영생 천국에 큰 상관이 없다는 생각이 열매를 맺는데 큰 장애물인 것을 보았습니다. 또다른 결정적 장애물은 우리는 못 한다, 우리는 태생적으로 본질적으로 할 수 없다는, 성경과는 반대되는 생각입니다.

사람은 본질적으로 사랑의 열매를 맺을 수 없다는 생각은 우리 마음을 편하게 해줍니다. 많은 크리스천에게 이런 생각은 거의 고정관념처럼 되어버렸습니다. 그러나 이것은 예수님의 말씀과 전혀 다릅니다. 예수님께서는 하나님과 이웃을 사랑하라고 자주 말씀하셨습니다. "또 네 이웃을 사랑하고 내 원수를 미워하라 하였다는 것을 너희가 들었으나 나는 너희에게 이르노니 너희 원수를 사랑하며 너희를 박해하는 자를 위하여 기도하라 이같이 한즉 하늘에 계신 너희 아

버지의 아들이 되리니" 마 5:43~45

사랑은 예수님의 명령입니다. 사랑하면 다양한 방법으로 여러 배 갚아 주신다고 약속하십니다. "무엇이든지 구하는 바를 그에게서 받나니 이는 우리가 그의 계명을 지키고 그 앞에서 기뻐하시는 것을 행함이라 그의 계명은 이것이니 곧 그 아들 예수 그리스도의 이름을 믿고 그가 우리에게 주신 계명대로 서로 사랑할 것이니라" 요일 3:22~23

반대로 사랑이 없으면 하나님으로부터 나지 않고 하나님을 알지 못하는 것이라고 말씀하십니다. "사랑하는 자들아 우리가 서로 사랑하자 사랑은 하나님께 속한 것이니 사랑하는 자마다 하나님으로부터 나서 하나님을 알고 사랑하지 아니하는 자는 하나님을 알지 못하나니 이는 하나님은 사랑이심이라" 요일 4:7~8

"할 수 있다 하신 이는 나의 능력 주 하나님~"으로 시작하는 찬양을 기억하십니까? 우리는 어려움과 고난 속에 있을 때 '할 수 있다, 해야 한다'고 스스로에게 외치며 전능하신 하나님께 의지하면서 나아갑니다. 그런데 사랑의 순종을 실천할 기회가 닥치면 '우리는 못해요, 하나님께서 우리 절대 할 수 없는 것 잘 아시잖아요'라면서 뒤로 물러서기도 합니다.

주님께서는 우리가 이런 퇴로로 물러날 줄 아셨는지 순종으로부터의 도피로를 막아 놓으셨습니다. "예수께서 이르시되 할 수 있거든이 무슨 말이냐 믿는 자에게는 능히 하지 못할 일이 없느니라 하시니" 막 9:23, "내 이름으로 무엇이든지 내게 구하면 내가 행하리라" 요 14:14 예수님 이름을 의지하면 예수의 영이신 성령님께서 사랑의 보혈과 말씀으로 사랑의 열매 맺는 것을 도와주십니다.

내가 그들에게 한 마음을 주고, 그들 속에 새 영을 주겠으며, 그들의 육체에서 돌 같은 마음을 없애고 살 같은 마음을 주어, 그들이 내 율례 가운데서 행하며, 내 법도를 지켜 실행하도록 하여 그들은 내 백성이 되고 나는 그들에게 하나님이 될 것이다 겔 11:19~20

또 새 영을 너희 속에 두고 새 마음을 너희에게 주되 너희 육신에서 굳은 마음을 제거하고 부드러운 마음을 줄 것이며 또 내 영을 너희 속에 두어 너희로 내 율례를 행하게 하리니 너희가 내 규례를 지켜 행할지라 겔 36:26~27

만군의 여호와께서 말씀하시되 이는 힘으로 되지 아니하며 능력으로 되지 아니하고 오직 나의 영으로 되느니라 슥 4:6

사랑의 열매는 독생자의 십자가 희생을 통해서 우리를 구원하신 하나님의 오래된 열망이요 목적입니다. "우리가 알거니와 하나님을 사랑하는 자 곧 그의 뜻대로 부르심을 입은 자들에게는 모든 것이 합력하여 선을 이루느니라" 롬 8:28

또 사랑은 죄로 잃어버린 하나님의 형상을 회복해 가는 것이며, '새사람'으로 변화되어 가는 것입니다. "나의 자녀들아 너희 속에 그리스도의 형상을 이루기까지 다시 너희를 위하여 해산하는 수고를 하노니" 갈 4:19, "새사람을 입었으니 이는 자기를 창조하신 이의 형상을 따라 지식에까지 새롭게 하심을 입은 자니라" 골 3:10

참포도나무로의 접붙임, 나무이신 예수님에게서 공급받는 진액, 뿌리와 나무와 가지 사이에서 교통하시면서 일하시는 성령님의 크신 능력이 우리가 사랑의 열매를 맺도록 도우십니다. 주님 뜻을 행하기 원할 때 도우십니다. "누구든지 그 분의 뜻을 행하기 원한다면, 이 교훈이 하나님께로부터 온 것인지, 내가 스스로

말하는 것인지 알 것이다." 요 7:17

"너희 안에서 행하시는 이는 하나님이시니 자기의 기쁘신 뜻을 위하여 너희에게 소원을 두고 행하게 하시나니" 빌 2:13 우리 하나님 뜻을 '자발적으로', '염원하고', '결정하고 실천하려' 할 때 농부 아버지, 참포도나무 예수님, 현장에서 교통하시는 성령님의 전폭적인 지원이 함께 합력하십니다. 사람의 자원함과 결단을 찾으십니다. 하나님나라에 합당한 사랑의 열매, 맺을 수 있습니다! 할 수 있다고 하십니다.

공의와 정의로 열매 맺는 사랑

저는 십여 년 전까지 신앙생활은 십자가와 부활, 영혼, 내세 천국, 하나님과의 관계 등이 전부라고 여겼습니다. 신학교 다닐 때도 같은 생각을 가졌습니다. 미국에 있을 때였는데 우리 사회나 나라에 관해 관심을 갖고 신문을 보는 것이 신학생의 본분에서 벗어난 것 같은 죄책감이 들어서 교수님을 찾아가 상담을 한 적도 있습니다. 그러나 목회 과정에서 꼼꼼히 그리고 선입견을 가능한 배제한 채 성경을 읽어 나가면서, 당시까지의 제 생각이 성경과 맞지 않는 것을 확인하게 되었습니다. 하나님의 말씀 앞에서 믿음과 생각을 겸손하게 수정하는 것이 얼마나 유익을 주는지 그 이후 생생하고 다양하게 경험했습니다.

성경에 믿음이나 사랑이라는 말 다음으로 가장 많이 등장하는 낱말은 정의 또는 공의입니다. 예수원의 대천덕 신부님 조사에 따르면 6백여 회 정도입니다. 그러나 우리나라 신앙에서 정의나 공의는 거의 빈사 또는 부재 상태입니다. 이런 점 때문에 그동안 한국 사회의 여러 사안에 대한 한국 교회의 입장은 공의에 반대되는 경우가 많았습니다. 여러 사회적 사안에서 하나님과 반대 입장에 서는 것은 신앙적으로 매우 위험한 일입니다.

신앙은 하나님 뜻인 성경을 전적으로 따라야 하고, 가능한 한 그대로 반영해야 마땅합니다. 아무리 근사한 차도 부속품 하나에만 문제가 생겨도 큰 사고가 나기 쉽습니다. 아무리 근사해 보이는 신앙도 정의나 공의 같은 하나님의 핵심적 가치를 배제하거나 왜곡했다면, 그 신앙은 이미 큰 문제를 내포하고 있는 것입니다.

큰 신앙의 소유자인 것 같았던 이들이 나중에 추락하는 안타까운 경우를 종종 봅니다. 다양한 원인이 있겠지요. 중요한 원인 중 하나는 성경이 제시하고 있는 가치 중에서 중요한 것을 **빼** 버리거나, 많이 축소하거나, 아니면 반대로 왜곡하는 것입니다. 고의적이든 아니든 성경에는 있는데 실제 신앙에서 **빼놓거나** 축소한 부분이 중요한 역할을 하는 것이었다면, 신앙이나 인생에서 큰 사고를 만날 수밖에 없습니다.

기독교 신앙은 종교가 아니라 관계라는 말이 있습니다. 맞는 말입니다. 예수님께서 하나님 사랑과 이웃 사랑으로 성경을 압축 요약하셨듯이, 신앙의 핵심은 하나님과의 관계, 타인과의 관계입니다. 교리나 지식도 궁극적으로는 이 두 관계를 도와주는 디딤돌이나 사다리 역할을 하는 용도입니다.

그런데 우리 신앙은 다른 나라에 비해서 유난히 타인과의 관계나 사회에서의 역할에 약합니다. 하나님과의 수직적 관계에 압도적인 중점을 두는 반면, 타인과의 관계나 공동체에서의 책임과 역할에 대한 인식은 절대적으로 부족합니다. 아마 3·1운동 이후 문화통치로 일제가 회유하고 교회는 거기 순응해 가면서, 신앙을 영혼과 내면의 일로 가두어 온 것도 영향을 미쳤을 것입니다. 해방 이후에는 수십 년의 독재 정권 시절을 지내면서 교회 안으로의 은둔적 성향이 더 강화된 것도 원인일 것입니다.

그런데 예수님께서 알려주신 것은 타인과의 관계를 주님께 하듯이 하라는 것입니다. 예수님께서 다시 오실 때 모든 사람을 양과 염소로 나누시는데, 그 기준은 생활의식주이 어렵고, 병 들고, 옥에 갇히고, 외국인 같은 작은 자에게 어떻게 대했느냐는 것입니다. 이것이 의인과 악인, 영생과 영벌로 나누시는 기준이라고 분명하게 알려주십니다 마 25:31~46. 갑의 입장에 있더라도 을을 배려하고, 을의 입장에 있더라도 병의 입장을 생각하라는 것입니다. 그런 사람들에게는 이렇게 말씀하십니다. "내 아버지께 복받을 자들아, 나와서 세상의 창조 때부터 너희를 위하여 준비된 나라를 상속하여라" 마 25:34. 그 반대로 염소로 구분되면 양과 천지 차이 나는 결론을 맞게 됩니다.

지금까지 사랑의 열매를 맺으라는 주님의 뜻을 나눴습니다. 일점일획도 헛되이 기록된 것이 없는 성경은, 사랑하면 하나님으로부터 나온 사람이며 하나님의 소유이고, 미워하면 반대로 영생이 그 속에 있지 않다고 합니다 요일 4:7~8, 3:16. 그리고 공의와 정의는 바로 사랑의 실천적, 구체적 실행입니다. 믿음에서 사랑이 나오고, 사랑에서 공의가 나옵니다.

"너희 바리새파 사람들에게 화가 있을 것이다. 너희는 박하와 운향과 온갖 채소의 십일조를 드린다. 그러나 하나님의 정의와 사랑은 무시한다. 어느 한 가지만 하지 말고 이 모두를 함께해야 한다." 눅 11:42, "…사람들이 그의 이름을 '주님은 우리의 정의'라고 부르리라." 렘 23:6

미국과 한국은 세계 선교사 파송 1, 2위 국가로, 기독교가 사회의 주류인 나라입니다. 그런데 이번 코로나 사태로 미국 곳곳에서 식량이 부족한 사람들이 급증하고, 큰 운동장에 차량 수천 대가 줄 서있는 모습이 보였습니다. 코로나로 입원했다 퇴원한 사람의 집에 13억 2,300만 원의 청구서가 날아왔다고 합니다. 우리나라는 20년째 OECD 률살률 1위입니다. OECD 평균 률살률의 2배 이상입니다. 산업재해로 목숨을 잃는 사람이 한 해 매년 2천 명이 넘습니다. 공의와 정의가 하나님 통치, 보좌의 기초인데시 89:14, 기초가 부재한 신앙이 부추긴 가슴 아픈 현실입니다. 한 여론조사에서 한국과 미국 청년층을 대상으로 교회에 가지 않는 원인을 조사했습니다. 공통된 원인은 교회가 자신들의 답답한 현실에 대한 답을 주지 않는 것이었다고 합니다.

"오직 정의를 물 같이, 공의를 마르지 않는 강 같이 흐르게 할지어다" 암 5:24 교회, 즉 우리 믿는 이들이 정의와 공의를 명하시는 말씀을 기쁜 마음으로 수용하면 하나님께서 기뻐하십니다. 아버지께서 영광을 받으십니다. 모두의 행복이요 우리 자신도 그 안에서 평안과 행복을 누립니다. 이제 하나님께서 말씀하셨으나 우리가 소홀히 하고 우리 일이 아닌 것처럼 여겼던 정의가 무엇인지, 그리고 어떻게 열매를 맺는지 함께 봅시다. "공의와 정의를 행하는 것은 제사 드리는 것보다 여호와께서 기쁘게 여기시느니라!" 잠 21:3

대천덕 신부의 하나님나라

한반도에 살았던 크리스천 중에 가장 균형 잡힌 신앙을 가진 분이 누구일까요? 꽤 많은 분이 예수원의 대천덕 신부님을 꼽습니다. 성공회 신학대학을 설립하려고 1957년에 우리나라에 왔고, 1965년 강원도 태백에서 예수원을 시작했습니다. 그리고 2002년에 주님 품에 안기셨습니다. 말씀에 대한 폭넓고 깊은 이해와 연구, 성령의 은사와 열매의 균형, 특히 주님을 닮은 삶과 인품과 열매로 많은 사람들의 존경과 사랑을 받았습니다. 무척 영적인 분이었습니다.

대천덕 신부께서는 공의와 정의에 대해 이렇게 말합니다. "잠시라도 예수원에 머문 적이 있는 사람은 제가 성령에 관해 관심을 기지는 것만큼 사회문제에도 관심이 많다는 것을 알게 됩니다. 사실 성령을 구하는 주요 이유 중 하나는 바로 우리가 국가와 사회에 대한 하나님의 뜻을 아는 지혜를 얻기 위함입니다." 아래에 『대천덕 신부의 하나님나라』의 일부를 그대로 옮겨 봅니다.

제가 쓴 미가서 6장 8절에 대한 주석에서 저는 정의와 자비의 차이점을 설명했습니다. 즉 자비는 사람들이 당면한 고통을 해결해 주는 비상책들로 이루어져 있는 반면 정의는 가난을 방지할 수 있는 경제적 제도와 법적 제도로 이루어져 있습니다. 범죄의 급증뿐 아니라 많은 나라들에서 꾸준히 계속되는 기아와 질병과 비참한 생활의 원인은 바로 전 세계적으로 식민 정부와 그 뒤를 이은 정부들이 정의를 구현하는 데 실패했기 때문입니다. 성경에 근거한 제도, 혹은 조금이라도 성경의 영향을 받은 제도를 가진 나라들은 빈곤과 실업, 질병, 범죄율이 낮습니다.

우리가 살고 있는 세계를 관찰하고 성경을 읽으면서 저는 매일 '주님의 의'에 관해 말하고 싶은 욕구가 있습니다. 이 작은 책은 주님의 의에 대해 제가 말하고 싶은 것들의 일부입니다. 물론 '주님의 의'에는 사도 바울이 특히 로마서에서 주의 깊게 다룬 영적인 측면들이 있습니다. 그러나 예수께서는 우리가 정의를 행하고 자비를 사랑하지 않는다면 우리의 영적인 관심들은 아무 가치가 없다고 말씀하셨습니다.

만일 사회적인 복음 social gospel과 성령 충만한 복음 full gospel이 협력하기만 했다면, 세상이 믿었을지도 모르고 역사상 가장 위대한 선교운동이 되었을 뿐만 아니라 공의에 대한 성경적인 제도가 이 지구를 휩쓸었을 것이다…. 하나님의 사자들이 서로에게 귀를 기울이고 배우며 하나님의 온전한 권고 전체적인 가르침를 선포하는 일에 협력하지 않고 그들 자신들끼리 논쟁하는 데 너무 바쁘기 때문에 공산주의의 붕괴로 생긴 공간에는 이슬람교와 뉴에이지 운동들로 채워지고 있다.

물질이 필요없는 것이 아닙니다! 하나님께서는 이것이 우리에게 필요한 것인 줄 아십니다. 하나님은 우리 아버지이시기 때문입니다. 그러나 물질을 구하되 "너희는 먼저 하나님의 나라와 하나님의 의를 구하여라" 마 6:33 고 하십니다.

하나님나라를 구하라는 말이 죽어서 천당 가라는 말입니까? 많은 교회들이 하는 말을 들어보면 충분히 그런 인상을 받을 수 있습니다. 그것이 사실이라면 죽기만 하면 곧 하나님의 나라로 가게 되는 셈이지요. 죽으면 천당 간다고 하고 천당이 하나님의 나라라고 한다면 문제는 간단합니다. 그러나 성경의 가르침은 그렇지 않습니다.

하나님의 나라는 이 땅에서 의를 이루는 것입니다. 성경은 "그 의를 찾으라! 정의를 사랑하라! 그리하면 이 모든 것을 너희에게 더하겠다"고 하십니다. 물질적인 문제를 해결하되, 자신의 문제만 해결하지 말고, 네 이웃의 문제도 해결하라고 하십니다. 주의 나라를 구하는 것은 '이웃을 돕는 것'입니다. 당신이 속한 사회에서 정의를 위해 노력한다면 하나님께서는 당신의 개인 문제도 해결해 주실 것입니다…. "내가 가난해서 먹을 것이 부족하다면 그것은 내 문제다. 그러나 나의 이웃이 가난하다면 그것은 영적인 문제다." 이것이 바로 성경의 가르침입니다.

오늘날 교회는 구약의 실제적인 가르침에 관심이 없습니다. 신학자들은 영적인 것만 취급하고, 경제학자들은 성경에 관심도 없습니다. 우리는 성경에 실제적인 가르침이 충분히 있음을 기억해야 합니다. 성경을 실행하기만 하면 이 세상의 문제를 다 해결할 수 있는데 일반 사람들이 성경의 가르침을 잘 모르기 때문에 문제인 것입니다. 그러므로 먼저 이 나라를 위한 주님의 뜻을 구하는 것부터 시작합시다.

공의와 자비, 여기 두 가지 하나님의 법이 계속해서 나옵니다. 하나님의 경제법을 이해하기 위해서는 이 두 법을 충분히 이해해야 합니다. 몇 가지 기본적인 문제를 하나님의 법대로 해결하는 것을 공의라고 합니다. 그러나 모든 문제를 법으로만 해결할 수 없기에 의로 해결할 수 없는 문제는 자비로 해결해야 합니다. 자비가 무엇입니까? 내가 개인적으로, 자원하는 마음으로 이 사람 저 사람을 도와주는 것입니다. 복잡한 개인 문제는 자비의 법으로 해결해야 합니다.

팀 켈러의 정의란 무엇인가

2020년 7월 1일, 국내 언론에 실린 다음 기사를 먼저 보겠습니다.

20대들의 운명이 지금 위태롭다. 코로나 바이러스가 칼끝을 겨눈 취약층은 알고 보니 20대였다. 2020년 상반기 여러 통계들이 보고하고 있는 자료들의 결론은 20대 자살 및 자살시도의 증가이다. 코로나 여파라고 할 수 있는 3~4월의 자살은 지난해보다 60%가 늘었으며, 전국적으로도 20대의 자살이 늘었는데 특히 서울은 가장 많이 늘어난 편에 속한다. 20대의 자살이 늘어나는 이유가 뭘까? 20대 청춘의 삶을 힘들게 하고, 인생의 꽃인 이 시기에 죽음의 유혹을 견디지 못하고 극단의 선택에 이르게 하는 뼈아픈 상황은 무엇인가? 코로나로 인한 경제 여파가 가장 위협적인 영향을 미친 것은 바로 알바 중인 청년들이었다. 이미 몇 개의 금융기관과 경제 연구소에서 20대들의 경제적 곤란함을 알린 바 있다. 나라살림 연구소의 보고에 따르면, 20대들의 현금 서비스 이용률과 연체율은 3월부터 늘어나서 전 연령대에서 가장 많은 현금 서비스를 쓰고 있고, 대출 연체액도 증가하고 있는 것으로 나타났다. 또한 고용 관련 통계에서도 코로나 바이러스로 인한 직격탄이 투하된 세대는 20대였다. 20대 연령층에서는 3월부터 실업률의 증가와 고용률의 감소가 나타나고 있었다. 코로나 바이러스가 잘라낸 일자리는 다름 아닌 20대들의 일자리였다. 경제적 어려움과 관련된 많은 지표들이 50대와 20대가 동시에 나빠지는 현상을 보이고 있는데, 50대의 중소상공인들이 폐업 혹은 사업 규모를 축소하는 것이라면, 20대의 비정규직 혹은 알바생들은 일자리를 잃는 것이었다. 수입원이 사라져서, 현재 이 시기에 가장 궁핍한 빈곤을 경험하고 있는 것은 도시의 20대 빈곤층들이다. 일자리가 사라지면서 삶의 자리도 없어졌다.

주거 위기는 금융위기만큼 치명적이다. 우리는 빈곤에 대한 가장 극적인 표현으로 '거리에 나앉았다'라는 표현을 쓴다. 경제적 위기는 주거의 위기로 이어져서, 이들은 아주 불안정하고 불편한 주거로 자신을 유지하고 있다. 취업 준비를 하면서 알바를 하고, 주로 고시원, 반지하, 옥탑방에 살아왔다. 지금 이들의 삶이 붕괴되고 있으며, 아르바이트가 끊기면서 주거는 이제 거리의 한 켠, 피시방의 한 켠이 되고 있다.

이 같은 현실에 크리스천들은 어떻게 반응해야 할까요?

뉴욕 Redeemer교회 팀 켈러 목사님 책은 우리나라에도 수십권이 번역되어 있습니다.『팀 켈러의 정의란 무엇인가』는 깊이 있으면서 현장감 있게 정의에 대한 연구와 경험담을 담고 있습니다. 아래에 그 책의 일부를 옮겨 봅니다.

"선지자 이사야의 글을 드리거늘 책을 펴서 이렇게 기록된 데를 찾으시니 곧 주의 성령이 내게 임하셨으니 이는 가난한 자에게 복음을 전하게 하시려고 내게 기름을 부으시고 나를 보내사 포로 된 자에게 자유를, 눈 먼 자에게 다시 보게 함을 전파하며 눌린 자를 자유롭게 하고" 눅 4:17~18

이 글은 사역 시작을 선포하시면서 예수님께서 나사렛 회당에서 읽으신 말씀이다. 예수님은 이사야 선지자가 예언한 대로 '이방 민족에게 공의를' 베풀 '주님의 종' 사42:1~7이 바로 자신임을 분명히 하신 것이다. 흔히들 그리스도는 용서와 은혜를 전하러 오셨다고 생각한다. 반면, 예수 그리스도의 은혜를 제대로 체험한 크리스천이라면 필연적으로 공의를 추구하는 삶을 살 수밖에 없다는 성경의 가르침에는 상대적으로 둔감하거나 무지한 편이다.

하나님의 은혜를 이해하고 체험하는 일과 공의를 추구하며 가난한 이들을 긍휼히 여기는 마음은 떼려야 뗄 수 없을 만큼 단단히 연결되어 있었다.

"사람아 주께서 선한 것이 무엇임을 네게 보이셨나니 여호와께서 네게 구하시는 것은 오직 정의를 행하며 인자를 사랑하며 겸손하게 네 하나님과 함께 행하는 것이 아니냐" 미 6:8 이 말씀이야말로 하나님의 자녀들에게 어떤 삶을 기대하시는지 한마디로 보여 주는 말씀이다. 겸손하게 하나님과 행한다는 건, 주님과 친밀하게 교제하고 그분이 원하고 좋아하시는 일에 신경을 쓰며 귀를 기울이는 걸 말한다. 그렇다면 구체적으로 무얼 어떻게 해야 하는 걸까?

본문은 '정의를 행하며 인자를 사랑'하라고 말한다. 언뜻 전혀 별개로 보이지만 사실은 그렇지 않다. 인자는 히브리어로 '헤세드'인데 하나님의 무차별적인 은혜와 동정을 의미한다. '공의'에 해당하는 히브리어는 '미쉬파트'다. 미가서 6장 8절에서 '미쉬파트는 행위를 강조하는 반면, 헤세드는 그 이면에 숨겨진 마음가짐이나 동기에 초점을 맞춘다.' 따라서 하나님과 함께 행하자면 반드시 인자한 사랑을 품고 정의를 실천해야 한다.

미쉬파트라는 말은 히브리어 구약성경에 이백 번 이상 다양한 형태로 등장한다. 기본적으로 이 단어에는 인간을 공평하게 대한다는 뜻이 담겨 있다. 레위기 24장 22절은 이스라엘 백성에게 "거류민에게든지 본토인에게든지 그 법을 동일하게 미쉬파트" 해야 한다고 경고한다. 인종이나 사회적인 지위와 상관없이 옳고 그름에 따라 유무죄를 가려 벌을 주어야 한다는 얘기다. 누구든지 똑 같은 잘못을 저질렀으면 동일한 형벌을 받아야 한다.

하지만 미쉬파트에는 '비행에 대한 징계'의 차원을 넘어 한 사람 한 사람에게 저마다 고유한 권리를 부여해야 한다는 깊은 의미가 있다. 신명기 18장에는 백성들의 수입 가운데 일정 비율을 떼어 장막에서 섬기는 제사장을 부양하라는 규정이 나온다. 성경은 이렇게 떼어 놓은 분깃을 '몫'이나 '권리'라는 취지에서 '제사장의 미쉬파트'라고 묘사했다. "입을 열어 공의로 재판하여 곤고한 자와 궁핍한 자를 신원할지니라" 잠 31:9는 말씀도 마찬가지다. 여기서 미쉬파트는 징벌이든, 보호든, 보살핌이든 마땅히 돌아가야 할 몫을 주라는 뜻이다.

어떤 식으로든 취약 계층에 속하는 이들을 외면하는 처사는 자비와 자선의 부족이라는 차원을 넘어 정의, 곧 미쉬파트를 짓밟는 행위로 규정해야 마땅하다. 하나님은 사회 경제적인 약자들을 사랑하고 돌보시는 분이며, 크리스천들 역시 그러해야 한다. 그것이 바로 '공의를 행하는' 일이다.

약자들에게 주목해야 하는 이유는 무엇인가? 하나님이 그런 이들에게 관심을 갖고 계시기 때문이다. 다음 본문들을 찬찬히 곱씹어 보라.

"여호와는 억눌린 사람들을 위해 정의미쉬파트로 심판하시며 주린 자들에게 먹을 것을 주시는 이시로다. 여호와께서는 갇힌 자들에게 자유를 주시는도다. 여호와께서 맹인들의 눈을 여시며 여호와께서 비굴한 자들을 일으키시며 여호와께서 의인들을 사랑하시며 여호와께서 나그네들을 보호하시며 고아와 과부를 붙드시고 악인들의 길은 굽게 하시는도다." 시 148:7~9

하나님의 성품 가운데는, 공의를 향한 뜨거운 열망으로 사회에서 연약한 이들을 한없이 사랑하시며 그 삶에 깊이 간섭하시는 속성이 확고하게 뿌리내리고 있다. 그렇다면 거룩한 백성은 어떤 모습이어야 하겠는가? 두말할 것도 없이 그분처럼 힘없는 약자들을 적극적으로 보살펴야 할 것이다. 다음 본문들을 보면 주님이 공의에 대한 관심을 이스라엘 백성의 예배와 공동체적 삶의 핵심으로 정하셨음을 알 수 있다.

"여호와께서 이와 같이 말씀하시되 너희가 정의와 공의를 행하여 탈취당한 자를 압박하는 자의 손에서 건지고 이방인과 고아와 과부를 압제하거나 학대하지 말며 이곳에서 무죄한 피를 흘리지 말라" 렘 22:3

이스라엘 백성은 가난하고 연약한 이들을 위해 사회정의를 실현할 책임을 맡았다. 그것이 선택된 민족으로서 하나님의 영광과 거룩한 성품을 열방에 드러낼 수 있는 길이었기 때문이다. 신명기 4:6-8은, 이스라엘 백성에게 하나님의 명령을 지키라고 말씀하시는 중요한 본문이다. 그렇게 함으로써 세상 모든 나라들이 주님의 법을 토대로 제각기 속한 사회의 정의와 평화를 살피며 그분의 지혜와 영광에 주목하게 하라는 것이다.

로마제국에서 크리스천은 소수 집단에 지나지 않았지만 가난한 이들에게 놀라우리만치 커다란 사랑을 베풀어서 대중의 존경을 받았다. 주님을 찬양하려면 가난하고 궁핍한 이들을 지켜 주어야 한다렘 22:16.

가난한 이들에게 깊은 관심을 갖는 게 중요하지만, 성경이 말하는 정의의 개념은 거기에 한정되지 않는다…. '의롭다'는 말을 '하나님과 올바른 관계를 맺고 있는 까닭에 삶에서 맞닥뜨리게 되는 모든 관계를 바로잡는 일에 자연스럽게 헌신한다'는 의미로 정의한다…하루하루 가족 및 사회적인 관계들을 공정하고 공평하며 관대하게 이끌어 가는 일상적인 삶을 지칭한다.

마태복음 6장 1~2절에서 보듯, 성경에서는 가난한 이들에게 값없이 베푸는 행위를 '의로운 일'이라고 일컫는다. 그렇다면 후하게 베풀지 않는 태도는 '인색'이 아니라 '불의'라고 불러야 한다. 하나님의 법을 거스르는 행위이기 때문이다. 그뿐 아니다. 우리는 욥기 31장에서 주인공이 곧고 바른 삶을 살기 위해 어떤 일들을 행하는지 묘사하는 대목을 이미 살펴보았다. 욥은 가난한 이들을 돕지 않는 것을 '죄악'이자 하나님의 '위엄'을 훼손하는 범죄 행위로 규정하고23절…. '떡덩이'를 비롯한 갖가지 자신의 재물을 가난한 이들과 나누지 않는 게 불의, 곧 주님을 거역하는 죄악이라면 결국 그분의 공의를 짓밟는 행위라는 뜻이 된다.

하나님의 피조물로서 저마다에게 마땅히 돌아가야 할 몫을 나눠 줄 때 비로소 정의가 실현된다. 공의를 행하는 데는 잘못을 바로잡는 일뿐만 아니라 사람들, 특히 가난하고 연약한 이들을 포용하며 사회적 관심을 갖는 일도 포함된다. 그렇게 살다 보면 저절로 하나님의 성품을 드러내게 되어 있다.

일상적으로 만나는 이들을 공평하고 정직하게 대하며 적절한 기회가 있을 때마다 가진 걸 넉넉하게 나누는 비교적 단순한 행동에서부터, 특정한 형태의 불의와 폭력, 억압을 끝장내기 위한 싸움에 과감하게 뛰어드는 활동에 이르기까지 할 수 있는 일은 무궁무진하게 많다.

"율법은 이제 아무 쓸모가 없어"라고 함부로 단언하지 말아야 할 몇 가지 이유가 있다. 우선, 사회정의에 관한 율법 조항들은 하나님의 성품에 토대를 두고 있는데, 그분의 성품은 영원토록 변하지 않기 때문이다. 주님은 이스라엘 백성을 향해서, 가난한 이들에게 이자 없이 돈을 꾸어 주고 궁핍한 이들에게 필요한 물품들을 나누어 주며 아비 잃은 아이들을 보호해 주라고 여러 차례 말씀하셨다. "너희의 하나님 여호와는… 고아와 과부를 위하여 정의를 행하시며 미쉬파트 나그네를 사랑하여 그에게 떡과 옷을" 신 10:17~18 주시는 분이라는 것이다. 이것이 하나님의 진면목이라면, 새로운 구원 역사의 현장을 딛고 사는 크리스천일지라도 자신의 행동을 통해 그분의 성품을 드러낼 길을 늘 탐색해야 마땅하지 않겠는가!… 이스라엘이 '공의를 실천하는 공동체'였던 것처럼 신약의 교회 역시 가난한 이들에게 똑 같은 관심을 보였던 것이다.

아모스서를 보면, 하나님이 그분을 섬기지 않는 민족들에게도 불의와 억압, 폭력의 책임을 물으시는 모습을 확인할 수 있다 암 1:3~2:3. 하나님은 힘없고 연약한 이들을 위해 정의를 실현하는 일을 대단히 중요하게 여기신다. 그러므로 지상에 존재하는 모든 사회가 그 거룩한 관심을 반영하는 게 그분의 뜻임은 두말할 필요가 없을 만큼 명백한 사실이다.

예수님은 약자들을 향한 구약성경의 열정을 그대로 품으셨을 뿐만 아니라, 칼로 저미듯 예리하게 파고드는 선지서의 공의를 진실한 믿음의 증거로 삼으셨다. 언뜻 보면 은혜와 공의만큼 서로 상반되는 개념은 없을 듯하다. 공의는 해야 할 일을 정확하게 행하는 이들을 택하는 반면, 은혜는 받을 만한 자격이 없는 이들에게 혜택을 준다. 크리스천은 그리스도 안에서 은혜, 곧 값없이 베풀어 주시는 사랑을 받는다. 그럼에도 은혜와 맞닥뜨린 이들은 어김없이 공의로운 삶으로 이끌렸다.

공의와 정의의 하나님나라

하나님께서는 노인이 될 때까지 자식이 없던 아브라함에게 고향을 떠나게 하시고 100세에 아들 이삭을 주십니다. 그의 후손들로 이스라엘을 세우시고, 마침내 아브라함과 이스라엘을 통해서 예수님께서 이 땅에 오십니다. 아브라함과 이스라엘을 부르신 목적은 그들을 통해 공의와 정의의 나라를 이루시는 것이었습니다. "내가 그를 선택한 것은 그가 그의 자식과 그 가족들에게 명령하여 여호와의 도를 지켜 공의와 정의를 행하게 하고" 창 18:19, "그의 이름은 여호와 우리의 공의라 일컬음을 받으리라" 렘 23:6

그는 공의와 정의를 사랑하심이여 세상에는 여호와의 인자하심이 충만하

도다시 33:5

정의를 지키는 자들과 항상 공의를 행하는 자는 복이 있도다시 106:3

이는 한 아기가 우리에게 났고 한 아들을 우리에게 주신 바 되었는데 그의 어깨에는 정사를 메었고 그의 이름은 기묘자라, 모사라, 전능하신 하나님이라, 영존하시는 아버지라, 평강의 왕이라 할 것임이라. 그 정사와 평강의 더함이 무궁하며 또 다윗의 왕좌와 그의 나라에 군림하여 그 나라를 굳게 세우고 지금 이후로 영원히 정의와 공의로 그것을 보존하실 것이라 만군의 여호와의 열심이 이를 이루시리라사 9:6~7

정의와 공의가 보좌의 기초인 나라의 왕이신 예수님께서는 정의 없는 종교를 책망하셨습니다. "화 있을진저 외식하는 서기관들과 바리새인들이여 너희가 박하와 회향과 근채의 십일조는 드리되 율법의 더 중한 바 정의와 긍휼과 믿음은 버렸도다 그러나 이것도 행하고 저것도 버리지 말아야 할지니라"마 23:23

앞서 말했듯이, 대천덕 신부의 연구에 따르면 신구약 성경에 정의와 공의는 600여 번 언급되며, 공의와 정의의 의미를 담은 것까지 포함하면 무려 1,200번가량 나옵니다. 그런데 현재 교회와 개개인의 신앙에서 정의와 공의는 실종 상태입니다. 낯선 주제이며, 관심 밖이며, 전혀 선호하는 주제가 아닙니다.

이유가 있을 것입니다. 1611년에 나온 『킹제임스King James 성경』은 다수의 영국 학자들이 번역한 나름대로 권위를 가진 번역본입니다. 영국 왕이 제작을 지원했고, 대영제국 식민지를 통해 활발하게 보급되어 많은 영어성경 번역본 중에서도 중요한 위치를 차지하게 되었습니다. 이 성경 번역본의 번역에는 정치적인 동기도 있었습니다. 당시 널리 쓰이던 『제네바 성경』의 난외주에 있는 "선동적이며…위험하며, 반역적인" 생각들에 대항하기 위한 목적도 있었습니다. 『제네바 성경』에는 폭군에 대한 불복종의 권리를 용인하는 내용이 포함되어 있었던 것입니다. 제임스 왕은 백성들이 정의를 그들의 영적 책임으로 생각하거나 고려하기를 원하지 않았습니다. 그 결과 정의justice, 정의로운just, 권리, 공동체적 충성, 연대와 같은 말은 개인적인 경건과 성결을 나타내는 개인적이며 정적인 말들로 번역이 되었습니다.

우리나라 개신교는 주로 미국 선교사들을 통해 전파되었고, 지금까지 개인주의적인 미국 복음주의 영향을 가장 많이 받았습니다. 그 결과로 실제 성경에 비해 공동체 안에서 신자의 적극적인 역할을 강조하는 정의가 매우 축소되었습니다. 또 3·1운동 이후에는 일제의 문화정치와 순치 노력으로, 해방 후에는 정치적 독재 시기를 거치면서 정의와 공의가 점점 축소되다가, 실종되고 부재한 신앙이 된 것입니다.

정의와 공의는 하나님의 성품과 특징입니다. 하나님께서 사람들을 두루 사랑하시는 방법입니다. 아울러 사람 속의 이기심과 욕심을 주님 닮은 선한 것으로, 신의 성품으로 변화시켜 가시는 과정입니다.

또 정의와 공의는 은혜로 구원받은 사람이 하나님께 드리는 감사의 표현입니다. 구원의 큰 은혜를 주신 것을 서로에게, 공동체 안에서 나누는 것입니다. 참된 믿음에서 나오는 열매입니다. 그리고 보이지 않는 사랑의 보이는 실천적인 구현입니다. 믿음에서 사랑이 나오고, 믿음은 사랑을 통해 실천되고, 사랑은 정의와 공의를 통해 실현됩니다. 따라서 정의와 공의는 바로 믿음의 문제인 것입니다.

이런 맥락에서 형제 사랑과 공의의 실천 여부가 하나님의 자녀와 마귀의 자녀를 나누는 기준이라고 요한일서 3:10은 단도직입적으로 말합니다. 마태복음

25장에, 다시 오실 예수님께서 사람들을 영생과 영벌로 구분하십니다. 이때 약자를 어떻게 대했느냐에 따라 의인들인 양과 반대인 염소로 구분하시고 영생과 영벌로 나눌 것이라고 하십니다. 심판하시는 권세를 아버지께 받으신 예수님의 말씀을 이런저런 논리와 핑계로 무시하고 무력화하는 것은 영원한 재앙을 자초하는 것입니다.

하나님나라 백성이 따르는 정의와 공의는 모두에게 행복과 기쁨을 주는 길입니다. 먼저 하나님께서 기뻐하시고 만족하십니다. 행하는 사람도, 그 대상이 되는 사람도, 함께 속한 공동체도 행복합니다. 나아가 자녀와 후손에게 정의와 공의의 전통과 환경을 물려주는 것은 최고의 축복 중의 하나입니다.

일반적으로 말하는 정의는 각자의 몫을 그 자신에게 돌려주는 것을 말합니다. 그런데 성경에 나오는 '정의'에는 본래 '의義'와 '자비'의 두 가지 뜻이 함께 내포되어 있습니다. 즉 하나님의 정의는 의로운 자비 또는 자비로운 의를 말합니다. '정의' '공의', 얼마나 아름다운 것인지요! 이 최고의 덕목을 우리 내면에 주시고, 우리의 순종을 통해 타인과 공동체에 행복과 평안과 기쁨을 나누어 주시기를, 영광스러운 하나님나라를 온 세상에 드러내시는 주님의 통치가 온 땅에 가득하기를 소망하고 열망합니다.

화평의 열매 맺는 하나님나라의 시민

예수님께서 다스리시는 하나님의 나라와 그 대적인 사탄의 나라는 모든 면에서 극명하게 대조적입니다. 선과 악, 의와 불의, 사랑과 미움, 이타심과 이기심 등 공통적인 것이 전혀 없습니다. 그중 하나가 화평과 싸움의 대조입니다. 하나님의 나라가 임하고 평화의 왕이신 예수님의 통치가 임하면 화평의 복음이 실현되어 갑니다. 반대로 사탄의 나라의 증상들은 사라져갑니다.

"하나님은 주권과 위엄을 가지셨고 높은 곳에서 화평을 베푸시느니라." 욥 25:2 하나님께서 주권을 가지신 주님 나라에서는 화평이 실현됩니다. 주님 나라에는 "화평의 언약"이 세워지고 겔 37:25~26, "화평을 관원으로 삼으시고" 사 60:17, 그 나라 백성들은 "화평을 전하는 자"가 됩니다 나 1:15.

화평을 베푸시고 세우시고 전하게 하시는 것은 화평이 믿음의 자연스러운 연장이고, 필연적인 결실이기 때문입니다. 그 과정을 살펴봅시다. 믿음을 통해 하나님과의 첫 만남이 이루어집니다. 믿음으로 시작된 주님 체험은 연쇄적으로 변화를 일으킵니다. 먼저는, 믿음으로 만난 그분께서 사랑이심을 알고 그분에 대한 믿음에서 사랑이 싹트고 샘솟습니다.

> 거짓이 없는 믿음에서 나오는 사랑이거늘 딤전 1:5

> 사랑으로써 역사하는 믿음뿐이니라 갈 5:6

> 믿음을 겸한 사랑이 형제들에게 있을지어다 엡 6:23

믿음에서 비롯된 사랑은 하나님 형상대로 지음 받은 타인에 대한 배려인 공의를 불러옵니다. 그리고 이 사랑과 공의는 화평을 초대합니다. 믿는 주님 한 분으로부터 사랑과 공의가 진액처럼 흘러 들어와 그 나라와 그 나라에 속한 우리를 변화시킵니다.

> 공의의 열매는 화평이요 공의의 결과는 영원한 평안과 안전이라 사 32:17

> 내가 … 화평을 세워 관원으로 삼으며 공의를 세워 감독으로 삼으리니 사 60:17

주님께서는 우리 안에서 사랑과 공의의 열매인 화평을 보기 원하십니다. 우리가 그분 안에서 형제가 되고 자매가 되었기 때문입니다. 한 아버지 슬하에서 한 가족이 되었기에 우리에게서 화평을 찾으십니다. 먼저 우리가 하나님과의 화평을 경험하면, 그 축복의 화평이 다른 사람들을 향해 펼쳐집니다.

> 이제는 전에 멀리 있던 너희가 그리스도 예수 안에서 그리스도의 피로 가까워졌느니라 그는 우리의 화평이신지라 둘로 하나를 만드사 원수 된 것 곧 중간에 막힌 담을 자기 육체로 허시고 법조문으로 된 계명의 율법을 폐하셨으니 이는 이 둘로 자기 안에서 한 새사람을 지어 화평하게 하시고 또 십자가로 이 둘을 한 몸으로 하나님과 화목하게 하려 하심이라 원수 된 것을 십자가로 소멸하시고 또 오셔서 먼 데 있는 너희에게 평안을 전하시고 가까운 데 있는 자들에게 평안을 전하셨으니 엡 2:13~17

하나님께서는 십자가를 통해 우리가 하나님과 화목하게 해 주셨습니다. 놀라운 경험입니다. 하나님 없이 살다가, 하나님과 불화하고 원수 된 관계 속에 있다가, 전혀 새로운 삶이 열린 것입니다. 하나님과의 화평한 관계를 내 영혼이 알고 내 마음과 삶이 누립니다. 하나님 말씀과 약속이 영혼과 삶의 힘이 되고, 그분 말씀이 우리 삶의 길과 등과 빛이 되어 우리 삶을 밝힙니다.

우리 영·혼·육이 경험한 하나님과의 새로운 화평은 우리 안에 새로운 변화를 가져옵니다. 타인을 보는 눈이 달라지고, 새로운 안목이 생깁니다. 한 아버지의 자녀요 한 가족이라는 아버지의 말씀을 듣고 형제와 자매를 보는 눈이 달라집니다. 이 영적 공동체 밖에 있는 사람들도, 심지어는 적대적이거나 갈등 관계에 있던 사람들도 하나님께서 자녀로 삼으시고 하나님의 형상을 회복시키시려는 존귀한 대상인 것을 받아들입니다. 십자가를 통해 우리가 신의 성품인 화평을 경험하고, 이어서 타인에게도 드러나는 것입니다.

하나님의 사랑과 그분과의 화평을 경험하기 전에 우리를 지배하던 욕심의 위상이 흔들립니다. 욕심을 부리지 않아도 주님께서 나를 돌보시고 행복하게 하실 수 있는 분이기에 욕심의 지배력이 점점 약해지게 됩니다. 그리고 그 자리를 사랑과 화평이 채워갑니다. 이어서 배려와 섬김이 늘어납니다.

하나님나라 시민들은 화평케 하는 자가 되고 화평을 심는 사람이 됩니다. 화평의 복음을 실현하는 사람이 되어가면서 점점 더 화평의 나라가 세워져 갑니다.

> 화평케 하는 자는 복이 있나니 저희가 하나님의 아들이라 일컬음을 받을 것임이요 마 5:9

> 화평케 하는 자들은 화평으로 심어 의의 열매를 거두느니라 약 3:18

화평을 향한 지향은 주님 나라에 속한 사람의 내적 특성이며, 실천으로 나타납니다. 그 나라에 속한 사람은 화평의 실현을 위해 여러모로 노력합니다. 다름을 창조적으로 승화시켜 다툼이 되지 않도록 애씁니다. 이해관계의 충돌이 지속되거나 굳어지지 않도록 노력합니다. 개인 간, 집단 간의 다름과 미움과 갈등을 극복하기 위해 헌신적으로 노력합니다. 화평의 증진을 위해 창조적이며 생산적인 역할을 맡아 노력합니다. 예수님을 통해 아버지 하나님과 화평함을 얻고 누린 사람에게 나타나는 자연스럽고 필연적인 모습입니다.

단정적으로 말할 수는 없지만, 아쉽게도 그동안 한국 교회는 화평을 위한 역할을 감당하지 못했습니다. 한국 기독교 신앙에는 유난히 반대의 정체성이 컸습니다. 반공, 반민주화운동, 반이슬람 등이 한국적 기독교 정체성 안에서 큰 몫을 차지하고 있었음을 부인할 수 없습니다. 물론 이 중에는 타당한 부분도 있습니다만, 문제는 화평을 위한 생산적이며 창조적인 노력이 매우 부족하다는 점입니다.

하나님나라 시민들은 단순히 외형적 화평을 위해 노력하는 사람이 아니라, 갈등과 싸움을 부추기는 이면의 욕심, 불의, 죄와 싸워나갈 능력이 있는 의의 병기들입니다. 이면에 있는 불화의 본질적 원인을 이겨내면서, 대신에 화평의 토양인 사랑과 선함을 세상에 공급할 수 있는 복음을 가지고 있습니다. 그 나라의 왕께서 하시는 일에 씨를 뿌리고 애쓰려 할 때 전능자의 권능이 부어질 것입니다.

우리는 거룩한 나라

하나님의 나라는 거룩한 나라이며 벧전 2:9, 거룩함은 성도의 정체성이자 필수적 특성입니다. "모든 사람과 더불어 화평함과 거룩함을 따르라 이것이 없이는 아무도 주를 보지 못하리라" 히 12:14.

만물과 만유를 있게 하신 분께서 거룩하시기에 성도에게도 거룩함을 말씀하십니다. 예수님께서 십자가를 통해 베푸신 "거룩하게 한 언약의 피" 히 10:29는 우리를 새 삶으로 부릅니다.

> 그러므로 예수도 자기 피로써 백성을 거룩하게 하려고 성문 밖에서 고난을 받으셨느니라 히 13:12

> 하나님이 우리를 부르심은 부정하게 하심이 아니요 거룩하게 하심이니 살전 4:7

죄 안 짓는 사람이 어디 있어, 사람이 먼지도 묻고 그래야 사람 냄새가 나지… 믿는 사람들도 가끔 이런 말을 합니다. 맞습니다. 죄 없는 사람 없고, 먼지나 때 안 묻은 사람 없습니다. 그러나 하나님께서는 성도가 죄와 더러움을 합리화하고, 안주하며 즐기고, 싸우려 하지 않고, 수동적으로 수용하는 것을 전혀 원하시지 않습니다. 왜냐하면 이런 안일함과 무책임 때문에 다시 죄의 종으로 돌아갈 수 있기 때문입니다. 죄의 삶은 언제나 명확하게 사망입니다.

불순종하는 죄를 지으면 반드시 죽는다고 맨 처음 아담 때부터 말씀하셨습니다. 성경의 가장 끝에서도 동일한 당부를 하셨습니다. "또 내가 들으니 하늘로부터 다른 음성이 나서 이르되 내 백성아, 거기서 나와 그의 죄에 참여하지 말고 그가 받을 재앙들을 받지 말라." 계 18:4 죄에 참여하지 말라고 명하시면서 동시에 "기록되었으되 내가 거룩하니 너희도 거룩할지어다 하셨느니라" 벧전 1:16 고 말씀하셨습니다.

마음이 청결한 사람은 하나님을 봅니다 마 5:8. 반대로 거룩함이 없이는 아무도 하나님을 뵐 수 없고 히 12:14, 하나님 앞에 설 수 없습니다. 하나님을 뵐 수 없다는 것은 곧 영적 쇠약과 영석 사망으로 가는 길에 선 것입니다. "반드시 죽임을 당할 것이다", "많은 사람이 죽게 될 것이다", "자신들을 성결하게 하여 나 여호와가 그들을 치지 않도록 하여라" 거룩하지 않은 사람이 하나님께 가까이 나올 때 이런 일이 벌어진다고 경계하셨습니다 출 19:12, 21, 24.

그렇다면 거룩함은 무엇입니까? 그것은 분리나 따로 떨어진 것을 말합니다. 거룩하신 하나님께서는 다른 모든 것들과 분리되십니다. "여호와시여, 신들 중에서 누가 주님과 같겠습니까? 누가 주님과 같이 거룩함 가운데 영광스럽고, 찬송 받을 위엄이 있으며, 기적을 행하겠습니까?" 출 15:11

또한 더러움, 악함, 추함, 죄가 없는 것을 말합니다. 주께서는 눈이 정결하셔서 악을 보실 수 없으며, 불의를 보고만 계시지 못하시기합 1:13 때문에 하나님의 백성들에게 거룩함을 요구하십니다. 그것이 없으면 하나님과 충돌하게 됩니다. 손이 깨끗하며 마음이 청결하고시 24:4 거룩한 사람만이 거룩한 곳에 설 수 있습니다. 그래서 거룩함은 도덕적 온전함을 비롯해 주님을 닮아갈 수 있도록 우리를 격려합니다.

우리는 예수님을 믿을 때 거룩해집니다. 그러나 이것은 주님께서 다시 오시는 날까지 지속되어야 합니다. 하나님께서는 우리에게 거룩함을 좇으라고 하시며 히 12:14, "거룩함을 온전히 이루어 육과 영의 온갖 더러운 것에서 자신을 깨끗케 하자" 고후 7:1고 하십니다. 우리가 그분과 같은 모습으로 변화하는 그 날까지 예수님께서 십자가 보혈의 은혜로 주신 거룩함을 지켜야 합니다. 성도의 삶은 더러움은 씻어내고 계속 변화되어 온전함을 향해 나아가는 것입니다. "얽매이기 쉬운 죄를 벗어버리고" 히12:1, "조금도 부족함이 없는" 약1:4 것을 지향하는 것이 하나님의 뜻입니다.

주님께서는 "겸손하고 통회"할 때 우리를 온전케 하십니다. 거룩함에 대한 열망을 가진 사람을 더욱 온전히 거룩하게 변화시켜 주십니다. 이처럼 구원은 거룩함과 온전함을 지향하는 모습으로 나타나야 합니다.

너는 이스라엘 자손의 온 회중에게 말하여 이르라 너희는 거룩하라 이는 나 여호와 너희 하나님이 거룩함이니라레 19:2

오직 너희를 부르신 거룩한 이처럼 너희도 모든 행실에 거룩한 자가 되라 기록되었으되 내가 거룩하니 너희도 거룩할지어다 하셨느니라벧전 1:15~16

그러나 이제는 너희가 죄로부터 해방되고 하나님께 종이 되어 거룩함에 이르는 열매를 맺었으니 그 마지막은 영생이라롬 6:22

이 일은 오직 주님만이 하실 수 있습니다. 십자가에서 피 흘려 죽으신 예수님께서 우리를 보혈과 말씀으로 깨끗하게 하십니다. 성령님께서 보혈과 순종함을 통해 거룩하게 하십니다벧전 1:2.

평강의 하나님이 친히 너희를 온전히 거룩하게 하시고 또 너희의 온 영과 혼과 몸이 우리 주 예수 그리스도께서 강림하실 때에 흠 없게 보전되기를 원하노라.살전 5:23

씨앗에서 열매까지 예수님 안에서 자라는 나라

내 안에 거하라 나도 너희 안에 거하리라 가지가 포도나무에 붙어 있지 아니하면 스스로 열매를 맺을 수 없음 같이 너희도 내 안에 있지 아니하면 그러하리라 나는 포도나무요 너희는 가지라 그가 내 안에, 내가 그 안에 거하면 사람이 열매를 많이 맺나니 나를 떠나서는 너희가 아무 것도 할 수 없음이라 사람이 내 안에 거하지 아니하면 가지처럼 밖에 버려져 마르나니 사람들이 그것을 모아다가 불에 던져 사르느니라 요 15:4~6

결과를 놓고 볼 때 '많이'와 '아무것도'의 격차는 엄청납니다. 그런데 엄청난 격차의 원인은 너무도 단순합니다. 예수님 안에 거하느냐 아니면 예수님을 떠나느냐, 이 차이에서 비롯된 것입니다. 차이가 격차가 되고, 천국과 지옥을 가릅니다. 과장법을 사용한 것처럼 보이지만 그렇지 않습니다. 성경과 기독교 역사, 우리가 목격한 20~21세기 신앙의 세계에서도 이것이 전혀 과장이 아닌 것을 볼 수 있습니다. 한때는 위대했던 인물들이나 신앙의 새로운 흐름과 운동들이, 끝에 가면 처음과는 매우 달라진 경우를 많이 봅니다. 어떻게 저렇게 변했을까 의아할 정도로 시작과 끝이 너무 다릅니다.

예수님 안에 거하라! 얼마나 오래, 얼마나 충실하게 예수님 안에 거했는지가 단연코 신앙의 성패를 가르는 결정적 관건입니다. 하나님 뜻에 맞고 시대가 요구하는 신앙적 지향과 운동일지라도, 지속해서 예수님 안에 거하지 않으면 목표를 실현할 수 없습니다. 그 지향과 운동이 지속되고 전진하는 것이 불가능합니다. 예수님이 주시는 힘이 없으면 무력해지고, 주님이 함께하지 않으시면 곁길로 흘러가게 됩니다.

믿음의 주요 온전케 하시는 이인 예수를 바라보자! 히브리서 12:2의 이 말씀에서 "바라보자"는 "fix eyes on Jesus"입니다. 히브리서 3:1의 "fix thoughts on Jesus 깊이 생각하라" 역시 강력하게 예수님께 집중할 것을 권면합니다. 과장일까요? 아닙니다. 생명을 주는 나무요, 뿌리요 터전이신 예수님을 떠나면 하나님께서 하시려는 모든 참된 일이 불가능한 것은 당연한 일입니다. 접붙임 된 가지가 나무에 밀착되느냐 여부가 생명 지속 여부를 가르는 관건입니다. 예수님은 처음 구원받을 때만 필요한 분이 절대 아닙니다. 예수님은 우리가 기도할 때 부르는 이름 훨씬 이상이십니다. 예수님은 가지의 생명이십니다, 집의 반석이십니다, 몸의 머리이십니다. 우리 영혼의 생명이시며, 인생의 생명이시며 영생이십니다. 다른 어떤 이슈, 관심사, 재미, 목표가 예수님을 앞서거나 능가하면 그의 영혼은 쇠약해질 수밖에 없고, 자칫하면 파멸의 길로 접어든 것일 수 있습니다. 하나님나라의 왕이신 예수님을 처음부터 마지막까지, 시작부터 끝까지 튼튼히 끈질기게 붙들어야 참 생명의 역사가 나타납니다. 그래야만 하나님나라도 뿌리를 내리고, 겨자씨같이 작게 시작하였으나 마침내 공중의 새들이 그 가지에 깃드는 무성한 나무가 됩니다.

믿음의 주요 또 온전케 하시는 이인 예수를 바라보자! 예수님께서 "내 안에 거하라"고 친히 하신 말씀과 같은 뜻입니다. 예수님은 '믿음의 창시자요 완성자', '믿음의 근원이시며 완성자'이십니다. 하나님의 나라, 즉 예수님의 나라도 예수님과 이런 일상적으로 친밀한 관계 안에서만 가능합니다. '나라'보다 한 발짝 앞서야 할 것은 다름 아닌 '왕 예수님'이십니다! 이것이 신앙의 철칙이 되기를 간절하게 소망하며 기도합니다. 시간이 흐르면서 하나님나라의 열매를 많이 맺고, 새들이 깃드는 큰 나무가 될 것입니다.

예수님의 음성을 듣고 말씀대로 따라가기

어렸을 때를 생각해 봅니다. '내가 언제 큰 평안을 누렸을까?' 바로 떠오르는 것이 아버지 손을 잡고 걷던 기억입니다. 아마 50년은 훨씬 넘은 기억일텐데도 걷던 길, 분위기까지 미릿속에 남아 있습니다. 아버지 무릎을 베고 누웠을 때, 내가 팔베개를 해드렸을 때처럼, 아버지 곁에 가까이 있을 때 평안했고 따뜻했습니다.

반대로 언제 가장 불안감이 컸나 생각해 봅니다. 1968년 구로동에서 엑스포가 열렸고 엄청난 인파가 몰렸습니다. 11살 때였는데 형과 둘이 구경 갔다가 형의 손을 놓쳤습니다. 바로 맞닥뜨린 것은 엄청난 공포였습니다. 군대에 있을 때도 비슷한 경험이 있었습니다. 정말 아무 것도 안 보이는 칠흑 같은 어둠 속에서 동료들과 함께 깜깜한 숲을 헤쳐 나가다 그만 동행하던 일행을 놓쳤습니다. 짧은 찰나에 벌어진 일이었습니다. 무성한 숲으로 달빛조차 차단된 짙은 어둠 속에 홀로 있을 때, 말 그대로 멘붕이 왔습니다.

신앙생활을 하면서 언제가 가장 행복했고 평안했을까 생각해 보면, 예수님과 가깝고 친밀할수록 그만큼 더 행복하고 평안했습니다. 그리고 그때, 신앙도 한 단계 업그레이드되고 삶의 문제도 돌파구가 열렸습니다. 이런 행복했던 기간 앞에는 반드시 예수님을 향한 비상非常한 집중의 기간이 있었습니다. 신앙생활이 늘 이랬으면 얼마나 좋을까 하는 갈망을 갖습니다.

골로새서 2:1~10을 보면, 사도 바울이 자신이 힘쓰는 이유는 하나님의 비밀인 그리스도를 깨닫게 하기 위한 것이라고 합니다. 예수님을 깨닫고, 알고, 믿고, 사랑하고, 순종하고, 따르며 동행하고, 충성하는 것…. 예수님 안에는 모든 지혜와 지식의 보화가 감추어져 있습니다. 예수님께서 말씀하십니다. 내 안에 거하라, 믿음의 주요 온전케 하시는 이인 예수를 바라보라, 믿는 도리의 사도이시며 거룩한 대제사장이신 예수를 깊이 생각하라, 우리를 부르신 것은 그 아들 예수 그리스도와 교제케 하려 함이다, 나를 따르라…. 예수님과 우리는 한 시도 떨어질 수 없는 생명의 관계입니다.

바울 사도도 예수님 안에서 살자, 예수님 안에 깊이 뿌리내리자, 예수님을 기초요 반석으로 삼아 그 위에 믿음과 삶을 건축하자, 이렇게 아름다운 권면을 합니다. 하나님의 나라에 합당한 삶을 살아서 하나님의 나라를 유업으로 받으라는 당부를 여러 차례 합니다.

> 그리스도 안에서 계속 살아가십시오 그리스도 예수를 주님으로 믿었으니, 그분 안에서 계속 살아가십시오. 그분 안에 깊이 뿌리를 내리고, 그 위에 여러분의 삶을 계획하시길 바랍니다. 가르침을 받은 대로 믿음에 굳게 서서 늘 감사한 생활을 하십시오. 헛된 말과 거짓 철학에 속아 잘못된 길로 가지 않도록 주의하십시오. 그것들은 모두 사람의 생각에서 비롯되었으며 아무 가치도 없습니다. 결코 그리스도로부터 나온 것이 아니므로 멀리하시기 바랍니다. 골 2:6~8

골로새서 2:4에서 교묘한 말, 현혹하는 말, 궤변에 속지 말라고 경계를 합니다. 왜냐하면 예수님께 향해 집중되고 고정되어야 할 마음과 눈, 믿음과 사랑을 궤변이 교묘하게 분산시키고, 사람을 사로잡아 궤변의 노획물로 삼아 버리기 때문입니다.

8절에서는 예수님에게서 멀어지게 만드는 것들을 언급합니다. 공통점은 사람이 만든 철학, 사람의 전통, 사람의 초보적 아이디어초등학문라는 점입니다. 사람이 만든 것들을 기준으로 예수님과 말씀을 보게 되면, 결국에는 영적 혼돈과 미로로 들어가고 결과는 헛된 것으로 귀결됩니다.

한스 큉은 교회가 치명적인 병이 들었음에도 치유 받으려 하지 않고, 병을 감추면서 침묵하고 있다고 말합니다. "시일야방성대곡是日也放聲大哭", "이날, 목놓아 통곡하노라!" 1905년 11월 20일, 이 땅과 백성을 사랑했던 사람들이 공유했던 애끓는 마음입니다. 우리가 더 늦기 전에 가져야 할 마음입니다. 이날, 목놓아 통곡하노라!

지금 우리에게 절실하게 필요한 것은 하나님나라의 주권자요 통치자이신 예수님께서 친히 하신 말씀입니다. 사람이 만든 철학인지 또는 사람에서 시작된 전통인지, 분별의 기준이 되는 주님 말씀을 충분히 알아야 둘 사이의 분간이 가능합니다. 이 둘을 분별해야 에너지와 시간과 인생의 낭비를 막고, 영적 혼돈이나 미로로 들어가는 것을 막을 수 있습니다. 그래야 언제나 예수님 안에 거하고, 날이 갈수록 참포도나무와 점점 더 하나 되는 가지가 될 수 있습니다.

"양들이 그의 음성을 아는 고로 따라오되 타인의 음성은 알지 못하는 고로 타인을 따르지 아니하고 도리어 도망하느니라" 요10:4~5 예수 중독자로 살기를 사모한 손양원 목사님께서는 예수님의 음성을 알기에 핍박이나 시험이 닥칠 때마다 목자 예수님을 따를 수 있었습니다. 발람의 교훈처럼, 니골라당의 가르침처럼, 바리새인들과 사두개인들의 누룩처럼, 신사참배를 합리화하는 사람의 소리가 힘을 얻을 때도, 자신의 주인의 음성을 알기에 주저하지 않고 선택하고 행동할 수 있었습니다.

왕의 말씀이 아닌 "타인의 음성"은 날이 갈수록 점점 더 교묘해집니다. 주님 말씀과 섞인 사람의 철학, 전통, 신앙 조언이 넘치는 시대입니다. 날이 갈수록 왕의 말씀이 사람의 생각과 논리와 섞이게 되면서, 하나님나라의 언어가 순도가 떨어지고 희석되어 갑니다. 우리도 예수 중독자가 되고, 예수님 말씀으로 영혼을 가득 채웁시다! 그러면 우리 속에 왕의 말씀이 심어지고, 그것이 확고한 기준이 되어 사람의 것과 거짓을 분별해낼 능력이 자랄 것입니다. 더하여 하나님나라의 생명, 기쁨, 평안, 소망, 그리고 승리가 주어지고, 주님 나라가 더욱 순전하고 왕성하게 세워져 갈 것입니다!

적극적으로 순종하기

우리는 앞에서 참 포도나무 비유를 통해 예수님 안에 거하는 삶이 얼마나 아름답고 복된 열매를 맺는지를 보았습니다. 그런데 하나님나라의 금과옥조 안에는 꼭 필요한 것들이 있습니다. 예수님을 향한 적극적 지향성, 적극적 수용성, 적극적 궁금증, 적극적 나아감, 적극적 순종입니다. 한 가지씩 살펴보겠습니다.

첫 번째, 예수님을 향한 적극적 지향성입니다. 해바라기의 또다른 이름은 향일화向日花입니다. 해바라기는 햇빛을 따라서 동서로 움직이며 꽃이 피고, 꽃이 태양이 있는 방향으로 향하는 방향성굴광성이 있습니다. 보혈과 죄사함과 생명도, 말씀과 진리와 약속도, 참된 사랑과 위로도, 최고의 평안과 담대함/용기도 모두 예수님으로부터 나옵니다. 그러므로 예수님 안에 거하려면 분명하고 확고한 예수님 지향성이 있어야 합니다.

그러나 예수님을 향한 우리의 지향을 방해하고 분산시키는 힘이 있습니다. 우리 안의 본능과 욕심, 교회 밖의 재미와 세상, 교회 안의 여러 문제가 그렇습니다. 때로는 예수님에게까지 가지 않고, 예수님과 신자 사이에서 중매쟁이 또는 촉진자의 역할을 해야 할 교회, 목사, 가까운 교인과의 만남으로 그칠 수 있습니다. 심지어는 교회의 양적 성장이나 목회자의 목회적 목표가 예수님께로 향해야 할 뜨거운 영적 에너지를 예수님 아닌 곳으로 이끌 수 있습니다. 이 어긋난 방향은 결국 하나님나라의 뿌리내림과 성장을 가로막을 수 있습니다.

해바라기가 해를 향하듯 예수님을 향하면, 뿌리에서 나무로, 나무에서 가지로 창조주의 진액이 흘러 들어옵니다. 예수님의 생명의 피, 말씀, 사랑, 지혜 등은 어디에서도 얻을 수 없는 것입니다. 이런 진액을 공급받는 가시는 시간이 지나면서 절로 많은 열매를 맺습니다.

두 번째로, 적극적 수용성이 필요합니다. 예수님께서는 공생애 3년 동안 쉬지 않고 여러 마을과 도시를 순회하셨습니다. 병든 사람들, 귀신 들린 사람들, 죄와 인생의 각종 사슬에 묶인 사람들에게 그분만이 주실 수 있는 참 자유를 주셨습니다. 그런데 어떤 곳에 가면 아무 일도 생기지 않았습니다. 춤을 추고, 곡을 하고, 피리를 불어도 아무 반응도 없는 것 같다고 예수님께서 말씀하셨습니다.

차이는 수용성입니다. 스펀지가 물을 빨아들이는 것처럼 예수님을 향해 적극적 수용 태도를 보이는 사람들은 참으로 놀라운 하나님나라의 일들을 경험합니다. 지붕을 뚫고 예수님 앞에 내려온 침상 위의 중풍병자, 그만 조용히 하라는 사람들의 제지에도 아랑곳 하지 않고 예수님을 향해 계속 도움을 외친 여리고의 바디매오, 체면과 권위를 다 내려놓고 예수님 앞에 무릎 꿇고 엎드린 회당장 야이로 등이 주님 나라를 침노하듯이 적극적으로 대한 사람들입니다.

엘리사의 제자 한 명이 먼저 죽고 그 가족이 빚 때문에 남의 손에 팔릴 상황이 되었습니다. 제자의 아내가 엘리사를 찾아와 사정하니, 엘리사가 주변에서 빈 그릇을 빌려오되 가능한 한 많이 빌려오라고 했습니다. 엘리사의 말대로 빈 그릇을 많이 빌려오자, 조금 남아있던 기름을 붓기 시작했습니다. 빌려온 많은 그릇을 모두 다 채우자 기름이 멈추었습니다. 사람의 수용 태도와 그 크기가 주님이 일하시기로 작정하시는 한계치입니다. 적극적 수용성, 참으로 소중한 태도입니다.

세 번째로, 예수님에 대한 적극적인 궁금증이 꼭 필요합니다. 안 믿는 사람이 예수님을 궁금해할 이유는 무수히 많습니다. 저도 그랬습니다만 천국과 지옥, 주변의 믿는 사람들의 존재, 내 삶 속의 힘든 문제에 대한 분명한 한계 인식 등이 예수님에 관한 작지만 소중한 궁금증을 불러옵니다. 다양한 경로와 계기를 통해 찾아온 이 궁금증에 적극적으로 반응하면 인생에 새로운 지경이 열립니다. 예수님에 대한 궁금증은 땅에서 시작했지만 그 결실은 하늘까지 이어집니다.

믿는 하나님 백성도 예수님을 궁금해야 할 이유가 많습니다. 언제든지 찾아올 수 있는 의심과 연약한 믿음을 극복하기 위해서는 주님을 더 알고 가까워져야 합니다. 성경 속의, 머릿속의, 교리 속의 예수님이 아니라, 내가 만나고 경험한 예수님이 되기 위해서는 예수님에 대한 궁금증이 늘 있어야 합니다. 주님의 능력은 어디까지일까? 주님의 이 말씀은 정말 이뤄질까? 주님은 어떻게 믿는 사람과 함께 하시며 동행하실까? 주님은 나의 이런 기도도 들으시나? 주님 마음속에 나는 무엇일까? 주님은 우리가 마귀의 나라와 싸울 때 어떻게 힘이 되어주실까?

예수님께서는 당신을 알기를 원하고 적극적 궁금증을 가진 사람에게 반드시 생각하고 구하고 기대하는 것 이상으로 당신을 보여주시며 알게 하십니다. 말씀, 묵상, 기도, 사랑과 감사의 고백, 주님 앞의 예배 등 적극적으로 주님 앞을 찾고 만남을 열망한 사람들을 모두 아름답게 기억하십니다. 부모 품에 안긴 아기 예수님을 알아본 성전 안의 시므온과 안나도 그리스도를 아주 오래 찾으며 기다리던 사람들이었습니다눅 2장. 부활하신 후 만나주신 막달라 마리아, 베드로, 엠마오로 가던 제자들도 주님을 적극적으로 찾던 사람들입니다.

마지막으로, 적극적으로 순종해야 합니다. 하나님나라의 근간인 주님의 통치를 사람 편에서 보면 그분의 통치에 순종하는 것입니다. 그래서 구원 받아 거듭나서 하나님나라가 임한 사람은 왕 예수님의 통치에 순종하는 것을 자신의 마땅한 본분으로 여기게 됩니다. 완벽한 순종을 하지는 못할지라도, 죽기까지 죄와 싸우듯이 최선의 순종을 꿈꿉니다. 최선의 순종을 위해 기도하고, 무한하신 성령님의 능력을 의지합니다. 그리고 실패하고 넘어져도 다시 일어나 순종의 길을 걸어갑니다. 순종이 그 나라 백성의 본분인 것을 알고, 순종이 축복인 것도 깨닫게 됩니다.

예수님 안에서 적극적인 지향성, 수용성, 궁금증을 가지고 나아갈 때, 적극적 순종의 소망과 의지를 갖게 됩니다. 예수님 안에서만 가능한 이 순종은 하나님 나라를 이루는 동력입니다.

주님의 나라에 대한 적극적인 순종은 다가오는 파국을 피할 길입니다. 나쁜 열매가 줄어들고 좋은 열매를 맺는 전환점이 될 것입니다. 이어서 하나님의 뜻이 하늘에서처럼 땅에서도 이루어지는 영광스러운 주님 나라가 내 안에, 가정과 이웃과 사회 안에, 그리고 땅끝까지 이루어지는 것을 목격하게 될 것입니다! 그 나라에 대한 하나님의 열심, 왕이신 예수님의 무한하신 능력, 성령님의 역사를 의지합니다. 이 신실하신 약속을 생명으로 붙잡는 우리를 새롭게 하시고, 하늘에서와 같이 이 땅에서도 주님 나라 이루소서!

맺으며

　지난 몇 년 동안 이 책에 담긴 내용들을 생각하고 설교하면서 가능하면 성경에 충실하며 객관적이려고 노력했습니다. 즉 교회와 신앙을 둘러싼 여러 이슈를 이해할 때 실제 이상으로 과도하게 비판적으로 보지 않으려고 했습니다. 교회의 미래를 내다볼 때도 과거와 현재의 맥락에서 바라보되, 불필요하게 비관적이지 않으려고 노력했습니다.

　저는 이성적인 사람이었고, 생각하고 판단할 때도 보통 이상으로 객관적이어야만 하는 직업에 종사했습니다. 그리고 사회과학을 공부했고, 저 자신이 평균 이상으로 이성적이며 객관적이라고 생각합니다. 또 30년 신앙생활 중 절반은 목사로서 성경을 최고의 기준으로 여기며 지내왔습니다. 저 개인의 삶도 성경 말씀을 절대적으로 신뢰하지 않고는 버틸 수 없는 그런 힘든 상황 속에 오래 있었습니다. 이성적이며 객관적 판단을 유지하기 위한 훈련을 나름대로 거친 제게 한국 교회의 현실은 위기의 난파선처럼 보였습니다. 성경과 너무 달랐고, 성경적 기준에 너무 거리가 멀었습니다. 파국을 향해 나아가고 있다는 생각을 떨쳐 버릴 수 없었습니다.

　그런데 더 우려스러운 문제는 우리 신앙이 성경적 기준에 미치지 못한다는 사실 자체보다도 신앙적 위기의식이 없다는 사실입니다. 물론 우리는 위기를 말하고 문제가 산적하다고 생각합니다. 그러나 변화를 위한 새로운 지향점도 없었고, 생존과 성장에 묶여 있는 지역 교회들도 변화를 위한 실천적이며 과감한 변신 노력이 없었습니다. 의미 있는 변신은 과거의 틀에서 벗어나야 가능한데 틀에서 조금만이라도 벗어날라치면 철퇴를 가하기도 했습니다. 존경받고, 국내외 학계에서 학문적인 신뢰성을 확보한 김세윤 교수가 구원과 이신칭의에 관한 이른바 "새로운 관점"을 언급하자 그다음 해 몇 교단총회에서 거의 소동에 가까운 일들이 벌어진 것을 보았습니다. 과거의 관행과 관성을 맹목적으로 수호하려 할 때 참된 변화와 개선은 불가능할 것입니다.

하나님 말씀인 성경을 진실로 존중하고, 객관적이려고 노력하며 살아온 제 눈에 비친 우리나라 교회는 폭포의 끝을 향하여 흘러가고 있는 배와 같아 보였습니다. 급전직하하는 폭포에서 절벽 같은 끝을 향해 흐르고 있으면서도 반전을 위한 실효적인 대책 없이, 절박한 위기의식 없이 흘러가고 있는 배 한 척 같아 보였습니다. 좋은 열매는 희소해지고 나쁜 열매는 급속하게 커진 것이 우리나라 교회의 부인할 수 없는 현실입니다.

한국 교회는 몰락해야 개혁될 것이라는 손봉호 장로의 진단에 동의합니다. 다만 몰락하기 전에 개혁되기를 간절하게 소망합니다. 한국 교회가 2011~2020년 사이에 약 16% 감소했다고 합니다. 그런데 양적 감소보다 더 걱정스러운 것은 질적 하락입니다. 신앙의 질은 신앙의 열매로 가늠할 수 있습니다. 열매로 판단하라는 예수님의 가르침을 기준으로 했을 때, 열매의 품질 하락은 곳곳에서 심각하게 드러났습니다.

목회자들을 대상으로 조사했더니 교인들의 20% 정도만이 진짜 그리스도인일 것이라고 생각한다는 조사결과는 우리가 얼마나 위험한 영적 상황에 놓여 있는지를 단적으로 보여줍니다. 더 큰 문제는 '문제적'이라고 생각하는 80%의 교인들에게 천국에 입성할 알곡 신자가 될 수 있도록 영적 진단을 제시하지 않고 속으로만 그렇게 생각한다는 점입니다. 영적 질병에 대한 진단과 정보가 교회 안에 공개적으로 공유되지 않고 있기 때문에 그 진단에 따른 처방 또한 제시될 수 없는 것이 우리의 현실입니다. 아마 이런 이중적인 모습은 '한 번 구원 영원한 구원'이라는 견고한 성 안에 살고 있기 때문인 것 같습니다.

하나님나라 복음 렌즈는 이런 우리의 현실이 어디서부터 빗나갔는지, 어떻게 대처해야 할 것인지를 잘 이해할 수 있게 도울 수 있습니다. 실천신학대학원대학교에서는 하나님나라 목회 박람회를 준비하면서 예상 이상으로 많은 목회자의 관심사가 하나님나라인 것을 확인한 바 있다고 합니다. 그럼에도 하나님나라는 아직 우리 교회와 사회 현실에서 낯설고 막연한 것으로 남아 있습니다.

- 십자가 은혜
- 칭의 죄사함, 거듭남
- 주님 나라가 임함 그리스도와의 연합, 예수님 안에서의 삶
- 통치와 순종 임재와 동행, 돌보심
- 하나님나라의 열매 맺음

한 사람이 주님을 믿고, 위와 같은 과정을 거쳐 열매를 맺고, 영원한 나라에서 주님과 사는 축복을 누리게 됩니다. 그리고 이를 위해서는 주님의 통치와 우리의 순종이 반드시 따라야 합니다. 순종을 향한 자발적 의지는 하나님나라에서 당위적이요, 이 땅에서 임재와 동행의 조건이요, 영원한 나라로 직진하는 좁은 길입니다.

그런데 이 여정에서 꼭 필요한 것이 예수 그리스도와의 연합입니다. 하나님

나라에 대한 온전하고 확고부동한 인식 아래, 날마다 나무에 붙어 생명이 더해 가는 가지처럼 그리스도와 함께 살아갈 때만 그 나라가 지속되고 자라가고 마침 내 열매가 숙성되고 맺힙니다. 예수님의 나라와 통치를 기뻐하며 선하시고 능하 신 왕을 늘 바라볼 때, 겨자씨만 한 그 나라는 점점 자라가다가 마침내 나무처럼 커지고, 가정과 이웃과 지친 영혼이 그 그늘에서 쉼과 생명을 누릴 수 있을 것입 니다.

비록 우리를 둘러싼 신앙적 현실이 버겁고 힘겨울지라도, 이 땅에서 예수님 의 생애가 처음부터 끝까지 하나님나라였다는 것은 그 나라를 간절히 기대하는 우리를 격려하고 부추깁니다. 그리고 하나님께서 그 나라가 하늘에서와 같이 이 땅에 설 수 있도록 큰 열심을 가지고 계시다는 진리는 우리에게 그 나라의 꿈을 품고 전진하도록 믿음과 용기를 넉넉히 줍니다!

> 한 아기가 우리를 위해 태어났다. 우리가 한 아들을 모셨다. 그는 우리의 통치자가 될 것이다. 그의 이름은 '놀라우신 자', '전능하신 하나님', '영존 하시는 아버지', '평화의 왕'이라고 불릴 것이다. 그의 왕권은 점점 더 커지 고 나라의 평화도 끝없이 이어질 것이다. 그가 다윗의 보좌와 왕국 위에 앉아서, 이제부터 영원히, 공평과 정의로 그 나라를 굳게 세울 것이다. 만 군의 주님의 열심이 이것을 반드시 이루실 것이다. 사 9:6~7

하나님의 나라에 관한 도서목록

매우 유익하게 읽은 책들

『대천덕신부의 하나님나라』, 대천덕, CPU

『하나님나라의 복음』, 조지 앨든 래드 Geogre Aldon Ladd, 서로 사랑

『하나님나라 어떻게 이해할 것인가』, 양용의, 성서유니온선교회

『하나님나라 복음』, 김세윤 김회권 정현구, 새물결플러스

『칭의와 성화』, 김세윤, 두란도

『예수와 하나님나라』, 김균진, 새물결플러스

『예수 왕의 복음』, 스캇 맥나이트 Scot McKnight, 새물결플러스

『행동하며 기다리는 하나님나라』, 크리스토프 블룸하르트 Christoph Blumhardt, 대장간

『The Kingdom of God』, Christoph W. Morgan & Robert A. Peterson, Crossway

『The Kingdom of Christ』, Russell D. Moore, Crossway

『The Kingdom of God A Biblical Theology』, Nicholas Perrin, Zondervan

유익한 책들

『하나님나라-기독교란 무엇인가』, 박철수, 대장간

『하나님나라의 도전』, 김형국, 바아토르

『누가와 바울이 말하는 성령과 하나님나라』, 조영모, 킹덤북스

『우리가 하나님나라를 몰랐다』, 박원호, 두란노

『하나님나라 그 사랑의 신비를 벗다』, 남정욱, 예영커뮤니케이션

『구약의 숲-하나님나라로 읽는 구약 이야기』, 김근주, 대장간

『하나님나라 제자훈련』, 이종필, 목양

『하나님나라의 관점에서 본 성경』, 신성균, 생명의 말씀사

『조지 래드 전집』, 조지 앨든 래드 Geogre Aldon Ladd, 크리스찬 다이제스트

『하나님나라의 서막』, 메리데스 G. 클라인 Meredith G. Kline, 기독교문서선교회

『하나님나라의 도래』, 메리데스 G. 클라인 Meredith G. Kline, 기독교문서선교회

『마침내 드러난 하나님나라』, 톰 라이트 Nichoas Thomas Wright, IVP

『주기도와 하나님나라』, 톰 라이트 Nichoas Thomas Wright, IVP

『하나님나라의 비유』, 존 맥아더 John Macarthur, 생명의 말씀사

『예수가 바라본 하나님나라』, 도널드 크레이빌 Donald Kraybill, 복있는사람

『지금 누리는 하나님나라』, 폴 트립 Paul D. Tripp, 생명의 말씀사

『하나님의 나라 20세기의 주요 해석』, 웬델 윌리스 Wendell Willis, 솔로몬

『하나님나라의 원리들』, 마일스 먼로 Myles Munroe, Shekinah

『하나님나라 관점으로 성경 꿰뚫기』, 보언 로버츠 Vaughan Robert, 규장

『하나님나라를 욕망하라』, 제임스 스미스 James K. A. Smith, IVP

『하나님나라』, 헤르만 리델보스 Herman Ridderbos, 솔로몬

『나라를 제자 삼는 하나님의 8가지 영역』, 란다 콥 Landa Cope, 예수전도단

『하나님의 나라와 예수 그리스도』, 프란시스 브라이쉬 Francis Breisch, 나침반사

『복음과 하나님의 나라』, 그레엄 골즈워디 Graeme Goldsworthy, 성서유니온

『웰컴 투 하나님나라』, 알렌 미츠오 와카바야시 Allen Mitsuo Wakabayashi, 생명의말씀사

『Kingdom Conspiracy』, Scot McKnight, BrazosPress

『The Kingdom of God and the glory of the cross』, Patrick Schreiner, Crossway

기타 관련 서적

『행위 없는 구원』, 권연경, SFC

『한국 교회의 구원론 진단 구원파의 4촌』, 김인환, 쿰란출판사

『천하무적 아르뱅주의』, 신광은, 포이에마

복된 좋은 소식
네 하나님께서 통치하신다

이사야 52장 7절